기쁨을 찾는 마음 훈련 가이드

KB192374

지은이 캉쎄르 린포체 [Khangser Rinpoche]

네팔의 히말라야 지역에서 태어났다. 캉쎄르는 '노란색 집'[金堂]이라는 의미인데, 겔룩파 전승의 캉쎄르 린포체의 제8대 환생자이다. 제7대 캉쎄르 린포체는 제14대 달라이 라마 존자의 환생을 찾아낸 세 분의 존경받는 라마 중 한 분으로 알려져 있다. 겔룩파 전승은 15세기에 성립하여 인도 나란다 대학의 풍부한 문화와 지식을 온전히 전승한 법맥으로서 티베트의 제4대 종파 중 가장 큰 법맥이다.

캉쎄르 린포체 가문은 수 세기 동안 닝마파의 전승을 따랐기 때문에 캉쎄르 린포체는 겔룩파 전승과 티베트불교의 가장 오래된 법맥인 닝마파의 전승, 즉 두 전승의 귀중한 유산을 모두 지니고 있다. 캉쎄르 린포체는 티베트불교의 4대 종파 모두의 위대한 스승들로부터 밀교密教와 현교顯教에 대한 풍부한 가르침을 직접 전수받았다. 대표적인 분들로는 제14대 달라이 라마 존자, 꺕제 딜고 켄체 린포체, 라티 린포체, 켄수르 롭상 체링, 케준 상보 린포체, 똡곌 티첸 린포체 등이다. 캉쎄르 린포체는 겔룩파 전승의 3대 승원 중 하나인 세라 제 승원에서 스님들에게 가르침을 편 것을 비롯하여 네팔과 인도 다람살라의 여러 닝마 및 까규 승원에서 닝마 및 까규 전통에 따라 불교를 가르쳐 왔다. 캉쎄르 린포체는 직접 설립한 네팔 카트만두의 탕카르 데첸 최링 승원과 세계 각지의 디팡까라 재단을 관장하면서 영적 스승으로 활동하고 있으며, 인도, 네팔, 베트남, 대만, 미국, 한국 등 다양한 나라의 딥까르(Dipkar) 불교센터를 통하여 대중들에게 부처님의 가르침을 전하고 있다. 2023년 7월 15일 달라이 라마 존자로부터 인도 다람살라 규뙤 승원의 라마움제(Lama Umze)로 임명되어 현재 승원의 모든 일을 관장하고 있다.

옮긴이 임유진

경희대학교 영문학과를 졸업하고 고려대학교 대학원에서 미국문학을 공부했다. 좋은 책들이 언어의 한계를 넘어 한국의 독자들에게 소개되고, 또 많이 읽히길 바라는 마음으로 번역을 하고 있다. 『1000가지 감정: 종잡을 수 없는 감정에 관한 사전』, 『레드 엠마』가 있고, 그림책 〈왜 소중할까요?〉 시리즈와 『피아노』, 『더 베어』, 『바위에 가로막힌 오또』를 번역했고, 『디어 리더』를 썼다.

기쁨을 찾는
마음 훈련 가이드

••• 히말라야 스님의 유쾌한 조언 •••

캉쎄르 린포체 지음

임유진 옮김

그린비

A MONK'S GUIDE TO FINDING JOY

Korean translation copyright © 2025 by Greenbee Publishing
Korean translation rights arranged with Wisdom Publications, Inc.
through EYA Co.,Ltd

감사의 말

상호 의존적인 이 세상에서 모든 것은 다른 모든 것에 의존하여 존재합니다. 저는 많은 분께 감사를 드리고 싶습니다. 그분들이 아니었다면 이 책은 존재하지 않았을 것입니다. 먼저 독자 여러분께 감사를 드립니다. 여러분이 계시지 않았다면 제가 이 책을 쓸 이유가 없었을 테니까요. 물론 위즈덤출판사와 관련한 많은 분 덕분에 이 책은 출간되었습니다. 위즈덤출판사의 창립자 중 한 분인 니콜라스 리부시(Nicolas Ribush) 박사께 진심으로 감사드립니다. 리부시 박사는 이 훌륭한 출판사의 문을 열어주심으로써 도움을 주셨습니다. 문이 열리자, 타라 불교센터의 팔로마 가르시아(Paloma Garcia)는 위즈덤출판사의 대표 다니엘 아이켄(Daniel Aiken)과의 만남을 주선해 주었습니다. 팔로마 씨와 다니엘 씨의 도움이 없었다면 이 책의 원고는 서류 더미에서 먼지만 쌓였을지 모릅니다. 두 분의 지원 덕분에 원고는 편집자이자 출판 담당자인 로라 커닝햄(Laura Cunningham)에게 전달되었고, 그녀는 이 책이 가진 잠재성을 발견했습니다. 그러나 이것도 딥까르 바즈라야나 연구소의 샌디 팜(Sandy Palm), 타티아나 프리어(Tatiana Friar), 줄스 잘랍(Jules Jallab), 질 월터(Jill Walter)가 없었다면 애초에 존재하지 않았을 겁니다. 딥까르 팀원들은 원고를 구성하고 조사하고 발전시켜 가는 과정에서 많은 도움을 주었습니다. 원고가 완성된 후에는 편집자 필립 라파포트(Philip Rappaport)와 위즈덤출판사의 편집자 브리아나 퀵(Brianna Quick)이 원고를 다듬는 데 도움을 주었습니다. 이 책이 나올 수 있도록 도움을 주신 모든 분께 그리고 모든 것에 진심으로 감사를 드립니다.

감사의 말

제게 가르침과 영감을 주셨으며 제 삶의 강력한 본보기로
용기를 주신 스승님께

제가 그 어떤 대담한 생각을 하더라도 언제나 전적으로 지지해 주신
자애로우신 어머님께

상황이 잘 풀리지 않을 때도 언제나 영향력 넘치는 낙관적 태도로
저를 격려해 주시는 아버님께

제가 자유롭게 다니며 타인을 돕는 사명에 집중할 수 있도록
전적으로 부모님을 모시며 저를 지지해 주는 남동생에게

한때 내겐 질그릇이 있었으나 지금은 없다.

조건 지어진 모든 것들은 그러하다.

수행의 자유와 기회가 있는 인간의 몸 또한 그럴지니

나, 수행자 밀라레파는

흐트러짐 없이 수행에 집중하리라.

나의 전 재산이었기에 소중했던 질그릇은

깨지는 순간 나의 스승이 되어

무상함을 가르친다. 놀랍지 아니한가!

—밀라레파, 『밀라레파의 일생』 *The Life of Milarepa*

Foreword
by His Holiness the Dalai Lama

Khangser Rinpoche is a knowledgeable monk who has studied at one of the great Tibetan monastic centers of learning re-established in South India, Sera Jey Monastery. He graduated with distinction as a geshe lharampa and went on to train at Gyuto Tantric College, where he now holds a position of eminence.

In addition to his learning as a scholar of the ancient Indian Nalanda tradition preserved in Tibetan monasteries, Khangser Rinpoche is also at home in the modern world. He has followers in many different countries and speaks fluent English.

In this book, A Monk's Guide to Finding Joy, Rinpoche shares what he has learned in practical terms. He's not thinking in terms of past and future lives, but of how we can find joy in this very life. If we could remember that humanity is one, and if we were able to live in harmony and help one another, how good that would be.

As human beings, one of the most important things we have

추천사

in common is a wish simply to be happy—none of us want to be miserable.The key to fulfilling this wish lies in training the mind. Not only can we tame our unruly emotions, but we can also learn to think in a more positive and healthy way. By achieving peace of mind and cultivating a warm heart, we can develop courage and inner strength so that when we are faced with difficulties, we can easily cope with them.

Rinpoche has illustrated his book with stories from many different sources that make what he has to say not only easy to understand, but also a pleasure to read. I am confident readers will take delight in this book and invite them to share the joy they find in it with others.

January 28, 2024

추천사
달라이 라마

캉쎄르 린포체는 남인도에 재건된 훌륭한 티베트 승가 교육 기관인 세라 제 승원에서 수학한 학식이 풍부한 스님입니다. 뛰어난 성적으로 게셰 하람파(수석 철학 박사학위) 과정을 졸업한 후 규뙤 탄트라 대학 승원에서 수학했으며 현재는 그곳에서 중요한 직책을 맡고 있습니다.

캉쎄르 린포체는 티베트 승원에 전승된 고대 인도 나란다 전통에 대한 학식을 갖추었을 뿐 아니라, 현대 세계에서도 활발히 활동하고 있습니다. 여러 나라에 이분을 따르는 사람들이 있으며, 영어도 능숙하게 구사합니다.

이 책 『기쁨을 찾는 마음 훈련 가이드』에서 린포체는 자신이 배운 것들을 실용적으로 설명하고 있습니다. 전생과 미래의 삶보다는 지금, 이 삶에서 어떻게 하면 기쁨을 찾을 수 있는지에 초점을 맞추고 있지요. 우리 인류가 하나라는 것을 기억하고, 조화롭게 살면서 서로를 도울 수 있다면 얼마나 좋을까요.

인간으로서 우리 모두에게 공통적으로 중요한 점은 바로 행복해지고자 하는 바람입니다—우리 중 누구도 불행해지길 원하지 않습니다. 이 바람을 이루기 위한 핵심은 마음을 훈련하는 데 있습니다. 마음을 훈련하면 제어되지 않는 감정을 다스릴 수 있을 뿐 아니라, 더 긍정적이고 건강한 방식으로 생각하는 법을 배울 수 있습니다. 마음의 평화를 이루고 따뜻한 마음을 키움으로써 우리는 용기와 내면의 힘을 키우게 되고, 이후 어떤 어려움에 직면하더라도 쉽게 극복할 수 있게 됩니다.

린포체의 다양한 이야기들은 가르침을 쉽게 전달할 뿐 아니라 읽는 재미까지 선사합니다. 독자 여러분이 이 책에서 기쁨을 얻을 것임을 저는 확신합니다. 모쪼록 그 기쁨을 다른 이들과도 나눌 수 있기를 바랍니다.

2024년 1월 28일

머리말

이 책을 쓰게 된 계기는 제가 자신의 생명을 구했다며 감사를 전해 온 한 여성 때문이었습니다. 끝도 없는 고통에서 벗어날 방법이 자살뿐이라고 생각한 여성이었지요. 고통에서 벗어나고자 했던 마지막 시도로 제가 쓴 책 하나를 읽었는데, 이후 자신의 삶을 낙관적이고 희망적으로 볼 마음을 먹을 수 있었다고 하더군요. 그저 살아 있으니까 사는 삶이 아니고, 현실을 있는 그대로 받아들이면서 더 나은 방향으로 나아가도록 마음가짐을 바꿀 영감을 주었다고 했습니다. 하지만 이 여성의 생명을 구한 것은 제가 아닙니다. 그것은 제가 40년 넘게 부처님의 가르침을 공부하고 수행하면서 배운 지혜와 자비의 결실이었습니다. 부처님은 신이 아닙니다. 부처님은 있는 그대로의 진리에 깨어 있는 분입니다. 이런 진리에 대한 통찰과, 자각을 계발하도록 돕는 수행이 고통을 지혜와 자비로 변환시키고, 궁극적으로는 기쁨으로 이끕니다.

불교 내에서는 명예로운 직함을 가지고 있지만, 저 또한 다른 모든 이들과 같은 어려움을 겪는 한낱 인간일 뿐입니다. 저는 사람들이 마주하는 어려움에 진심으로 공감하고 있습니다. 현재 우리 사회에 만연한 고통을 생각할 때, 저는 정말 긴급하게 사람들을 도와야겠다고 느낍니다. 특히 젊은이와 여성 들을 고통스럽게 하는 우울증과 불안이 최근 들어 부쩍 증가한 것을 보면 더욱 그렇게 느낍니다.

오늘날에는 두려움, 슬픔, 비탄, 분노, 불안, 분열, 그리고 외로움이 만연해 있습니다. 부처님의 가르침을 보증할 수 있고, 직접 그 가르침을 수행하는 사람으로서 저는 부처님의 가르침은 확실히 효과가 있다고 백 퍼센트 장담할 수 있습니다. 자선 프로젝트를 하고, 승원을 짓고, 전 세계에 가르침을 전하는 것은 제가 이 길을 따른 결과이지요. 다른 이들을 돕는 데 애쓰느라 몹시 바쁘지만, 그럼에도 저는 행복합니다. 여러분도 행복하시기를 바랍니다!

이 책은 소중한 독자 여러분에게 희망의 씨앗이 되기를 바라는 마음에서 쓰였습니다. 딥까르 바즈라야나 연구소에서 책 작업을 위해 자원해 준 팀과 함께 저는 저의 미발표 원고 세 편을 검토하고 신중하게 개요를 잡았습니다. 그런 다음 도움이 될 만한 지혜의 가르침을 가려 뽑았습니다. 이 불확실한 시대를 살아가는 사람들에게 필요하다고 생각되는 것들을 말이지요. 개요가 완성된 후, 책은 1년에 걸쳐 천천히 형태를 갖추어 갔습니다. 온라인 원고 회의가 수도 없이 진행되었습니다. 서로 각기 다른 시간대를 넘어 회의를 하는 일, 바쁜 일정 속에서 콘텐츠의 세부 사항을 논의할 시간을 내는 일은 모두에게 도전과도 같았습니다. 저는 개인적인 수입은 없지만, 다행히도 승원에 들어온 감사한 후원금 덕분에 전문 편집자를 고용하여 집필 과정에서 도움을 받을 수 있었습니다. 지혜를 소중히 여기고 사람들이 좋은 삶을 영위하도록 돕는 일에 열정적이고 훌륭한 출판사를 만난 것을 참으로 행운이었습니다. 이제 책이 현실이 되었으니, 여러분께서 이 책을 즐겁게 읽어 주시길 바랍니다. 이 모든 과정에서 저는 어떻게 하면 독자 여러분이 어떻게 하면 행복한 삶을 살 수 있도록 도움을 줄 수 있을까에만 관심을 쏟았습니다. 이 책에 담긴 내용이 여러분의 마음과 가슴을 활짝 열어 주기를, 그리고 여러분과 주변 이들의 삶을 기쁨으로 충만하게 축복하기를 바랍니다.

차례

들어가며

이토록 행운으로 가득 찬 저의 삶에, 저는 참으로 감사함을 느낄 수밖에 없습니다. 1975년 5월 네팔의 카트만두에서 저는 소남 똡계(Sonam Topgyai)로 환생했습니다. 티베트어로 저의 이름은 '커지는 힘을 가진 공덕'이라는 뜻이죠. 어머니는 자애롭고 헌신적이셨고, 아버지는 늘 제게 최선을 다하라고 격려해 주시는 낙관적인 분이셨습니다. 저는 어머니와 굉장히 가까웠습니다. 정이 넘치는 어머니는 제게 언제나 경이로움, 그 자체였지요. 제 나이 일곱 살 때 어머니는 북인도에 있는 저희 학교를 찾아오려고 당신 목숨을 거는 위험을 무릅쓰고 험난한 여정을 떠나기도 하셨습니다. 그때 저는 이미 2년째 공부를 하고 있었고, 제8대 캉쎄르—티베트어로 '노란색 집'(金堂)이란 뜻입니다—로 인정받은 상황이었죠.

제가 이 영적 스승의 환생으로 인정받게 된 이유 중 하나는 제가 전생을 기억한다는 소문이 퍼졌기 때문입니다. 저는 제가 하얀 말을 타던 기억, 승원을 꾸려 가던 전생의 생생한 기억에 대해 어머니와 종종 이야기를 나누었습니다. 어머니는 항상 제가 특별한 존재일 거라고 생각하셨죠. 심지어 저를 임신하셨을 때도, 제가 세상에 도움이 되는 큰일을 하게 될 것임을 직감하셨습니다. 따라서 세라 제 승원이 저를 제8대 캉쎄르 린포체의 환생으로 인정한 것은 어머니에게 그다지 놀라운 일이 아니습니다. 승원 파견단이 저를 찾아냈을 때 저는 다섯 살이었고, 당시 저는 무슨 일이 일어나는 건지 명확히 알지는 못했지만 과거의 특정한 것들에 대해서만큼은 확실히 알고 있었습니다. 사원이 어떻게 생겼었는지, 특히 사원 주변 산들이 어떤 모습이었는지를 또렷하게 기억하고 있었습니다. 또한 연꽃 자세로 앉아 손을 무드라로 두는 스님의 수행에도 자못 익숙함을 느꼈습니다. 아직 저의 역할에 대해서 확신하지 못한 상황에서도 저는 린포체라는 칭호가 지닌 엄청난 중요성에 대해서만큼은 확신할 수 있었습니다.

제 전생이 확인된 후 저는 바로 남인도의 승원으로 가게 되었고 그곳에서 즉위식이 열렸습니다. 학생과 스님 들은 저를 맞이하며 제가 이전에도 자신들의 스승이었고 이제 또다시 스승이 되었다고 말했습니다. 그 순간, 저는 무척이나 운이 좋고 축복받은 사람이라는 느낌을 받았습니다. 얼마 지나지 않아, 켈상 초닥이라는 스승이 저에게 배정되었는데, 그분은 제게 애정 어린 부모 역할을 해주었을 뿐만 아니라 삶과 불교의 길에 대한 제 질문에도 답을 해주는 사람이었습니다. 하지만 제가 학습을 해나가던 초창기 시절에 제게 영향을 미친 어른은 켈상 초닥만은 아니었죠. 여덟 살 때 인도에서 학교를 다니면서 제가 '저의 스승님'이라 부른 티베트 스승을 만났습니다. 그분의 성함은 켄수르 롭상 체링으로, 그분은 세라 제 승원의 전 주지 스님이셨습니다. 저는 그분이 저를 가르쳐 주실 운명적인 스승이라는 것을 직관적으로 알았습니다. 저는 그분과 대화하며 제가 가는 길이 올바른 길인지 아닌지를 여쭈었습니다. 그분은 대답 대신 한바탕 크게 웃으셨죠. 그분은 이 길이 좁고 자신만의 길임을, 따라서 외부의 압력 없이 스스로 선택해야 하는 길임을 알고 계셨습니다. 저는 무척 기뻤고 스승을 찾게 된 것에 감사했습니다. 저는 그분께 티베트의 유명한 철학자인 쫑카파 대사의 작은 조각상을 선물로 드렸습니다. 그토록 훌륭한 스승을 찾게 된 것에 깊이 감사했습니다.

저의 스승은 침착하고 철학적이며 지적인 분이셨고 결코 서두르는 법이 없었습니다. 결정에 앞서서는 관련된 모든 요소를 신중히 고려하셨고, 무언가를 하기로 일단 마음을 먹으면 목표를 향해 지칠 줄 모르고 나아갔습니다. 아무리 이루기 어려운 목표라 할지라도, 저는 스승님께서 좋지 않은 소문이나 기운 빠지는 말에 흔들리시는 것을 단 한 번도 본 적이 없습니다. 스승님은 불교 교단에 채식 식단을 도입하도록 주장한 분이셨습니다. 티베트 스님들은 고기를 즐기는 것으로 잘 알려져 있었는데도 말이죠. 또한 전통적인 승원 제도에 의료 서비스와 정규 교육을 도입하여 승원을 혁신한 것도 다름 아닌 스승님이셨습니다. 담담히 불교의 길을 따르는 가운데에서도 구시대적 사고방식과 일하는 방식을 개선하기 위해 끈질기게 노력한 분이십니다.

중국의 문화대혁명 시기, 티베트의 종교, 문화, 정체성 및 전통을 없애기 위한 적대적인 운동이 벌어졌습니다. 그 시절 저의 스승님은 사람들에게 고통에서 벗어나는 방법을 가르쳤다는 이유만으로 수년간 투옥되었습니다. 그럼에도 불구하고, 구금된 상태에서조차 자신을 가둔 이들에 대해 스승님은 그 어떤 악의도 품지 않으셨죠. 대신, 다른 이들을 고통에서 해방시키는 일을 계속할 수 있도록 자유의 몸이 되기를 간절히 기도했습니다. 훗날 이 사건에 대해 그 어떤 불만도 말씀하신 적 없고, 당신께선 자신의 삶의 목적이 다른 이들에게 이로움을 주는 것이라고만 하셨죠. 스승님의 가장 큰 소망은 인간 존재라면 모두가 갖고 있는 정신적이고 감정적인 어려움을 덜어 주는 것이었습니다.

스승님과 저는 많은 핵심 신념에서 같은 목표를 지니고 있었는데, 이 목표에서도 마찬가지였습니다. 저희의 유대는 두터웠지요. 임종 직전, 제게 당신이 곧 돌아가실 것이라고 말씀하실 정도로 가까웠습니다. 그것을 직접 말씀으로 전하신 것은 아닙니다. 제가 자리를 비우는 동안 기도해 달라고 부탁드렸을 때 조용한 침묵으로 제게 그렇게 알리셨습니다. 스승께서는 알고 계셨고, 저역시 당신께서 더 이상 그렇게 머물지 않으실 것임을 알았습니다.

스승님께서는 93세의 나이로 돌아가셨지만, 그분의 사명은 끝나지 않았습니다. 삶을 바라보는 스승님의 현대적인 시각과 지혜, 가르침은 계속해서 제 안에 살아 있습니다. 저는 스승님의 혁신적인 정신과 깊은 철학적 견해를 이해하고 공유합니다. 스승님은 제가 린포체로서의 역할을 이해할 수 있도록 도와주셨고 저의 목적은 저의 스승님이 그러하셨듯 다른 이들을 위해 봉사하는 것입니다. 여덟 번의 생애 동안 저는 사람들이 올바른 길을 찾도록 돕고, 사람들을 정서적으로 격려하며, 물질적으로 취약한 이들에게 자원을 제공하는 것을 사명으로 삼아 왔습니다. 제 스승님은 비단 이 생뿐만 아니라 많은 생애에 걸쳐 관대하게 저를 지지해 준 수많은 사람들에게 제가 빚을 지고 있다는 점을 알려 주셨습니다. 그러면서 제게 아무것도 기대하지 말고 다만 다른 이들을 도움으로써 이 업의 빚을 갚으라 하셨습니다.

제 스승들, 도반 스님들, 보호자들, 가족 그리고 스승님의 격려 덕분에 저는 다른 이들이 베풀어 준 관대함이라는 빚을 갚는다는 생각 없이 지낸 날이 하루도 없었습니다. 제가 진 빚이 너무나 큽니다. 제가 티베트 겔룩 승원 학문 전통에서 가장 높은 게셰 학위와 탄트라 불교 박사 학위를 받기 위해서, 그리고 닝마 불교 전통을 통달하기 위해 오랫동안 열심히 공부한 것도 다 이 때문입니다. 저는 부서진 영혼을 치유하는 영적 치료약을 제공하는 데 제 인생을 바쳤습니다. 가능한 한 많은 사람들을 돕는 것이 저의 사명입니다. 한번은 제 사명을 너무나도 굳게 믿는 한 여성이 넉넉지 않은 형편에도 자기가 가진 유일한 귀중품인 금으로 된 결혼반지를 저에게 준 적이 있습니다. 그 여성은 제가 그것을 꼭 받아야 한다고 했습니다. 저는 그 반지를 팔지 않았습니다. 제가 이 세상과 세상 사람들에게 얼마나 많은 빚을 지고 있는지를 상기시켜주는 소중한 물건으로 지금까지도 그것을 잘 간직하고 있습니다. 이런 종류의 친절한 관대함은 저에게 영감이 됩니다. 이런 사람들 덕분에, 저는 전 세계에 자선 단체들과 연구 프로젝트들을 성공적으로 진행시킬 수 있었습니다. 이 모든 것은 제가 목격하는 고통을 경감시키기 위함입니다.

　　　　제가 목격한 수많은 고통 중 잊혀지지 않는 것들이 있습니다. 한번은 넝마를 입은 노쇠한 한 남자가 먹을 것을 찾느라 쓰레기 뒤지는 것을 본 적이 있습니다. 남자는 오물 범벅인 작은 빵 쪼가리를 발견하곤 굶주림에 그것을 허겁지겁 집어삼켰습니다. 몇 주 동안이나 굶은 사람 같았어요. 이런 사건들은 제가 물질적 도움을 베풀고자 하는 노력의 원동력이 됩니다. 살아가는 데 있어 필요한 가장 기본적인 것들조차 얻을 수단이 없는 삶들이 있습니다. 음식, 깨끗한 물, 지낼 곳이 없는 사람들이죠. 이러한 기본적인 것들 없이 어떻게 영적 향상을 위한 노력을 시작할 수 있겠습니까? 반대로, 많은 부를 가졌음에도 내면이 빈곤한 이들을 보기도 합니다. 이런 이들은 깊은 자살충동을 동반한 우울증으로 고통받

　　　　　　　　　들어가며

고 증오와 탐욕 같은 부정적인 감정들과 싸웁니다. 제가 만난 어떤 사람들은 내면의 고요를 너무나 절실히 원한 나머지 스스로 목숨을 끊기도 했습니다. 이런 이들의 고통은 저로 하여금 정신적 고통과 그와 관련된 신체적 질병을 완화하기 위한 명확하고 단순한 방법을 다루는 책을 쓰고 연구하는 프로젝트를 시작하는 계기가 되어 주었습니다. 사람들의 내면에서 일어나는 이런 고통의 소용돌이를 막기 위해 저는 제가 배운 것 중 사람들에게 도움이 될 만한 지혜를 대면 수업과 온라인 수업 그리고 명상 세션으로 만들어 전부 무료로 제공하고 있습니다.

이 땅의 모든 인간이 간절히 원하는 것은 행복이라고 우리는 어렵지 않게 말할 수 있을 겁니다. 잠깐 스쳐 지나가고 마는 행복이 아니라, 안정적이고 믿고 기댈 수 있는 기쁨 말입니다. 최근에 우리는 어떻게든—특히 기술적 진보를 이루고 소비주의에 의존함으로써—행복을 잡으려 시도해 왔다 할 수 있을 겁니다. 하지만 행복은 우리 외부에 존재하지 않고, 결코 그럴 수도 없을 것입니다. 그것은 행복이 의심의 여지없이 내면에서 이루어지는 작업인 까닭입니다.

저는 여러분이 강인하고 행복한 삶을 살 수 있도록 돕고 싶습니다. 종교나 생활 방식, 신념에 관계 없이 누구나 부처님의 가르침으로부터 이로움을 취할 수 있다고 저는 진심으로 믿습니다. 사실, 이러한 것들—종교나 신념—은 그대로 유지하면서 불교의 가르침 중에서 도움이 되는 것만을 자기 삶의 방식에 가져다 쓰는 것도 괜찮습니다. 제가 따르는 불교의 전통은 그러나, 서양에서 꽤 인기를 끌었던 마음챙김 운동(mindfulness movement) 같은 것과는 다릅니다. 생각을 놓는 훈련인 마음챙김 명상이 물론 도움이 될 수는 있지만 저희 전통에서 이는 사마타(Shamatha) 또는 선정 명상이라고 알려진 초보자의 수행에 속합니다. 현재의 순간에 닻을 내리기 위해 집중하는 이 명상은 긴장을 풀어 주고 주의력을 향상하는 데 도움이 되기는 하지만, 그것만으로는 인간 고통의 근본 원인을 치료하지는 못합니다.

오히려 로종(lojong)이라고 하는 마음 훈련(mind training)의 전통이 우리를 괴롭히는 것으로부터 벗어날 수 있게 해줍니다. 이 훈련은 단순히 마음(mind)을 길들일 뿐만 아니라 긍정적이고 건강한 방식으로 생각하도록 합니다. 내면의 정신적 힘을 키우는 명상적 수행을 통해 어려움에 부딪혔을 때 더 수월하게 견딜 수 있게 하는 것이지요. 이러한 종류의 분석적 마음 훈련은 우리가 걷는 여정이지, 종착지가 아닙니다. 여러분의 마음이 스스로의 가슴(heart) 즉, 친절함과 자비로움을 향하도록 하기 위함이지요. 이는 궁극적으로 기쁨을 만들어 내는 삶의 방식이며, 곧 우리가 마음 훈련이라고 부르는 것입니다. 단순히 마음을 잘 챙기는 것만으로 충분치 않은 이유는 바로 이 때문입니다. 우리에게는 배운 것을 일상생활에 통합하는 과제가 있습니다.

들어가며

이 책의 유일한 목적은, 제가 해온 방대하고도 깊이 있는 공부의 핵심적인 지혜를 여러분께 전적으로 제공하고, 이런 고대의 가르침으로부터 이로움을 얻는 방법을 알려 드리는 것입니다. 이 책의 각 장 마지막은 깊은 영적 성찰과 검증된 수행법으로 마무리됩니다. 성찰하실 내용을 읽은 후, 잠시 시간을 내어 이야기를 사유하고 그에 상응하는 수행법을 깊이 생각해 보세요. 그리고 이 수행법들을 기억에 새기세요. 이것들을 고통을 무찌르는 데 사용할 수 있는 영적 무기들이라고 생각하십시오. 이 수행을 강화하고 지혜로운 마음과 자비로운 가슴을 계발하는 것을 돕기 위해 이 책의 마지막에는 마음을 훈련하는 수행 방법이 들어 있습니다. 이 모든 것은 여러분의 일상생활에서 사용되도록 만들어졌습니다.

일견 너무 단순해 보이는 수행법이 있을 수 있는데, 장담컨대 결코 단순하지 않습니다. 인간은 습관의 동물이라 부정적인 습관은 쉽게 깨지는 법이 없습니다. 그래서 저는 여러분이 이러한 습관들을 부수는 데 있어 마음 훈련이 가질 수 있는 힘을 과소평가하지 말 것을 당부하고 싶습니다. 집념을 가지고 이 수행들에 임하시기 바랍니다. 여러분의 삶에 적용해 보지 않고선 이 방법들이 효과가 있는지 결코 알 수 없을 것입니다. 적어도 몇 달간 시도하고, 열심히 노력해 보세요. 그리고 기억하세요, 모든 사람은 잠재적으로 행복한 부처가 될 수 있다는 것을요. 바로 당신도 말입니다.

1장. 영원한 것은 없다

영원한 것은 아무것도 없다는 사실을 여러분도 알고 계시리라 생각합니다. 그 예를 하나 들어 볼까요. 2020년에 전 세계적으로 화장지 부족 사태가 있었죠. COVID-19 동안 봉쇄와 격리로 인해 공포에 질린 사람들은 상상력을 발휘하기 시작했습니다. 자신들이 꿈에 그리던 화장지로 가득 찬, 비상 대피소를 만든 겁니다. 일찌감치 쇼핑하러 간 사람들은 쇼핑 카트에 화장지를 산더미처럼 쌓아 올려서는 계산대로 득달같이 달려갔고, 차에 화장지를 가득 실은 채 집으로 향했습니다. 이러한 사재기는 안전을 확보하고자 하는 그들 나름의 방법이었는데, 적어도 화장지만큼은 평생 떨어지지 않게 하려던 것이었겠지요. 이런 모습을 본 다른 사람들은 남아 있는 것이라도 확보하기 위해 서둘렀습니다. 소셜 미디어와 우스운 짧은 영상이 즉각적으로 화장지 품귀 현상을 실어나르며 강조하는 바람에, 이는 또 다른 사재기의 물결을 부추기는 결과로 이어졌습니다. 뒤늦게, 화장지가 자리했던 텅 빈 마트 선반과 마주한 사람들은 큰 충격에 빠졌습니다! 아마도 화장지를 구하지 못하는 날이 올 거라고 생각하는 사람은 없었겠지요. 빈손으로 선채 얼이 빠진 사람들은 "어째서 나만?"(Why me?) 하고 중얼거렸습니다.

수십 년 동안 저는 학생들, 공동체들, 도반 스님들 그리고 재가자들에게 열정적으로 물심양면으로 지원을 해왔습니다. 고통받는 사람들을 상담해 온 다년간의 경험을 바탕으로 저는 끔찍한 일을 겪은 대부분의 사람들이 처음으로 하는 질문이 "왜 하필 나야?"(Why me?)라는 것을 알게 되었습니다. 물론 삶에 좋은 일이 일어났을 때는—예를 들어, 백만 달러짜리 복권에 당첨됐을 때는—"왜 하필 나지?"(Why me?)라고 묻지 않습니다. 그 대신, 기쁘게 자신의 행운을 받아들이고 "나는 운도 참 좋지. 이제 쓸 돈이 넘쳐 나네! 분명 난 앞으로 행복할 거야!"라고 선언하죠. 이것이 우리가 상황을 판단하는 방식입니다. 일이 우리 뜻대로 될 때는 행복하고 그렇지 않을 때는 불행합니다. 하지만 좋은 것은 받아들이고 나쁜 것은 거부하는 것이 과연 도움이 될까요? 삶에는 필연적으로 좋은 일과 나쁜 일이 모두 찾아옵니다. 더욱이 "왜 하필 나야?"라고 묻는 것은 문제를 해결하는 데 도움이 되지 않습니다. 이것은 마치 "닭이 먼저냐, 달걀이 먼저냐?"를 묻는 것과 같습니다. 우리는 결코 그 답을 알 수 없다는 점에서 그렇습니다. 그렇다면

기쁨을 찾는 마음 훈련 가이드

그런 질문들에 대해 고민을 할 필요가 있나요? 이 다음에 나쁜 일이 생겼을 때는 "왜 하필 나지?"라고 묻는 대신, "닭이 먼저일까, 달걀이 먼저일까?"라고 자문해 보세요. 두 질문 모두 똑같이 효과가 없으니 말입니다.

　　우리는 "왜 하필 나지?"라는 자신을 동정하는 목소리에 사로잡히기 참 쉽습니다. 하지만 저는 여러분에게 자기 동정에 사로잡히기보다는 문제가 있는 현실을 있는 그대로 받아들이시라고 말씀드리고 싶습니다. 자기 삶의 문제들에 대해 책임을 지는 것은 스스로에게 힘을 기르는 일입니다. 만약 여러분이 어려운 상황을 받아들인다면, 문제가 되는 것들을 변화시키고 그에 맞는 적절한 해결책을 찾을 수 있을 겁니다. 먼저, 여러분은 무상(無常)이라는 근본적 진리를 진정으로 믿어야 합니다. 삶이 항상 변화하고 있으며 영원한 것은 없다는 것을 이해해야 하는 것입니다. 화장지조차도 영원하지 않습니다. 그러나, 변화의 진리를 단순히 머리로 이해하는 것만으로는 충분치 않습니다. 삶에서도 영원한 것은 없다는 태도로 사셔야 합니다. 이 책이 가진 사명 중 하나가 여러분이 갇혀 있다는 느낌에서 벗어나도록 돕는 것입니다. 즉 고난에 갇혀 있다는 느낌과 "왜 하필 나야?"라는 쓸모없는 질문에 갇혀 있는 것으로부터 말입니다.

희망의 이유

살아가면서 펼쳐지는 삶의 현실을 있는 그대로 받아들이는 용기가 정말 중요합니다. 사실, 그저 살아 있다는 것 자체가 훌륭한 모험인데 말입니다. 우리는 삶에서 온갖 좋은 경험을 하기도 하지만 동시에 반갑지 않은 소식을 마주하기도 합니다. 어떤 소식은 우리를 망가뜨리기도 하지요. 그렇지만 이 한 가지만큼은 확실합니다. 모든 것은 덧없기에, 언제나 희망이 있습니다. 여러분과 여러분이 만나는 모든 일들은 만남과 이별 사이에 있습니다. 변화는 피할 수 없는 것입니다. 이런 현실을 빨리 받아들이면 받아들일수록, "왜 하필 나지?"라는 질문을 멈추고 문제를 직면해서 제대로 된 해결책을 찾을 수 있게 됩니다.

화장지 부족 사태를 초래한 원인을 구체적으로 살펴보면, 많은 사람들이 영원한 건 없다는 불변의 진실에 두려움을 느낀다는 것을 알 수 있습니다. 유일한 진실은 모든 것이 계속해서 변화한다는 것입니다. 그러나 또 다른 변치 않는 진실은 여러분이 자신이 가진 두려움보다 훨씬 더 현명한 사람이라는 겁니다. 의식하지 않을지 몰라도 여러분은 변화가 가치 있는 것임을 잘 알고 있습니다. 예를 들어, 2020년 팬데믹으로 인한 봉쇄는 식단에 대한 저의 결정권을 앗아갔지요. 네팔의 한 승원에서 봉쇄 기간을 보내면서, 저는 오로지 공동 식료품 저장실에 있는 것들만 먹을 수 있었습니다. 매 끼니를 라면이나 밥과 같은 단순 인스턴트 식품만 먹었습니다. 제 마음은 음식에 감사했지만, 제 미각은 몇 달 동안이나 같은 음식을 먹는 것에 지쳐 갔습니다. 변화는 더디게 오더군요! 다행히도 봉쇄는 영원히 지속되지 않았고, 이제 저는 다양한 음식을 먹을 수 있음에 진정으로 감사하게 되었습니다. 저는 가능한 한 이 다양함을 즐기려고 합니다. 삶이 순간이라는 것을 알기에 더욱 그렇습니다. 세상에 영원히 지속되는 건 없다는 사실에 감사해야 합니다. 같은 음식을 영원히 먹는다고 상상해 보세요. 아무리 좋아하는 음식이라도 영원히 먹어야 한다면 과연 그걸 계속 좋아할 수 있을까요? 저는 식물성 햄버거인 임파서블 버거를 좋아하는데요, 그렇다 하더라도 그 버거나 치즈 피자만 영원히 먹는다고 상상해 보세요! 천만다행으로 우리는 변화로 가득한 놀라운 세상에 살고 있습니다. 변화와 그것이 가져오는 다양성은 우리의 유한한 삶을 더욱 즐겁게 만듭니다.

무지개는 희망의 상징이라고 하지요. 그러나 비가 없으면 아름다운 무지개도 없을 것입니다. 무지개를 보려면 폭풍우를 견뎌 내야 합니다. 날씨만큼 삶이 품고 있는 다양성과 놀라움을 보여 주는 확실한 예시는 없을 듯합니다. 최근에는 이 다양성이 더 다양해졌는데요, 이를 알아차리기는 어려운 일이 아닙니다. 화염 토네이도, 대형 산불 연기로 인해 하늘은 주황빛이 되고 재는 비가 되어 내립니다. 사막에 혹한이 오는가 하면 용암이 흐르고, 열대지방엔 눈이 내리며, 홍수로 집과 자동차가 떠내려갑니다. 공상 과학 소설에 나오는 것처럼 들리는 이 모든 것이 우리가 지금 살고 있는 역동적이고 끊임없이 변화하는 세상의 일부입니다.

2021년 2월 중순, 미국에서 보통 온화한 기후 지역에 속하는 텍사스 주가 예상치 못한 길고 깊은 혹한에 빠졌습니다. 전력망, 가정용 파이프, 수자원은 한파에 대항할 수 없었죠. 기반 시설의 붕괴로 텍사스에 있는 450만 이상의 가정이 나흘 동안 전력 없이 지내야 했는데, 이로 인해 246명이 사망했습니다. 텍사스의 사태는 재앙이었지만, 무지개처럼 희망은 있었습니다! 눈이 녹고 시설은 복구되었고, 주민들은 자신들이 직면한 문제를 인정하고, 문제를 해결하며, 제대로 된 방한 대책을 세울 기회를 얻었습니다. 재앙과도 같은 전력망 문제가 쉽게 해결되지는 않겠지만, 이는 생명을 위협하는 문제에 대한 인식을 높여 도움이 되는 변화를 이끌어내게끔 했습니다. 여러분이 처한 고난의 현실을 받아들인다면, 변화는 여러분이 변화하는 데 도움이 될 겁니다. 여러분은 문제를 받아들이고 변화와 함께 진화함으로써 삶의 도전에 맞서고 적응할 수 있는 놀라운 자연적 능력을 가지고 있거든요. 여러분은 자신의 세상에 대한 책임을 져야 하며, 폭풍우가 아무리 거세더라도 희망의 무지개가 기다리고 있다는 사실에서 마음의 안식을 찾을 수 있어야 합니다.

변화는 놀라움과 다양성을 가져다줍니다. 완전히 똑같은

기쁨을 찾는 마음 훈련 가이드

얼굴이 없듯이, 똑같은 삶의 경험도 존재하지 않습니다. 시간이 지나면 얼굴도 변하고, 삶의 경험도 달라지지 않던가요? 변화는 불가피합니다. 자기 삶의 주인이 되는 첫 번째 순서가 삶 자체가 변화의 대상임을 이해하는 것인 까닭은 이 때문입니다. 삶은 의심할 여지없이 죽음으로 끝납니다. 여러분도 언젠가는 다른 많은 사람들처럼 세상을 떠난다는 것은 사실입니다. 그럼에도 그 끝에 지나치게 집착하기보다는 건강한 삶의 방식에 초점을 맞춰 지금 이 순간 삶의 여정을 감사히 여기기를 권합니다.

우리는 실용적으로 살아야 할 뿐 아니라, 우리 삶에 무엇이 이로운지를 알 필요가 있습니다. 그래야 숨을 거두는 순간에 "내 삶은 행복했고, 살 만한 가치가 있었다"라고 말할 수 있을 테니까요. 이것의 중요성은 아무리 강조해도 지나치지 않을 것 같습니다! 참으로 많은 사람들이 과거의 불쾌한 경험에 사로잡혀 우울해하거나 예측할 수 없는 미래를 불안해하며 삶을 낭비합니다. 처음에는 분명히 인식하지 못할 수도 있겠지만, 이런 감정은 결국 자기중심적인 감정입니다. 자기 자신과 피할 수 없는 마지막에 대해서만 골몰하기보다는 우리를 둘러싼 변화하는 세상을 살펴보십시오. 지금 우리가 경험하는 것 중 그 어떤 것도 영원히 계속되는 건 없습니다. 어떤 사물도, 어떤 감정도, 어떤 상황도, 그에 대한 인식도, 심지어 자각이나 의식조차도 같은 상태로 머물지 않습니다. 확실히 말씀드리건대, 변화하는 것만이 무지개와 같은 희망을 만들어 냅니다. 변화의 불가피성을 온전히 받아들인다면, 틀림없이 덧없고 고통스러운 삶의 부분들을 견뎌 낼 힘이 생길 겁니다.

물론, 영원한 건 아무것도 없음을 믿는 것은 말처럼 쉽지 않은 일입니다. 갖고 싶어 했던 최신 스마트폰이나 다른 최첨단 제품을 구입했다고 해보죠. 항상 이런 최신 제품을 사고 싶어 했는데 이제야 그것을 살 돈이 생긴 거예요. 새로운 물건이 생기면 응당 그렇듯 여러분은 아마 그 제품이 제공하는 새로운 기능에 쉽사리 빠져들 겁니다. 그런 와중에 그 제품에 예상치 못한 일이 생긴다면 어떨까요? 액정이 깨지거나 물에 빠뜨리거나 혹은 충전이 되지 않는다면 어떤 기분이 들까요? 사소한 일에도 아마 짜증이 나고 언짢아질 테지요. 하지만 영원한 건 아무것도 없다는 진리를 떠올린다면 설령 이런 일이 생긴다 해도 그리 크게 동요하지 않게 될 것입니다. 시간이 지남에 따라 사물이 변하는 것은 자연스러운 일임을 이해하게 될 테니까요. 이 변화에 대한 현실을 사유한다면 아마 우리의 마음은 변화를 예상하게 되고 따라서 그만큼 놀라지 않게 될 겁니다. 결과적으로, 무언가가 고장 나거나 무언가를 잃어버렸을 때도 우리 마음은 훨씬 더 편안해집니다.

어쩌면 여러분은 주변의 변화에 대해서라면 쉽게 받아들이는 사람일지도 모릅니다. 아마도 전자기기 같은 것에 그다지 집착하지 않는 사람일지도 모르죠. 하지만 거울에 비친 자기 자신의 변화에 대해서라면 어떨까요? 자신의 건강이나 통증의 정도, 혹

　　　　　　　　　　　　기쁨을 찾는 마음 훈련 가이드

은 몸을 움직일 수 있는 신체 능력이 변하면 어떨까요? 자신의 육체에 지나치게 집착하여 수년에 걸쳐 일어나는 피할 수 없는 변화를 견디기 힘들어하는 사람들이 있습니다. 신체에 너무 집착하게 되면, 우리의 몸이 과거와 똑같다고만 생각해서 시간이 지나면서 자연히 자신의 몸도 변한다는 생각을 하지 못하게 됩니다. 이로 인해 때로는 나이에 맞지 않는 옷차림과 행동을 하게 되기도 하지요. 하지만 솔직히 말해서, 젊어 보이는 옷을 입고 행동을 그렇게 한다고 해서 노화를 멈출 수는 없습니다. 조금 가려 볼 수 있을지는 몰라도 말이죠.

만약 장수를 누리는 행운이 찾아온다면, 누군가가 당신에게 경로 우대 할인을 받을 수 있다고 얘기해 주는 일이 곧 생길 겁니다. 또 누군가는 자신도 할아버지나 할머니라고 소개한다거나 당신의 머리칼이 그저 희끗희끗한 정도가 아니라 백발이라고 얘기해 줄지도 모릅니다. 나이에 집착하는 사람이라면, 누군가가 여러분이 늙어 간다는 사실을 암시하는 것만으로도 성형수술을 생각할지도 모르는 노릇이죠. 몸이 늙어 가는 것을 보는 일이 유쾌한 일은 아닙니다만 나이에 집착하는 사람들은 자신의 몸이 얼마나 많이 변했는지, 그 진실을 직시하기를 거부합니다. 나이에 집착하는 사람에게는 힘든 일이겠지만 자신의 실제 나이를 받아들이는 것만이 최선입니다. 나이가 들어 가면서 상태가 더 좋아지는 건 치즈 같은 것밖에 없으니까요. 시간이 지남에 따라 우리 몸이 약해질수록, 더욱더 보살핌이 필요해집니다. 자신의 나이를 받아들이고, 한계를 존중하며, 늙어 가는 몸을 돌보는 것은 우리 자신과 사랑하는 사람들을 위한 선행이기도 합니다.

진실을 받아들이는 것은 기쁨을 만들어 내는 데 몹시 중요합니다! 거짓의 거미줄에 걸린 상태에서 어떻게 행복을 느낄 수 있겠습니까. 지금부터 여러분이 삶에서 마주하게 되는 고난을 포함한 모든 일의 본질—그 일시적이고 덧없음—에 대한 진리를 받아들이시기 바랍니다. 고난의 한가운데 있을 때, 진실과 싸움으로써 상황을 악화시키지 마세요. 자신의 상황을 받아들이고, 고난과 그로 인한 고통이 영원하다고 믿는 것을 멈추십시오. 걱정에 굴복하지 마십시오. 끊임없는 걱정은 자신을 속이는 이야기를 꾸며 내고, 내 안에서 부정적인 말들을 주고받습니다. 그것은 더 큰 고통을 만들어 낼 뿐입니다. 여러분이 만약 고난에 갇혀 있다고 느낀다면, 이 장 끝에 있는 수행법이 도움이 될 것입니다.

감정의 구름

제가 관찰해 온 바에 따르면, 우울증을 앓는 사람들은 특히나 자신의 어려움과 고통이 영원할 거라고 생각해 버리는 경향이 있더군요. 가벼운 우울증임에도 이런 꽉 막힌 생각으로 상황이 변할 것이라는 진실을 받아들이기 어려워합니다. 이것은 마주치는 어떤 어려움에서도 결코 자유로워질 수 없을 것만 같다는 느낌이 들게 하죠. 그래서 곧 사라지게 될 시련과 어려움의 본질을 똑바로 보지 못합니다. 그러니 우울증에 갇혀 있다고 느끼는 분들에게 간절히 바라건대 나아질 수 있다는 것을 믿으십시오! 희망은 확실히 존재합니다. 비록 영원히 끝나지 않을 것 같아 보일지 모르지만, 이러한 절망적인 불안감과 슬픔은 하늘을 잠시 스쳐 지나가는 구름과도 같습니다. 감정의 구름이 태양, 즉 변화의 진실을 가리고 있지만, 그것은 여전히 밝게 빛나고 있지요. 여러분의 어려움은 영원하지 않습니다. 감정적으로 막혀 있다고 느낄 때, 무상함을 깊이 생각하는 수행에 전념하는 것이 슬픔의 구름으로부터 여러분의 마음을 벗어나게 하는 데 도움이 될 수 있습니다. 다만 주의할 것은, 만약 이런 수행 후에도 여전히 답이 없는 우울증에서 빠져나올 수 없다고 느낀다면, 전문가의 적절한 치료를 통해 문제의 현실을 받아들이시기 바랍니다. 임상적 우울증은 적절한 치료가 동반되어야 하는 아주 심각한 의학적 문제입니다. 치료를 받게 된다면, 의사에게 이러한 종류의 수행이 권장되는지 물어보는 것도 좋겠지요.

변화는 꼭 일어난다는 것을 명심하세요. 사는 것이 아무리 힘들게 여겨져도 부정적인 감정에 휘말려 있을 필요는 없습니다. 그 어떤 것도 영원히 지속되지 않기 때문입니다. 여러분은 원하는 변화를 주도할 수 있습니다. 있는 그대로의 현실을 받아들인다면, 여러분의 마음이 현실적인 대안을 찾도록 도와줄 거예요. 변화는 꼭 일어난다는 사실에 집중하고, 자기 자신을 지금보다 훨씬 친절하게 대하세요. 여러분이 직면한 문제와 그로 인한 아픔이 아무리 강력할지라도, 그것은 반드시 지나갈 겁니다. 구름이 걷히고 태양이 다시 비치는 것처럼요.

삶의 예측 불가능성에 익숙해지기

COVID-19 팬데믹은 영원한 건 아무것도 없는 현실에 대한 아주 훌륭한 교훈이었습니다. 전 세계 사람들은 경제적 안정, 직업, 지원, 생활 방식의 규범, 심지어 약간의 희망마저도 잃었습니다. 사람들은 또한 정신적, 신체적 건강도 잃었죠. 하지만 가장 심각하게는 목숨을 잃었습니다. 이 엄청난 사건으로 우리 모두는 도덕성에 대해 서로 공감한다는 것 그리고 이런 중대한 변화에 인간이 어떻게 반응하는지를 알게 되었습니다. "왜 하필 나지?"라고 묻고만 있는 이들도 많았습니다만, 용감하게 진실을 직면하고 이 세상을 뒤흔든 위기에 대한 해결책을 찾는 이들도 있었습니다. 미국 질병통제예방센터(CDC)와 세계보건기구가 이 전염병의 치명적인 특성을 밝혀낸 후, 사회의 다양한 부문 간에 협력이 이루어졌습니다. 민간 제약회사들은 공공 보건 기관이며 대학 연구소 들과 힘을 합쳐 날로 높아 가는 COVID 사망률과 싸웠습니다. 치료제를 개발하기 위한 치열한 노력 끝에, 이 전염병이 생명을 앗아가는 속도를 늦추는 데 도움이 되는 백신을 전면적으로 생산하기 시작했습니다. 의학 및 과학 연구자들이 변화의 진실을 받아들인 일은 빠르게 퍼지는 질병으로 인한 엄청난 고통을 줄이는 데 중추적인 역할을 했습니다. 이는 진실을 받아들이는 것이 긍정적인 변화의 진정한 열쇠임을 예증하는 것이기도 합니다.

제가 있던 세상의 한구석에서 우리는 또 다른 진실을 받아들여야만 했습니다. 서구에서는 백신을 콜라만큼이나 쉽게 구할 수 있었던 반면 제가 사는 곳에서는 COVID 백신이 금처럼 귀하고 구하기 어려웠습니다. 저는 운 좋게 백신이 개발된 직후에 그것을 제공받을 수 있었지만, 이를 거절했습니다. 백신에 반대해서가 아니라 그 중요한 시기에 제가 그 하나를 맞음으로써 다른 한 사람이 생명을 구하는 주사를 맞지 못하게 될 것임을 알았기 때문입니다. 평생 해온 일 덕분에 저는 삶의 예측 불가능성에 대해 어느 정도는 편안하고 친숙해졌습니다. 그 결과, 저는 죽음을 두려워하지 않게 되었지요. 저는 죽음조차도 다른 모든 것처럼 영원히 지속되지 않는다고 확신합니다.

저는 저명한 정신과 의사인 이언 스티븐슨(Ian Stevenson) 박사와 아이들이 기억하는 전생에 대한 그의 철저한 연구의 엄청난 팬입니다. 박사는 버지니아 대학교의 연구원으로서 이 연구의 세부사항을 과학적으로 조사하기 위해 많은 노력을 기울인 바 있지요. 그의 발견은 극단적인 회의론자조차도 환생을 믿게 만들기에 충분했습니다. 스티븐슨 박사는 전 세계 수천 명의 아이들을 대상으로 전생 기억을 연구했는데요, 오랜 시간에 걸쳐 그들 기억 속의 주요 인물들을 찾아낼 수 있었고, 그 결과 아이들의 전생에 대한 기억이 매우 정확했다는 것을 확인할 수 있었습니다. 저 역시 제 전생에 대해 들은 바가 있어서 그의 발견에 충분히 공감할 수 있었습니다. 따라서 저는 죽음도 다른 모든 것처럼 단순히 변화와 변형의 자연스러운 과정이라는 것을 이해합니다. 이런 것을 믿기 어려워하는 사람들도 물론 있지요. 하지만 우리가 영원히 변화하는 존재라는 기본적인 이해만으로 우리 삶의 질은 크게 달라질 뿐만 아니라 삶을 긍정적인 방향으로 바꿀 수도 있습니다.

영원한 건 아무것도 없다는 진실을 받아들인다고 해보죠. 그렇다면, 우리는 죽어 가는 과정을 포함하여 그 어떤 개별적인 단계도 영원히 지속되지 않는다는 것을 알게 됩니다. 그것이 제가 죽음을 두려워하지 않는 이유 중 하나입니다. 죽음 이후에 무슨 일이 일어나는지에 관한 아주 많은 의견이 있지만, 저는 이 주제에 대해 제가 배운 것을 나누고 싶습니다. 저는 여러분을 놀라게 하려는 게 아닙니다. 제가 발견한 죽음의 과정에 대해 여러분이 익숙해지도록 도움이 되기를 바랄 뿐입니다. 이 주제에 대해 제가

기쁨을 찾는 마음 훈련 가이드

가진 지식을 전달함으로써 가장 신비롭고 중요한 변화 중 하나에 대한 여러분의 두려움을 다만 얼마간이라도 없앨 수 있기를 바랍니다.

　　사람들은 죽음에 대해 생각하는 게 두려워서 죽음에 대한 주제 자체를 피하곤 합니다. 하지만 두려워할 것은 없습니다. 죽음은 삶만큼이나 자연스러운 일입니다. 그리고 저처럼 스티븐슨 박사의 책을 읽어 보셨다면, 죽음이 새로운 삶으로 가는 디딤돌이라고 가정하는 것은 논리적이기까지 하다는 것을 알게 될 겁니다. 물론 제 말을 다 믿을 필요는 없습니다. 이 주제에 대해서 직접 탐구해 보시는 것도 현명한 일일 겁니다. 그렇지만 수 세기 동안 수행자들에 의해 전해지고 검증된, 그리고 저 자신이 평생의 깊은 연구를 통해 얻은 지식을 생각해 보시기 바랍니다. 먼저, 죽음의 과정 동안 겪게 될 변화들에 대한 기본적인 분석을 통해 이를 예측 가능한 일로 만들어 보려고 합니다. 더 많이 알수록, 우리에게 마침내 그 시간이 왔을 때 덜 놀라게 될 테니 말이지요.

죽음의 과정

우리 몸은 네 가지의 일반 원소로 이루어져 있습니다. 뼈를 구성하는 미네랄과 같은 흙 원소, 혈액과 같은 물 원소, 체온과 같은 불

원소 그리고 폐 속의 숨과 같은 공기 원소입니다. 우리 몸이 거의 마지막에 도달했을 때, 우리의 지적인 마음—혹은 영혼, 본질, 무엇이 됐든 여러분이 부르고 싶은 대로 불러도 좋습니다—은 몸을 놓아줄 때라는 것을 알게 됩니다.

처음 몸과 마음이 분리되기 시작하면, 일련의 신체적 변화가 따라옵니다. 초반에는 흙 원소가 몸을 떠나는데, 실제 그렇지 않은데도 몸이 떨어지는 느낌을 받을 겁니다. 다음으로, 물 원소가 떠나면서는 갈증과 건조함을 느끼게 됩니다. 그다음 불 원소가 떠나면서는 체온이 점차 식어 가죠. 마지막으로, 공기 원소가 몸을 떠나면 호흡이 거칠어지다가 이내 멈춥니다. 이것들은 모든 호스피스 의료진이 마주하는 보편적이고 '자연스러운' 죽음의 단계입니다. 이것은 갑작스러운 죽음이나 약물로 유도된 죽음의 단계가 절대 아닙니다. 이 과정을 지날 때 자신에게 친절하고 부드럽게 대하는 것이 중요합니다. 호흡이 멈추고 심장이 박동을 멈추면, 의학적 관점에서 이것이 임상적 사망의 순간입니다. 매우 자연스러운 수순이죠. 모든 사람이 겪는 일이고, 단순히 또 다른 변화일 뿐입니다. 지금 이걸 감당하기 너무 벅차다면, 만약 우리가 죽지 않고 무한히 산다면 어떨지 상상해 보세요. 중년이 되면 우리 몸은 조금씩 아파지기 시작할 텐데요, 그렇게 100년이 더 지나면 몸이 얼마나 더 아파질지 상상이 가지요?

기쁨을 찾는 마음 훈련 가이드

임상적 사망이 확인되고 신체 기관이 멈추기 시작하면, 이제 하얀 빛이 보일 겁니다. 마치 자각몽에서 뭔가를 보는 것과도 같습니다. 자각몽은 자신이 꿈을 꾸고 있다는 것을 인지하고 있는 상태이기 때문에 이 안에서 우리는 마주치는 일들을 통제할 수 있다고 느낍니다. 이런 종류의 꿈에서는 아무것도 두려워할 필요가 없지요. 미국 호스피스협회에 따르면, 이런 감각의 변화는 임상적 사망 바로 직전에 시작될 수 있습니다. 죽어 가는 사람은 환각을 경험하고 표현할 수 있습니다. 이들은 살아 있는 사람들이 감지하지 못하는 것들을 듣고, 보고, 느낄 수 있습니다. 환각의 내용이 무어냐에 따라 죽어 가는 사람에게는 끔찍하게 무서운 일이 되기도 하고, 위로가 되기도 합니다. 죽어 가는 사람은 종교적 인물을 본 것에 대해 이야기하기도 하고, 여행을 가거나 혹은 여행과 관련된 일들, 이를테면 가방을 싼다든지 비행기에 탄다든지 하는 일들에 대해 이야기하기도 합니다. 사랑하는 사람이나 영적 존재들과의 재회를 바라는 경우, 자신의 죽음에 대한 인식은 무척 평화로운 느낌이 될 수 있습니다. 임상적 사망 전이나 후에 이 단계를 지나면서 혹 무시무시한 짐승을 마주치더라도 그것은 실제가 아니라 단지 우리 마음의 투사일 뿐이라는 것을 기억하십시오. 사실, 이것을 이해하기만 한다면, 이 자각몽과 같은 상태에서의 모든 환영을 즐기셔도 됩니다. 이 시점에서, 마음은 완전히 우리의 몸을 놓아주게 됩니다.

감각이 변하고 하얀 빛을 보고 나면 그 후에는 붉은 빛이, 그다음엔 어둠이 옵니다. 이러한 현상들을 겪는다면 필시 죽음의 과정을 경험하고 있다고 확신해도 됩니다. 이는 꼭 잠이 드는 것과도 같습니다. 청각이나 시각과 같은 우리의 일상적인 지각이 사라지고 점차 미묘한 의식 상태에 들어가고, 그 뒤에는 일상적인 감각 지각이 멈추는, 실제적이고 깊은 평온이 따릅니다. 우리가 어둠을 마주할 때도 우리는 아무것도 지각할 수 없습니다. 마치 기절하는 것처럼요. 놀라운 점은 무의식 상태가 우리를 편안히 쉬게 한다는 것입니다.

이 어둠이 지난 후, 우리는 맑게 비쳐 오는 빛을 봅니다. 맑은 빛은 여러분의 진정한 본성, 또는 제가 부처의 본성이라고 부르는 것과 가장 직접적으로 마주치는 경험일 것입니다. 맑은 빛의 경험은 매우 독특한, 광활하고, 자유롭고, 비어 있는 느낌을 줍니다. 무상함과 죽음의 단계에 익숙하도록 하는 불교의 특정 수행을 하면 이러한 상황에 준비를 할 수 있게 됩니다. 맑은 빛을 마주친다는 것은, 제가 수행하는 전통에 따르면 공식적으로 사망했음을 의미합니다. 맑은 빛에 대한 명상은 깨달음을 위한 가장 큰 기회를 제공해 주기 때문에, 여기서 경험하는 것에 세심한 주의를 기울이고 완전히 집중하는 일은 매우 중요합니다. 맑은 빛은 찰나의 순간부터 최장 사흘까지 지속되며 깨달음으로 이어질 수 있습니다. 그것은 거대한 빈 공간의 영적 경험입니다. 감각할 수 있는 대

기쁨을 찾는 마음 훈련 가이드

상이나 예쁜 색깔 같은 것은 주어지지 않고, 단지 맑고 투명한 빛의 광활함만 있을 뿐이죠. 환각이 없는 이 깨끗하고 순수한 존재 상태는 정신적 투사로 이어질 수 있습니다. 무엇을 마주치든 두려워할 필요가 없다는 것을 기억하십시오. 그것은 환영과 비슷한 것으로 단지 마음의 산물일 뿐입니다. 이런 까닭으로, 우리는 지금 삶에서 건강한 습관을 확립해야 합니다. 명상, 기도, 보시, 자기반성 그리고 이 책의 수행들을 적극적으로 활용하는 건강한 습관은 죽음의 과정 전반에 걸쳐 마음의 상태를 돌보는 데 도움이 될 것입니다. 제가 속한 불교 전통에서는, 현재의 삶을 어떻게 사는지 그리고 죽음의 순간 마음 상태가 어떠한지가 미래의 삶에 영향을 미친다고 믿습니다. 우리의 영적 수행은 두려움과 후회를 없애서 우리가 평화, 기쁨 그리고 가능하다면 환희 속에서 살고 또 죽을 수 있도록 하는 것을 목표로 합니다. 열심히 수행할수록 결과가 좋아지는 것은 당연합니다.

미래를 준비하기

우리가 가진 업보가 남긴 흔적과 습관은 미래를 결정하는 데 중요한 역할을 합니다. 이러한 흔적들은 한 삶에서 다음 삶으로 이어지는 경향이 있습니다. 이언 스티븐슨 박사의 아이들이 기억하는 전생에 대한 연구는 이러한 현상을 다룹니다. 그는 전생에서 죽었던 방식과 현재 삶에서 갖는 공포 사이의 연관성을 발견했습니다. 예를 들어, 아이가 전생에서 익사한 기억이 있다면, 현재 삶에서 물에 대한 강한 공포를 보이는 식이지요. 그는 아이들이 전생의 기억이 흐려지면서 공포감과 이에 따른 행동도 사라진다는 것을 발견했습니다. 스티븐슨 박사는 전생에서의 치명적인 상처와 관련된 선천적 결함과 모반(birthmark)을 가진 아이들의 사례 또한 상당량 수집했습니다. 전생의 경험이 현재 삶에 정신적으로뿐만 아니라 육체적으로도 영향을 미친다는 건 명백해 보입니다. 어떻게 살았는지, 어떻게 죽었는지 그리고 죽는 순간의 정신 상태까지 모두 환생에 있어 중요한 요소입니다. 무상함에 대한 이해와 마음 훈련은 죽음이라는 거대한 변화를 준비하는 데 도움이 될 수 있습니다.

환생한 불교 스승으로서, 저는 다시 태어나는 것을 굳게 믿고 있습니다. 다시 태어나는 제 삶의 목적은 모든 존재가 자신의 참된 본성에 눈뜰 수 있도록 돕는 것입니다. 그러나 여러분이 여러 생을 산다는 가능성을 꼭 믿으실 필요는 없습니다. 사실, 여러분이 어떤 종교를 선호하는지는 별로 상관이 없습니다. 가장 중요한 것은 여러분이 지금 살고 계신 삶을 가장 좋고 건강한 방식으로 살아가는 데 집중하는 것입니다. 우리 삶은 영원하지 않고, 그렇기 때문에 삶은 더욱 소중하지요. 제가 속한 수행 전통에서는 순간순간을 살아가며, 지속적으로 죽음을 마음에 둡니다. 그에 따른 죽음에 대한 특별한 명상이 있는데, 여러분도 잠시 함께해 보시지요.

"죽음은 확실합니다. 우리는 죽음을 피할 수 없으므로, 가장 수준 높은 영적·정신적 잠재력에 도달하려면 바로 지금 수행해야 합니다. 죽음의 시기는 불확실하고 우리의 육체는 질병과 생명을 위협하는 상황에 취약합니다. 젊거나 늙었거나, 아프거나 건강하거나 상관없이 누구라도 죽습니다. 삶은 출생과 죽음 사이의 선(線)입니다. 그 선이 얼마나 길지는 모르는 노릇이니, 나중이 아닌 지금 수행해야 합니다. 우리가 하는 영적·정신적 수행만이 죽음의 순간에 도움이 될 수 있습니다. 우리가 가진 재산, 친척, 친구, 육체 등은 죽음의 순간에 도움이 되지 않습니다. 이런 식으로 생각하는 것이 싫게 느껴질 수 있겠지만, 이는 우리의 삶을 더 의미 있게 만들고, 진정으로 중요한 것에 집중하게 하며, 용기와 희망을 가지고 죽음을 마주하게 해줄 것입니다."

이 명상의 핵심은 변화를 받아들이고 우리 자신과 주변 사람들이 영원히 있지 않을 것이라는 생각과 함께 살아가는 것입니다. 걱정하고, 화내고, 무의미한 다툼으로 시간을 보내지 않고, 대신 이 무상한 존재의 삶을 가능한 한 특별하게 만드는 것이 중요하다는 것이지요.

여러분이 다섯 명의 수감자 중 한 명이라고 상상해 보세요. 이 다섯 명은 모두 서로를 다치게 했고 결과적으로 공동의 적이 되었습니다. 실망스럽겠지만 여러분은 모두 함께 조그마한 유치장에 구금되었습니다. 서로 경멸하는 사람들과 어쩔 수 없이 강제로 있게 된 후에 듣게 된 소식은 다섯 명 모두 다음 날 처형될 것이라는 말입니다. 처음에는 여전히 서로 다툴 수 있겠지만 삶이 내일 끝난다는 것을 진정으로 깨닫고 난 후에도 다들 밤새 다투고 싸울까요? 만약 여러분이 상대를 용서하고 동료 수감자들에게 친절을 베푼다면, 과연 그 행위가 여러분 자신에게 어떤 변화를 가져올까요?

이 상황은 실제 우리의 삶과 다르지 않습니다. 지금 우리는 이 역동적이고 변화하는 세상에서 사람들과 함께 살아가고 있습니다. 사람들은 재화나 서비스 등을 위해 서로가 서로에게 의존하며 살아갑니다. 그럼에도 "왜 하필 나지?"라고 구시렁대거나 자기중심적인 생각에 빠지기 쉽습니다. 30년, 40년, 50년 후에 우리는 사라지게 될 텐데요, 아마도 더 일찍 사라질지도 모르죠. 알 수 없는 일이니까요. 아마 15년 후일 수도 있겠죠. 아니, 그보다 더 짧을 수도 있어서, 단 며칠일 수도 있습니다. 아무것도 영원하지 않은 마당에, 어째서 이 소중하고 짧은 삶을 다른 사람들과 싸우고

기쁨을 찾는 마음 훈련 가이드

화내며 낭비합니까? 우리는 모두 기쁨의 삶을 살 자격이 있는 사람들이지만, 그것을 실현하는 것은 진정으로 우리 자신에게 달려 있습니다.

이야기 하나가 떠오릅니다. 천국에 가기를 간절히 원했던 한 남자가 있었습니다. 그는 영적으로 매우 엄격했지요. 그는 숲 속에서 옷도 입지 않은 채로 살면서 하루 한 끼, 아주 적은 양의 식사로 연명하며 수년간 세속의 타락을 피해 왔습니다. 그 결과, 그의 건강이 나빠지기 시작했습니다. 마침내 의사를 찾아갔을 때, 허약해진 그의 몸은 벌벌 떨렸고, 온통 벌레 물린 자국으로 뒤덮여 있었습니다. 의사는 이 병약한 남자를 진찰한 후, 건강을 더 잘 돌보지 않으면 때 이른 죽음을 맞이하게 될 것이라고 말했죠. 이 딱한 환자를 불쌍히 여긴 의사는 생각 끝에 남자에게 스위스의 훌륭한 휴양소에서 한 달간 쉬면 어떻겠느냐고 제안을 했습니다. 의사는 남자가 회복한 후에는 더 건강한 영적 수행을 하기를 바라며 이런 제안을 한 것이었지요.

그 남자는 금욕주의라는 자신의 영적 수행에 깊이 몰두하고 있었던 탓에 그렇게 호화로운 휴양소에 절대 머물 수 없다며 극구 거절했습니다. 의사는 그런 그에게 말했습니다. "선택은 전적으로 당신에게 달려 있습니다. 스위스에 갈지, 천국에 갈지." 병원을 나선 지 몇 분 후, 남자는 떨리는 발걸음으로 의사의 진료실로 다시 뛰어 들어와 외쳤습니다. "좋아요, 좋아요! 마음먹었습니다. 스위스를 선택할게요!" 이것이 인간의 본성입니다. 우리가 가장 원하는 것은 행복의 충만함이며, 우리는 그것을 내세가 아닌 바로 이생에서 원합니다. 현실을 잘 보셔야 합니다. 그것이 중요합니다. 어떤 것도 영원히 지속되지 않는다는 것이 바로 현실이지요. 모든 것이 변합니다. 그 변화의 주인이 되지 않을 이유가 있을까요?

연못에 번지는 물결

변화의 현실은 우리 삶이 기적과도 같이 만들어질 수 있음을 의미합니다. 우리 삶은 그 자체로는 형태가 없는 물과 같지요. 물을 둥근 그릇에 부으면 둥근 형태를 띠고, 네모난 용기에 부으면 네모난 형태를 띱니다. 삶도 마찬가지로, 우리가 하는 선택에 따라 그 형태를 갖습니다. 좋은 선택은 좋은 결과로 이어지고, 나쁜 선택은 나쁜 결과로 이어집니다. 많은 사람들이 마음을 진정시키기 위해 명상이라는 좋은 선택을 합니다. 마음을 다스리는 선택을 한다는 것은 올바른 방향으로 나아가는 한 걸음입니다. 그러나 지속적인 기쁨을 위해서는 단순히 마음을 차분히 다스리는 것만으로는 충분치 않습니다. 마음의 건축가가 되어 자신의 세상을 살 만한 곳으로 지어 보겠다는 마음을 내야 합니다. 이에 더해, 마음뿐만

기쁨을 찾는 마음 훈련 가이드

아니라 가슴으로도 일해야 할 겁니다! 마음과 가슴은 하나의 팀으로 움직이거든요. 타인을 돌보고 나누는 것을 포함한 현명한 선택들을 해나간다면, 평화와 자비로 가득한 세상을 만들 수 있게 될 것입니다. 우리의 선택이 변화를 만들어 냅니다.

　　연못에 돌을 던지고 그 물결이 점점 퍼져서 저 멀리 해안가에 닿는 것을 본 적이 있으신가요? 그토록 작은 행동이 얼마나 큰 영향을 미칠 수 있는지를 생각하면 참 놀랍습니다! 우리가 내리는 결정과 그에 따른 행동도 이와 비슷한 효과가 있습니다. 이 모두 처음은 작게 시작할지 몰라도 점차로 힘을 얻게 되니 말이지요. 예를 들어, 당신 동료 중 한 명이 참을 수 없을 정도로 불행하다고 해보죠. 불쾌한 기분은 전염병처럼 퍼져 나가는 경향이 있어서 직장 전체에 퍼져 나가 모든 사람이 그 짜증에 감염될 때까지 파장을 불러일으킵니다. 그럼, 사람들은 한껏 기분이 나빠져서는 일이 끝나기만을 기다리게 되는 겁니다. 반대로, 직장에 유달리 행복해하는 누군가가 있다고 가정해 보지요. 그 사람은 내내 미소 짓고, 손을 흔들어 주며, 다른 사람들에게 친절합니다. 이 경우, 그 쾌활함은 기억하기 쉬운 노래처럼 직장 전체에 퍼질 가능성이 있겠지요.

　　사람들은 자신의 선택과 행동 방식이 고작 자신과 가까운 사람들에게만 영향을 미친다고 생각하지만, 그것은 잘못된 생각입니다. 가까운 사람들이 그 주변 사람들에게 미치는 영향과, 그

사람들이 다시 또 다른 이들에게 미치는 영향을 생각해 보면, 영
향력의 동심원은 계속해서 넓어지는 것을 볼 수 있습니다. 우리가
하는 선택은 아주 멀리까지 그 영향을 미칠 수 있고, 그 행동이 어
떤 의미를 가질지 짐작조차 할 수 없게 됩니다. 그렇게 한 사람이
결정한 것에 대한 영향이 다른 사람들 사이에서 다 돌고 돈 후, 그
것은 다시 자신에게 돌아옵니다. 피드백 루프(Feedback Loop)[1]와도
같지요. 이는 마치 파도가 해안에 부딪힌 후 반류를 통해 그 원천
으로 돌아오는 것과 같습니다. 우리가 '업'(karma)이라고 부르는
것은 우리 스스로가 순환시킨 것의 영향이 자신에게 돌아오는 것
입니다. 그래서 행복한 세상은 우리 자신으로부터 시작됩니다. 먼
저, 우리는 자신을 행복하게 만들어야 합니다. 이는 변화의 현실,
특히 우리가 죽음이라고 부르는 피할 수 없는 변화를 마주하는 것
으로부터 시작됩니다. 모든 것의 진정한 모습을 이해해야만 하는
데, 거기에 이 책이 분명 도움이 될 수 있을 겁니다.

　　저는 여러분이 정신적으로 강인한 마음으로, 행복하게 살
기를 진심으로 바랍니다. 순식간에 지나가는 삶을 수많은 문제들
과 불편함, 화장지가 없는 빈 선반을 걱정하며 낭비하지 마십시
오. "왜 하필 나에게만?" 같은 질문은 하지 마세요. 만약 존재론적

1　개체의 행위가 인과 관계를 거쳐 자기 자신에게로 되돌아오는 현상.

인 고민과 고통을 겪고 있다면, 그 어떤 문제라도 영원히 지속되지 않는다는 것을 기억하십시오. 영원한 것은 아무것도 없습니다. 모든 것은 항상 변화의 과정 중에 있습니다. 우리도 그렇습니다. 장작을 태울 때, 그것이 사라져 없어지는 것인가요, 아니면 재와 연기로 변하는 것인가요? 끊임없는 변화는 우리에게 공통으로 주어진 현실입니다. 이 사실을 최대한 활용하면서 계속해서 변화하는 이 세상의 건축가가 되어 보십시오.

성찰

오래전, 큰 권력을 지닌 통치자가 지혜를 구하고자 했습니다. 이 통치자는 슬픈 사람을 행복하게 만들고 행복한 사람을 슬프게 만드는 방법이 궁금했습니다. 어디서부터 시작해야 할지 알 수 없었던 그는 자신이 신뢰하는 영적 조언자에게 도움을 요청했습니다. 이 영적 조언자는 자신이 분명 도움이 되는 답을 찾을 수 있다고 확신했기에, 지체 않고 길을 나섰습니다. 그는 답을 찾아 먼 곳까지 다 찾아다녔지만 아무도 답을 줄 수 없었습니다. 더 이상 찾을 곳이 없자, 그는 나라 안에서 낙후된 동네들을 확인해 보기로 했지요. 구석구석을 찾아본 후, 어쩌면 포기해야 할지도 모른다고 생각한 바로 그때, 그는 명랑한 휘파람 소리를 들었습니다. 경쾌한 소리가 나는 진흙길 골목을 따라 걸어간 그는 휘파람을 부는 행복한 장인을 만났습니다. "안녕하신가요, 즐거워 보이십니다." 조언자가 인사했습니다. "슬픈 사람은 행복하게 만들고 행복한 사람은 슬프게 만드는 방법에 대한 문제를 풀고자 하는데, 도움을 주실 수 있을까요?" 장인은 잠시 생각한 후, 자신이 답을 줄 수 있을 것 같다고 말했습니다. 조언자의 얼굴에 미소가 퍼졌죠.

조금 더 생각하더니, 장인은 자신의 일을 돕고 있던 할아버지의 귀에 무언가를 속삭였습니다. 노인은 천천히 작업장으로 들어갔습니다. 얼마간 쿵쿵거리는 소리가 나더니 노인은 반짝이는 금반지를 들고 돌아와 조언자에게 건넸지요. "이것이 해결책인가요?" 왕의 조언자는 노인이 반지를 내놓을 거라고는 예상치 못했기에 그 장신구를 자세히 살펴보았습니다. 그러다 갑자기 그의 얼굴에 환한 미소가 퍼졌습니다. "아, 맞아요! 이것이면 되겠습니다!" 그는 주저 없이 장인에게 돈주머니를 건네고 서둘러 왕에게 향했습니다. 빨리 그 해결책을 보여 주고 싶었습니다.

궁 안으로 들어간 그는 한달음에 계단을 뛰어올라 왕의 거처로 들어갔습니다. "여기 답이 있습니다, 폐하." 왕은 언짢아 보였습니다. 반지를 받을 거라곤 생각하지 않았으니까요. 호기심 많은 왕은 조심스럽게 반지를 들어 살펴보았습니다. 한참을 철저하게 살피고 생각한 후 그는 그저 멍하니 서 있다가 말했습니다. "아, 이제 알겠노라!"라고 말하는 왕의 모습에선 빛이 났습니다. 그는 자신의 영적 조언자가 시간과 변화, 과거와 현재와 미래에 대해 생각하게 만드는 반지를 가져올 줄은 전혀 생각하지 못했습니다. 겉보기엔 평범하기 이를 데 없는 반지였지만, 안쪽에는 이런 문구가 새겨져 있었지요. "이 또한 지나가리라."

이 말을 한번 곰곰이 생각해 보십시오. "이 또한 지나가리라." 화장지처럼, 어떤 것도 영원히 지속되지 않습니다. 모든 것은 변화합니다. 어떤 것에도 집착하지 말라는 말은 쉬운 말처럼 들리지만 자신의 것으로 내면화하긴 어렵습니다. 변화는 고통스러울 수 있습니다. 고통을 겪고 있다면, 그것을 놓아주는 것은 즐겁게 느껴질 테지요. 하지만 긁으면 일시적으로 사라질 뿐인 가려움처럼, 당신이 느끼는 만족감은 다시 가려울 것이기 때문에 잠시뿐입니다. 고통과 즐거움은 우리 삶에서 피할 수 없는 부분입니다. 아프기 때문에 고통을 놓아 버리고 싶지만, 기쁜 일 역시 지나가 버린다는 이 덧없음의 본질 또한 고통스럽지 않습니까? 우리가 즐기는 무언가를 또는 누군가를 놓아주어야 할 때 그것은 고통스럽습니다. 즐거움과 고통은 우리의 삶만큼이나 짧습니다.

갓 태어난 신생아는 우리가 알고 있는 삶에 대해 배운 게 없더라도 배고프거나 아플 때 우는 것과 같은 기본적인 생존 본능을 가지고 있습니다. 시간이 지나면서, 우리의 경험들은 이러한 본능적 충동을 넘어 특정한 방식으로 우리를 조건화합니다. 부처님께서는 "모든 조건 지어진 것들은 무상의 속성을 가지고 있다"고 말씀하셨습니다. 아마 여러분도 어린 시절부터 잘 알고 있을지 모르지만, 어릴 적에는 우리에게 주어진 유효 기간이 너무 멀게 느껴져 자신의 죽음에 대해 걱정하는 일은 잘 없습니다. 결승점은 나이가 들수록 더 선명하게 보입니다. 죽음에 대해 생각하면 공포스러울 수 있지만, 이는 결국 우리에게 찾아오는 가장 중요한 변화입니다. 그런 만큼 변화의 불가피성을 깨닫는 것이 매우 중요하다 할 수 있지요.

어떤 것이든 빠르게 변하고 역동적이라는 본질을 사유하는 것은 사물이 진정으로 어떠한지를 지적으로 이해하고 받아들이는 데 도움이 됩니다. 그러면 변화와 무상함의 현실을 마주할 때 마음이 불편해지지 않게 됩니다. 사람들을 떠올리거나 사물을 마주할 때, 그 모두가 변화의 과정 중에 있다는 것을 생각하기는 쉽지 않습니다. 사람이나 사물이 변치 않고 영원하다고 생각하기에 꽉 잡으려 하거나 집착하게 되지요. 어떤 것이든 일시적일 뿐이라는 것을 잊지 않고 성찰하면, 우리에게 세상이 나타나는 방식이 변합니다. 그리고 그 변화의 이유를 알고자 한다면, 거기에는 다양한 이유가 있다는 것을 발견할 수 있게 될 겁니다. 변화는 원인과 조건에 따릅니다. 수행은 우리가 마주치는 것이 무엇이든 변화하고 있다는 자각을 깨우쳐 가는 것입니다. 무엇이든 무상하다는 진실을 받아들이기 시작하면, 그 진실에 기반해 결정을 내리며 삶을 살아갈 수 있게 됩니다. 지금부터 한 20분 정도 삶의 무상함과 그러한 변화에 영향을 미치는 다양한 이유들, 원인과 조건들을 살펴보면서 내면을 들여다보는 시간을 가져 보십시오. 자기 자신으로부터 시작해서 가장 가까운 사람들, 그다음은 이웃들, 그리고 그다음은 당신이 무관심하게 여겼던 사람들을 생각하세요. 그다음으로는 소위 당신의 적이라 할 수 있는 사람들, 마지막으로, 모든 존재의 무상함을 생각해 보세요. 아무것도 영원하지 않다는 현실을 바꿀 수는 없지만, 현상의 진정한 본질에 대한 확고한 이해를 얻고 나면 그에 대한 우리의 반응을 바꿀 수는 있습니다. 이제부터, 아무것도 영원하지 않다는 것을 마음 깊이 담고, 이를 인식하며 지내 보시기 바랍니다.

2장.   나쁜 GAS

우리가 모두 이따금 경험하는 일, 그리고 구린내까지 나는 일에 대해 말하고자 합니다. 바로 GAS인데요, 여기서 말하는 '가스'는 방귀나 뱃속에 차는 가스를 말하는 게 아닙니다. 이보다 훨씬 더 불쾌한 것을 뜻하지요. 탐욕(Greed), 분노(Anger), 어리석음(Stupidity)— 즉 GAS는, 불교 작가이자 교사, 학자인 케네스 K. 다나카(Kenneth K. Tanaka) 박사가 '탐진치'(貪瞋痴)를 일러 재치 있게 만든 약자입니다. 물론 배에 가스가 차는 것과 'GAS' 사이에 명백한 유사점이 없는 건 아닙니다. 둘 다 언짢고 주변 사람들을 불쾌하게 한다는 공통점이 있는데, GAS는 여러 불안한 감정의 근원이 되며 종국에는 우리를 불행으로 이끕니다. 특히 소비주의와 관련해서는 더욱 교묘해집니다. 소비주의(consumerism)에 '소

비'(consume)라는 단어가 괜히 들어가는 게 아니죠.[1] 이 '주의'는
상품과 서비스 구매에 대한 욕구를 늘리는 것이 경제에 도움이 된
다는 암시를 주지만, 소비주의로 인해 셀 수 없이 많은 굶주린 사
람들이 생겨났습니다. '소비'(consumption)로 전염된 사람들이
GAS라는 병에 시달리는 것은 당연해 보입니다.

G는 탐욕을 의미합니다

탐욕(greed)—GAS의 'G'—의 완벽한 예시가 있습니다. 바로 악명
높은 블랙 프라이데이입니다. 이 세일 행사는 그 어두운 역사에
맞게 부응하며 살아 있습니다. 이날의 기원에 대해 많은 말들이
있지만, 이 용어가 처음 만들어진 건 1950년대 필라델피아 경찰
관들에 의해서입니다. 크리스마스 쇼핑 시즌의 첫날인 광란의 금
요일, 도무지 통제되지 않는 쇼핑객들과 좀도둑들 그리고 인기만
점이었던 육군-해군 간 연례 미식축구 경기를 보러 온 열광적인
스포츠 팬들을 관리하느라 법을 집행하는 기관들은 많은 시간을

---

1 Consume은 소비라는 뜻 외에 소모, 소진된다는 뜻을 담고 있다. 명사형 'consump-
   tion'은 폐결핵이라는 뜻도 동반하는 점에서, 이를 "전염"된다는 단어와 함께 써서 부
   정적 함의를 드러낸 것으로 보인다.

기쁨을 찾는 마음 훈련 가이드

쏟아부어야 했습니다. 그래서 그날을 '블랙' 프라이데이라 명하게 된 것이지요. 이는 쇼핑 행사로서 점차 미국 전역으로 퍼져 나갔고, 편리하게도 많은 쇼핑객들이 크리스마스 선물을 사기 위해 휴가를 낼 수 있는 미국의 추수감사절 다음 날에 열렸습니다. 시간이 지나면서 블랙 프라이데이는 저렴한 상품을 얻기 위한 폭동 같은 전쟁으로 변했습니다. 때로는 스페인의 황소 달리기만큼이나 위험했죠. 전형적 블랙 프라이데이 시나리오는 대형 소매점이나 쇼핑몰에서 밤을 새우려고 이른 시간부터 진을 치는 긴 쇼핑객 줄로 시작됩니다. 이들이 원하는 건 상점에서 쇼핑객 유치를 위해 광고하는 몇 안 되는 상품—큰 할인폭을 내건 극소수의 고가 상품들—입니다. 오랜 기다림 끝에 상점 문이 열리면 사람들은 폭도가 되어 정신없이 상품을 향해 달려듭니다—서로가 서로를 밀치고, 떠밀고, 경주합니다. 마치 뒤에서 황소가 쫓아오는 것처럼요! 동시에 같은 상품을 집으려다 싸움이 일어날 가능성도 있습니다. 단순 몸싸움으로 끝날 때도 있지만 목숨을 위협하는 충돌로 이어지기도 합니다.

블랙 프라이데이는 다른 나라들에도 뿌리를 내리면서 사이버 먼데이와 같은 세일 행사로 확장되기에 이르렀습니다. 잘 알려지지 않았지만, "기빙 튜즈데이"(Giving Tuesday)[2]가 더 널리 알려졌다면 얼마나 좋았을까요! 직접 가게를 방문하는 것이든 온라인으로 하는 것이든, 쇼핑이 인기 있는 여가 활동이라는 것은 분명합니다. 그리고 여러분이 쇼핑을 좋아하는 것은 전적으로 여러분의 잘못만은 아닙니다. 물건을 구매할 때, 특히 할인을 받을 때 뇌의 보상 시스템이 활성화된다고 합니다. 이는 너무나 강력하고 즐거운 감정을 만들어 내는 나머지, 이성을 잊고 무모하게 돈을 써 버리게 만듭니다. MRI 스캔은 쇼핑이 뇌 활동에 미치는 영향이 약물이 만들어 내는 즐거운 감정과 비슷하다는 것을 확인해 줍니다. 그리고 쇼핑도 약물처럼 중독성이 있습니다. 탐욕을 낳을 수도 있지요. 제 말을 오해 없이 들으시기를 바랍니다. 저는 물건을 구매하거나 소유하는 것에 전적으로 반대하는 것이 아닙니다. 현대적인 삶을 등지고 모든 소유를 내버리고 살 필요는 없습니다. 단지 제가 바라는 것은, 탐욕—GAS의 G—이 스스로의 평화와 행복에 어떠한 부정적인 영향을 미칠 수 있는지 여러분이 잘 살펴보고 숙고해 보셨으면 하는 겁니다.

현대를 살아가는 사람들 대부분에게 물질적 편안함은 중요한 가치입니다. 우리는 멋지게 꾸며진 집, 고급 자동차, 첨단 기

---

2   블랙 프라이데이에 대한 반작용으로 시작된 기부 캠페인. 추수감사절 다음 화요일.

술을 좋아하죠. 이러한 물건에 대한 애착은 원숭이 덫과 매우 비슷한 면이 있습니다. 아시아에는 원숭이를 잡는 간단한 방법이 있는데요, 속이 빈 호리병이나 코코넛에 작은 구멍을 파고, 그 안에 견과류를 넣은 다음, 나무에 묶어 두기만 하면 됩니다. 이를 발견한 원숭이는 작은 구멍에 손을 뻗어 견과류를 집지만, 주먹을 쥔 채로 손을 빼려고 하면 더 이상 구멍을 통과할 수 없습니다. 원숭이는 손을 빼려고 안간힘을 쓰면서도 안에 있는 맛있는 견과류를 놓지 않으려 합니다. 원숭이는 그저 손을 펴서 견과류를 놓기만 하면 되지만, 음식에 대한 애착 때문에 덫에 걸린 채로 빠져나오지 못하는 것이지요. 마찬가지로, 여러분 역시 더 새롭고 더 좋은 것에 대한 애착과 집착이 가져오는 부정적인 작용을 인식하지 못하고 있을 수도 있습니다. 여러분의 꿈과 욕망이 어떤 방식으로 원숭이 덫처럼 자신을 함정에 빠뜨릴 수 있는지 생각해 보시기 바랍니다.

　　탐욕과 그 부정적인 측면에 대한 옛날 이야기를 들려 드리고 싶습니다. 옛날에 굶주린 농부가 있었는데요, 그가 배를 곯은 이유는 농사지을 땅이 없었기 때문입니다. 왕에겐 광대한 농지가 있다는 것을 알고 있던 농부는 어느 운명적인 날에 용기를 내어 왕에게 부디 농지를 좀 나누어 줄 것을 부탁했습니다. 그런데 영리한 왕은 이 농부에게 생계 유지에 필요한 것 이상으로 땅에 대한 집착에 가까운 욕망이 있음을 알아챘습니다. 그래서 잠시 고민한 후, 현명한 왕은 굶주린 농부에게 그가 서 있는 자리에서부터 하루 동안 걸어갈 수 있는 거리 안의 땅을 모두 주겠노라고 했습니다. 하지만 한 가지 조건이 있었죠. 해가 지기 전에 발걸음을 되돌려 정확히 그 자리로 돌아와야 한다는 것이었습니다. 굶주린 농부는 현명한 왕에게 거듭 감사를 표하고 해가 뜨기만을 떨리는 가슴으로 기다렸습니다.

농부는 일출과 함께 흥분된 마음으로 그 자리에 돌아와 바깥쪽으로 걷기 시작했습니다. 걷고 또 걸었죠. 수십 킬로미터는 걸었을 겁니다. 이따금 멈춰 서서 농부는 자신이 얼마나 넓은 땅을 밟아 왔는지를 보며 감탄했습니다. 그는 출발했던 지점을 돌아보며 생각했습니다. "이 정도 땅이면 충분해. 나를 위한 식량도 충분하고 이윤을 남겨서 팔 수도 있겠어!" 이윤을 남길 수 있겠다는 생각이 그는 정말 마음에 들었습니다. 그래서 계속해서 걸어 나갔죠. 벌어들일 수익을 꿈꾸느라 태양의 위치는 잊은 지 오래였습니다. 오후가 되자, 그는 거의 초주검이 되었습니다. 너무 멀리 걸어온 탓에 발은 아프게 타들어 갔고 몸은 피로에 절여졌습니다. 잠시 앉아서 쉬어야 했지만 그제서야 그는 태양의 위치가 크게 바뀌었다는 것을 알아차렸습니다. 해가 질 무렵이었던 겁니다! 왕이 내건 조건을 떠올린 굶주린 농부는 공황 상태에 빠졌습니다. 그는 벌떡 일어나서는 뒤돌아 지친 몸이 버틸 수 있는 한 최대한 빠른 속도로 출발 지점을 향해 달렸습니다.

기쁨을 찾는 마음 훈련 가이드

자신이 얻게 될 땅에 대해 공상하느라 정신이 팔린 나머지 농부는 자신이 얼마나 멀리 걸어왔는지 깨닫지 못했습니다! 서둘러 돌아가려고 했지만, 해는 거의 저물어 가고 있었고 그는 피로로 소진된 상태였습니다. 제시간에 돌아갈 방법은 없었습니다. 농부는 실망과 좌절감에 주저앉고야 말았죠. 영리한 왕의 땅에서 천천히 발걸음을 옮기는 농부에게는 오로지 자신이 전날 가졌던 만큼이 주어졌습니다. 즉, 아무것도 없었다는 말이지요.

이는 소유에 대한 욕망, 그러니까 탐욕이 우리를 어떻게 눈멀게 하는지 보여 주는 한 예시입니다. 꿈과 욕망을 갖는 것은 일반적인 것이지만, 모든 것을 다 가질 수는 없다는 걸 항상 기억하시기 바랍니다! 게다가 여러분이 진정으로 꿈꾸고 바라는 삶은 원하는 모든 물건과 서비스를 가진 삶이 아니라, 내면의 평화와 기쁨이 있는 삶입니다.

사람들이 살면서 가장 많이 사용하는 단어가 "나"(I)라고 합니다. "저도"(I) "나"(I)라는 표현을 많이 듣습니다. "제가"(I) 이 말을 얼마나 많이 쓰는지 "저도"(I) "제가"(I) 쓰는 "나"(I)라는 표현에 "저 자신"(I)이 놀랄 지경입니다. 주의를 기울이면 그 단어가 얼마나 많이 사용되는지 믿을 수 없을 정도입니다. 집착은 단순히 물건에 대해서만 말하는 게 아닙니다. 집착은 주로 자기 자신에게만 치중하여 자신을 행복하게 만들려는 노력에 관한 것입니다. 이는 공유지의 비극(tragedy of the commons)이라고 불리는 사회과학

이론을 통해서도 잘 드러납니다. 이 이론은 공유 자원에 접근할 수 있는 사람들이 결국 자신의 이익만을 위해 행동하게 되고, 그렇게 함으로써 모두를 위한 자원을 고갈시키게 된다고 주장합니다. 예를 들어, 커피의 과도한 소비는 특정한 커피 농작물 고갈로 이어졌지요. 과도한 어획은 참치와 같은 특정 물고기의 고갈로, 지하수의 과다 사용은 가뭄으로 이어졌습니다. 소비 욕구는 그것이 세상에 미치는 부정적인 결과와 관계없이 자기중심적인 동기에 의해 움직입니다.

소비주의는 자신에게 집착하는 마음을 이용합니다. 더 나은 삶을 약속하며 제품과 서비스를 판매하죠. 욕망이 자기 집착에 뿌리를 두고 있는 데다가 항상 존재하는 까닭에 소비주의의 전술은 한계를 모릅니다. 여러분이 이것을 극복하기 위해 팔을 걷어붙이고 필요한 일을 하기로 마음먹을 때까지는 말이죠. 그때까지 여러분은 만족을 찾아 헤매게 될 겁니다. 단지 상점의 물건뿐만 아니라, 다른 사람들이 가진 것도 원하게 될 겁니다. 광고에 나오는 물건을 갖게 되면 그 속에서 웃고 있는 사람들처럼 웃고 행복해질 수 있을 것 같은 느낌이 듭니다. 광고에서도 일상생활에서도 다른 사람들이 여러분보다 더 좋은 것을 가지고 있다는 생각이 계속 들지요. 자신의 물건을 다른 사람들의 것과 비교하면 탐욕, 경쟁심, 질투가 생겨납니다. 사회는 아마도 이런 식으로 구성된 것 같습니다. 심지어 학점 시스템에서도 'A'는 훌륭함을, 'F'는 실패했음을 의미하지 않습니까. 부모는 아이들에게 학교에서 잘하라고 말합니다. 아이들에게 잘한다는 것은 좋은 성과를 내고, 'A' 학점의 학생이 되며, 1등 자리를 차지하기 위해 반 친구들과 경쟁해야 한다는 걸 의미합니다. 이런 방식으로 어린 시절부터 경쟁을 부추기는 것에는 그 장점만큼이나 커다란 단점이 있습니다.

경쟁은 사회의 발전과 개선을 촉진하는 반면, 사람들 사이에 질투와 분열을 일으키기도 합니다. 소비주의는 이른바 "남에게 뒤지지 않으려는" 욕망을 이용합니다. 제가 새 안경을 맞추러 갔을 때의 일입니다. 저도 여기서 비슷한 압박감을 느꼈지요. 제가 원한 것은 그저 단순한 안경이었음에도 점원은 계속해서 당시 유행하는 스타일리시한 안경을 사도록 설득하려 애썼습니다. 그는 말했지요. "요즘은 다들 이런 안경테를 쓰지 그런 올드한 스타일은 안 써요." 다른 사람들과 저를 똑같은 모습으로 만들려 다짐이라도 한 듯 보였지만, 저는 그런 압박감에 굴하지 않았습니다. 이런 종류의 압박감은 우리의 모습을 부적절하다고 느끼게 하고 질투를 일으켜 힘들게 합니다.

이제 저는 여러분께 한 걸음 물러서서 자신의 삶에서 진정으로 원하는 것이 무엇인지 스스로에게 물어보기를 권하고 싶습니다. 여러분이 원하는 것은 행복이 아닌 물질적 대상입니까? 그 질문에 대한 대답은 어쩐지 "예"인 것 같습니다. 태평양에는 수십 년에 걸쳐 축적된 거대한 플라스틱 쓰레기 더미가 있어서 해양과 그곳에 서식하는 생물들에 상당한 피해를 주고 있다고 하지요. 특정한 나라의 해안과 멀리 떨어져 있다 보니, 이 거대한 쓰레기 더미에 책임이 있는 게 누구인지를 알기는 어렵습니다. 확실한 건, 이를 통해 우리는 물질적인 것에 대한 세상의 욕망이 통제 불능이 되었음을 명확히 볼 수 있다는 사실입니다. 제가 중고물품을 구매하는 것도 이런 이유 때문입니다. 여러분에게는 선택지가 있습니다. 자신이 가진 것에 만족할 수도 있고, 계속해서 외부의 것들을 욕망할 수도 있습니다. 여러분은 만족할 줄 아는 낙원을 선택하시겠습니까, 아니면 플라스틱섬의 상품처럼 제조된 행복을 선택하시겠습니까?

　　이런 선택을 이야기하자니, 우화 하나가 떠오릅니다. 세 아이를 둔 어머니가 있었습니다. 어느 날 아이들이 오렌지를 달라고 하더랍니다. 오렌지는 없었지만 레몬이 있어서 어머니는 대신 그것을 아이들에게 주었습니다. 첫째는 레몬을 집어 들고 항의를 했습니다. "우엑, 신 레몬이잖아! 난 달콤한 오렌지가 먹고 싶었단 말이에요." 둘째는 마지못해 레몬을 먹고서는 부루퉁해졌습니다. "이건 오렌지가 아니잖아요." 셋째는 꼭 오렌지여야 한다는 생각에 집착하지 않고 레몬을 받은 것에 감사했습니다. 상황을 받아들이고, 즐겁게 레몬즙을 짜서 맛있는 꿀을 넣은 상쾌한 레모네이드를 가족과 함께 나눠 마셨지요. 모두가 행복했습니다! 속담에서도 말하는 것처럼, 인생이 레몬을 준다면 그걸로 레모네이드를 만드는 겁니다. 이 세 아이 중 누구를 닮고 싶은지는 여러분의 선택입니다. 원하는 것을 얻지 못했을 때 크게 떼를 쓸 수도 있고, 마지못해 실망의 신맛을 견딜 수도 있겠지요. 아니면, 가진 것에 만족하고 그것으로 맛있는 것을 만들어 다른 사람들과 나눌 수도 있습니다.

A는 분노를 의미합니다

블랙 프라이데이 쇼핑 배후에 있는 탐욕은 광란의 폭력으로 이어진 역사가 있습니다. 소비주의의 성장은 블랙 프라이데이 당일 극단적인 폭력으로 이어졌습니다. 전 세계 여러 곳에서 블랙 프라이데이 쇼핑객들 사이 밀치기, 싸움, 칼부림, 총격 사건이 보고된 바 있지요. 그 당시에는 분노가 자신을 보호해 주거나 도와주는 기제가 된다고 생각될지도 모릅니다. 하지만 이는 실제로는 매우 해로운 것으로, 우리의 합리적인 사고를 방해하기까지 합니다. 간단히 말해서, 이 정도 수준의 분노는 우리의 마음을 흐리게 하고 판단력을 망가뜨립니다.

분노(Anger)—GAS의 'A'—는 그저 불공평하거나 위협적인 것에 대한 반응일 뿐입니다만, 이것이 또한 학습된 반응이라는 것을 알고 계십니까? 우리는 불공평하거나 어려운 상황에 다양한 방식으로 반응합니다. 울거나 소리를 지르기도 하고, 주변에 화를 표출하는 경우도 있죠. 이런 반응은 우리가 무엇을 배웠는지에 전적으로 달려 있습니다. 한번은 분노 조절 문제로 도움을 요청해 온 어린 소년을 만난 적이 있습니다. 소년은 자신의 분노가 시작된 것은 반 친구에게 소리를 지른 후, 그로 인해 반 전체가 조용해진 뒤부터였다고 말했습니다. 그 이후로 그는 분노를 자신에게 힘을 주는 유용한 도구로 생각하게 되었던 거죠. 이 때문에 소년은 불공평하거나 위협적인 상황에서 자주 분노를 표출했습니다. 하지만 결과적으로, 그의 분노는 점점 통제할 수 없게 되었고 그와 가까운 사이의 사람들과의 관계에도 지장을 주게 되었습니다.

그 소년에게 제가 가르쳐 준 것은 분노를 진정시키는 데 도움이 되는 몇 가지 방법이었는데요, 연민과 사랑이 분노에 대한 훌륭한 해독제라는 말을 해주었습니다. 예를 들어, 참을 수 없는 분노의 대상을 어머니라고 여기거나, 여러분을 무조건적으로 사랑하지만 인간이기에 실수를 할 수 있는 다른 어떤 인물로 대체해 상상하는 방법이 있습니다. 만약 윤회를 믿는다면, 어쩌면 그 분노의 대상이 전생에 진짜로 당신의 어머니였을지도 모르는 일입니다. 제가 소년에게 가르친 건 이 훈련이었고, 똑똑해 보이는 소년에게 저는 모든 의식 있는 존재를 소중한 어머니로 여겨 볼 것을 제안했습니다. 3개월 후, 그가 다시 찾아왔지요. 밤늦게 도착하는 바람에 그는 곧바로 승원의 게스트하우스로 가야 했습니다.

기쁨을 찾는 마음 훈련 가이드

게스트하우스는 찜통이어서 시원한 바람을 쐬려면 창문을 열어야 했을 겁니다. 아침에 그를 찾아가 밤새 어떻게 잤는지 물었더니 이렇게 답하더군요. "말도 못하게 끔찍했어요! 엄청 더웠고, 밤새 귀 주변에서는 작은 벌레들이 윙윙거리지, 모기는 물려고 달려들지. 하지만 린포체의 가르침을 따라 의식 있는 존재는 단 하나도 해치지 않았어요. 제가 감히 어떻게 그 모든 어머니들을 해칠 수 있겠어요!" 이는 간단한 지침과 결심 그리고 사랑하는 존재에 대한 감사함이 얼마나 큰 영향을 미치는지를 보여 줍니다. 목표를 설정하고 진정한 의지를 끌어낼 수 있다면 아마 더 오래 지속될 수 있을 겁니다. 약간의 노력만으로도 여러분은 학습된 부정적인 행동과 습관을 없앨 수 있습니다. 실제로, 그 블랙 프라이데이 하루 동안 발생하는 그 모든 분노와 공격성을 생각한다면, 어쩌면 상점들이 고객에게 제공해야 할 것은 상품 할인이 아니라 분노 관리 수업일 겁니다.

　　분노는 우리 자신은 물론이고, 주변 사람들에게도 직접적으로 해를 끼치는 파괴적인 감정입니다. 소셜 미디어를 예로 들어도 그렇습니다. 일반적으로 유용한 자원으로 사용될 수 있지만, 안타깝게도 이 온라인 열풍은 훨씬 많은 부정적인 부분을 야기했습니다. 다시 한번, 공유지의 비극 이론으로 인터넷을 공동 자원으로 이해해 볼까요. 인터넷은 모든 개인이 이용할 수 있기 때문에, 사람들은 자신의 이익을 위해 이를 사용하는 경향이 있습니다. 사람들은 타인에게 해가 되는 부정적인 생각과 의견을 표현한 답시고 말하자면 '더러운 빨래'를 인터넷에 널어놓습니다. 단순히 재미를 목적으로 다른 사람을 도발하거나 괴롭히는 불친절하고, 독선적이며, 심지어 잔인하기까지 한 댓글을 쓰기도 하지요.

이에 더해, 리뷰를 쓴다든지 의견을 낸다든지 하는 건 얼마든지 익명으로 게재될 수 있기 때문에 아무리 제멋대로인 의견을 쓴다 해도 그에 대한 책임을 질 필요가 없게 됩니다. 그것이 진실이든 아니든 관계없이 그 누구라도 분노에 찬 생각을 전 세계 사람들에게 방송할 수도 있지요. 달리는 댓글들 중 대부분의 것은 거의 무기한 읽을 수 있는 상태로 남아 있습니다. 파급 효과를 고려하자면, 이러한 부정적인 말들은 우리가 상상하는 것 그 이상으로 많은 사람들에게 영향을 미칠 수 있습니다.

불안을 느끼는 것은 지극히 정상입니다. 하지만 사소한 어긋남에도 지속적으로 성질을 내고 있다면, 그것은 당신이 현실과 동떨어져 있다는 말일 것입니다. 일이 뜻대로 되지 않을 때, 우리는 분노를 정당화하기 위해 무언가 혹은 누군가에 대한 인상을 비틀고 왜곡하고는 하지요. 이런 식의 왜곡된 인식은 나쁜 습관으로 발전할 수 있습니다. 예를 들어, 누군가 건설적인 비판을 했을 때에도 이에 즉각 기분이 상해 버리고, 듣기 싫은 말을 한 그 사람은 자신에게 상처를 주기 위한 대상으로만 받아들이게 됩니다. 이렇게 됐을 때의 문제점은 우리가 진실을 받아들일 수 없게 된다는

기쁨을 찾는 마음 훈련 가이드

것입니다. 분노를 내버려두지 않는 게 중요한 이유가 바로 이것입니다. 우리의 분노를 깊이 들여다보면 그 감정에 기여하는 다양한 요소가 작동하고 있음을 볼 수 있습니다. 그러나 이런 면들은 분노로 인해 왜곡되어 버리죠. 그러고는 분노에 기여하는 단 하나의 요소만 보는 겁니다. 바로 우리를 화나게 만든 사람이나 대상입니다. 비난할 대상이 있는 경우에 우리가 느끼는 화가 견고하고 실제적인 것처럼 보이는 법입니다.

운전 중에 누군가가 여러분이 몰고 있는 차 바로 뒤에 딱 붙어서 따라오는 상황을 상상해 볼까요. 그 운전자는 계속 경적을 울려 댑니다. 앞 차가 너무 천천히 간다고 생각하기 때문이죠. 제한 속도를 지키고 있는 여러분은 그래서 뒤쪽 차량 운전자에게 화가 납니다. 여기서 고려되지 않은 점은 여러분은 벌써부터 짜증이 좀 나 있는 상태였다는 겁니다. 배가 고팠거든요. 반면에 당장 시간 맞춰 갈 필요가 없는 여러분과 달리 뒤쪽 운전자는 직장에 늦는 상황일지도 모릅니다. 어쩌면 지각을 하면 바로 해고되는 곳에서 일하고 있을지도 모릅니다. 그에게는 부양해야 할 가족이 있는데다가 감기에 걸려 몸까지 아픈 상태일 수도 있습니다.

사람들이 특정 방식으로 행동하는 데에는 항상 여러 가지 이유가 있습니다. 한번은 제가 산책을 하다가 술집 앞을 지나쳤는데, 안에 있던 술 취한 남자가 저보고 들어오라고 큰 소리로 외치더군요. 승려로서 술집에 들어갈 수 없었기에, 그를 무시하고 계속 걸어갔습니다. 그러자 남자는 매우 불쾌해했습니다. 술집에서 나와 저를 쫓아오며 왜 자신과 합석하지 않는지 화를 내며 물었습니다. 처음에 저는 그 사람이 제가 승려라는 것을 알 거라 생각하고, 승려는 술을 마시지 않는다는 것쯤은 알겠지 하는 생각에 그냥 남자를 피하려고만 했습니다. 그런데 조금 있다 보니 그의 분노를 유발한 드러나지 않은 다른 요인들이 있을 수 있겠다는 생각이 들었습니다. 그는 승려가 술집에 들어갈 수 없다는 사실을 몰랐을 수도 있고, 몹시 취해 있었을 수도 있으며, 자신이 거절당했다는 느낌을 받았을 수도 있지요. 저는 그의 분노를 개인적으로 받아들이거나 도망가는 대신, 합장을 하고 진심을 담아 정중하게 "죄송합니다"라고 말했습니다. 이렇게 하자마자 남자는 곧바로 화가 가라앉았죠.

화나는 감정에 자신을 맡길 필요는 없습니다. 분노를 마주칠 때 우리는 현명해져야 합니다. 그것이 다른 사람이 여러분을 향한 것이든, 아니면 타인을 향한 여러분의 것이든 말이지요. 가능한 변수들을 다 고려해 봐야 합니다. 그렇게 한 행동의 원인을 생각할 수 있다면, 더 건강하고 성숙한 방식으로 대응할 수 있게 됩니다.

기쁨을 찾는 마음 훈련 가이드

S는 어리석음입니다

어떤 상황에서 관계된 모든 요인을 다 고려하지 않을 때 우리가 겪는 것은 무지의 한 형태인 어리석음(Stupidity)입니다. 머리글자에 따르자면 GAS의 'S'를 뜻하죠. 탐욕과 분노는 사물의 진정한 모습에 대한 무지에서 비롯됩니다. 우리는 물론 다양한 것들에 무지할 수 있습니다만, 가장 문제가 되는 것은 스스로에 대한 무지입니다. 자신에 대해 어리석다는 것은 교육 수준 같은 것을 말하는 게 아닙니다. 제가 말하는 어리석음은 우리가 이 세상에 어떻게 존재하는지에 대한 무지입니다. 불교에는 무아(無我)라는 개념이 있습니다. 이는 내가 존재하지 않는다거나 우리 자신이 없다는 것을 의미하는 게 아닙니다. 우리는 이렇게 존재하고 있고, 또 계속 이렇게 존재할 테니까요. 무아라는 말은, 우리가 수없이 많은 변화를 겪기 때문에 똑같은 자신으로 머물러 있지 않는다는 것을 뜻합니다. 예를 들어, 다섯 살 때의 나는 지금의 나와 매우 달랐겠지요. 우리 자신에 대해 고려해야 할 또 다른 사항은 우리 주변의 모든 것이 우리에게 영향을 주고 있기 때문에 우리가 존재할 수 있다는 점입니다. 우리는 주변의 모든 것에 의존해 살아가고 있습니다. 이러한 자각은 우리가 세상에 얼마나 빚지고 있는가를 알게 해줍니다. 안타깝게도 대부분의 사람들이 이런 인식을 가지고 살아가지는 않습니다. 우리 행성의 80억 인구 대부분은 이 광대한 우주의 모든 것에 대한 자신들의 의존성을 모른 채 살아갑니다. 그 결과 사람들은 자신의 이익만 생각하며 살아가죠. 그렇지 않은 사람들은 달라이 라마, 마더 테레사, 마틴 루터 킹 주니어와 같이 우리 마음에 깊이 남아 있는 사람들입니다. 이들은 어떤 방식으로든 세상을 돕고 이타적, 자선적, 인도주의적 활동에 참여했던 분들입니다. 이분들의 삶이 보여 주는 바는 우리가 자신만이 아닌 주변을 이롭게 하며 살 때 비로소 의미 있는 삶이 가능하다는 사실이겠지요.

이렇게 수많은 사람들 속에서 살고 있으면서도 생각은 오로지 자신에 대해서만 하고 있지는 않나요? 자신의 문제에 대해 말해 보라고 하면 어려움 없이 이야기할 수 있나요? 대부분의 경우 사람들은 자기 문제를 이야기하는 것은 쉽게 생각하지만 가족이나 친구가 겪고 있는 어려움은 무시해 버리곤 합니다. 주변 사람들이 겪는 문제를 이야기하는 데 얼마만큼의 시간이 필요하신가요? 그들이 무슨 일을 겪고 있는지도 모른 채로 어떻게 그들을 알고, 보살피고, 그들과 가까워질 수 있을까요? 자기 문제에 대해 이야기하는 것은 쉬워도, 친구나 가족이 겪는 문제를 떠올리는 게 어려운 분이라면 아마 스스로에게 지나치게 사로잡혀 있을 가능성이 높습니다. 이런 자기중심적인 태도는 옛 만화 캐릭터인 미스터 마구(Mr. Magoo)[3]처럼 눈이 거의 안 보이는 채로 운전하는 것과도 같습니다. 스스로는 운전을 퍽 잘하고 있다고 생각하지만 사물을 명확히 볼 수 없는 까닭에 도로를 벗어나 주변을 위험에 빠뜨리겠지요.

자기중심적 어리석음은 자기가 자신의 길을 막고 있다는 말이기도 합니다. 우리 자신이 바로 '나' 자신의 행복을 가로막는 장애물이지만 항상 그것을 인식하지는 못합니다. 이는 우리 삶이 가치가 없다거나 자신을 잘 돌보지 말아야 한다는 의미가 아닙니다. 오히려, "나는 행복해지고 싶다!"라고 열정적으로 생각하는 것은 유익하기까지 하지요. 우리가 자신의 길을 방해하는 것은 자기만의 행복에 지나치게 집중하거나, 세상에 소중한 사람이 오로지 자신밖에 없게 될 때입니다. 자기 자신만 소중히 여기는 마음은 그 누구보다 자기 자신을 더 중히 여기는 마음입니다. 이러한 마음을 알아챌 수 있는 쉬운 방법 한 가지를 말씀드리자면 바로 함께 찍은 단체 사진을 보는 겁니다. 그 사진에서 누구를 가장 먼저 보시나요? 대부분의 사람들은 자신을 먼저 봅니다! 우리는 매우 자기중심적인 사람입니다.

제게도 저만 소중히 여기던 순간들이 있었습니다. 수년

---

3   1960년 미국에서 방영된 TV 만화영화 「Mr. Magoo」의 주인공.

전, 제가 아직 어린아이였을 때 어머니께서 제게 바람도 쐴 겸 산책을 하자고 제안하신 적이 있습니다. 이에 대해 잠시 이야기가 오갔지만 저는 텔레비전을 보는 데 온통 신경을 빼앗겨 어머니 말씀을 귓등으로만 듣고 있었습니다. 어머니께서는 그런 저를 보시고는 "그래요, 그럼 린포체께서는 TV를 보고 계세요. 저는 밖에 나갈 거예요"라고 말씀하셨습니다. 그 말을 들은 저는 마음이 불편했습니다. 어머니께서 혼자 산책하고 싶으셔서 저만 집에 남겨 두는 것이라고 생각했거든요. 처음엔 화가 났습니다. 그러다가 저는 단지 저와 시간을 함께 보내고 싶어 하셨던 어머니께 내가 지금 화를 내고 있구나 하는 생각이 들어 슬픔을 느꼈습니다. 어머니에 대해서는 전혀 생각하지 않고 있었던 거죠. 그러고서 제가 자기중심적으로 생각함으로써 스스로 불쾌해졌다는 것을 자각하게 된 것에 감사했습니다. 이런 생각에 이르자 저는 문 밖으로 달려 나가 어머니와 함께 산책을 했습니다. 어머니는 매우 행복해하셨고, 그것이 저를 행복하게 만들었습니다. 자신의 무지를 명확히 볼 수 있고 행동의 방향을 바꿀 수 있는 순간은 귀중한 순간입니다. 분노나 탐욕과 같은 괴로운 감정의 징후를 처음으로 보게 될 때, 자신의 행복을 가로막고 있는 것이 자기 자신은 아닌지 한번 살펴보세요. 주변 사람들을 잊었거나, 자기중심적 사고에 빠져 있지는 않은지 말입니다.

자기중심적이 되는 것은 오래도록 인상적으로 남아 있

는 기억들, 혹은 어떤 각인의 결과이기도 합니다. 사람들이 사물을 저마다 다르게 보는 이유는 서로 다른 기억을 갖고 있기 때문이지요. 과거 사건들이 우리 마음에 남긴 인상들로 인해 사람들은 같은 대상을 다르게 보게 됩니다. 새를 예로 들어 봅시다. 새를 자유의 멋진 상징으로 보는 사람이 있는가 하면, 좀 더 중립적인 입장을 취해 새를 그저 하늘을 나는 생명체로 보는 사람이 있을 수 있겠지요. 그런가 하면 알프레드 히치콕의 공포영화「새」를 보고는 새만 봐도 무서워서 벌벌 떠는 사람이 있을 수도 있습니다. 이 모든 것이 우리의 기억에 달려 있습니다. 저 같은 경우는 새에 대한 부정적인 기억이 있어서 새를 무서워하는데요, 그것은 나중에 기회가 되면 이야기하도록 하겠습니다. 요점은 우리가 이러한 인상적인 기억들을 바탕으로 사물을 다르게 인식한다는 것입니다. 이런 기억들은 우리가 어떤 것들에 대해—심지어 우리 자신까지도—특정한 방식으로 생각하도록 조건 짓습니다. 우리가 사물을 명확하게 인식하는 데 어려움을 겪는 이유 중 하나가 바로 이런 것 때문입니다. 이는 또한 우리가 세상에 어떻게 존재하는지를 알지 못하는 무지의 원인이기도 합니다. 그리고 또 하나, 우리는 보통 다른 사람도 모두 우리 자신처럼 생각한다고 여기는 경향이 있습니다. 이것이 바로 서로 다른 관점이 중요한 이유입니다. 다른 사람들의 관점은 우리가 사물을 인식하고 문제를 해결하는 방식을 확장시켜 줍니다. 자신의 관점에 집착하는 것은 우리 무지를 악화시키고, 진실로부터 더 멀어지게 할 뿐만 아니라 심각한 'GAS'를 겪게 할 가능성이 있습니다.

이쯤에서 눈이 먼 사람과 코끼리에 대한 오래된 이야기를 하면 좋을 것 같습니다. 눈이 안 보이는 사람 여섯 명이 코끼리를 보러 간 이야기입니다. 이들은 각각 코끼리의 다른 부위를 만졌습니다. 한 사람은 코를, 다른 한 사람은 귀를, 또 한 사람은 꼬리를, 다리를, 옆구리를 그리고 상아를 만졌습니다. 그런 다음 모여서 코끼리가 어떻게 생겼는지에 대해 논쟁을 벌였죠. 이들은 각자 자신이 만졌던 부분으로 전체 모습을 안다고 생각했습니다. "나는 부채를 만진 것 같아." 귀를 만진 사람이 말했습니다. "아니, 넌 틀렸어. 내가 알아낸 바로는 빗자루가 틀림없어." 꼬리를 만진 사람이 단언했지요. "그게 아니야. 나는 분명 뱀을 만진 것 같아." 코를 만진 사람이 말했습니다. "너희 모두 틀렸어. 그건 창이야." 상아를 만진 사람이 공언했습니다. "아니야, 내가 느낀 건 벽이었어." 코끼리의 옆구리를 만진 사람이 말했지요. "그 또한 틀렸어. 나는 코끼리가 나무 기둥이라는 것을 알아냈다고." 다리를 만진 사람이 확신을 담아 말했습니다. 부채야! 빗자루라니까! 뱀이야! 창이야! 벽이야! 나무 기둥이라고! 그들은 모두 서로 다른 관점을 가지고 있었기에, 한동안 서로 논쟁을 벌였습니다. 이 시끄러운 논쟁은 이윽고 근처에서 낮잠을 자고 있던 왕자를 깨웠습니다. 그들을 조용히 시키며 그는 큰 소리로 말했습니다. 모두가 틀렸다고요. "코

기쁨을 찾는 마음 훈련 가이드

끼리가 실제로 무엇인지 알기 위해서는 모든 부분을 다 모아야 합니다!"라고 그는 소리쳤습니다. 진실은 그와 같습니다. 우리 자신의 관점은 퍼즐의 중요한 조각이지만, 그것이 곧 전체 퍼즐은 아닙니다. 온전한 진실을 위해서 자신의 좁은 관점만 고집해서는 안 됩니다. 하나의 그림을 이루는 다른 여러 조각들을 고려해야 합니다.

2020년 화장지 부족 사태를 다시 한번 생각해 봅시다. 그때 사람들은 분명 상점에 화장지가 있을 것이라고 생각했고, 그렇게 상점에 기대하고 있었을 겁니다. 하지만 깊이 생각해 보면, 여러분은 단지 상점에만 의존한 것이 아니었습니다. 화장지를 진열하는 직원들, 화장지를 구매하는 상점 주인, 화장지를 운반하는 트럭 운전사, 화장지 제조업체와 그 원료가 되는 나무들에게도 의존하고 있었던 겁니다. 상품과 서비스를 얻는 데는 그와 관련된 많은 사람과 요소들이 있지요. 그 연결 고리 중 하나라도 끊어지게 되면, 텅 빈 선반을 바라보며 "왜 하필 나지?"라고 묻게 되는 겁니다. 그러나 실제로 해야 할 질문은 "왜 우리가 이래야 하지?"입니다. 왜냐하면 우리는 이 세상에 혼자 있지 않으니까요. 그리고 이따금 우리는 모두 GAS에 시달리니까요.

성찰

배고픈 커다란 개 한 마리가 입에 고기 한 점을 문 채로 강가를 따라 걷고 있었습니다. 강변을 걷던 중, 그는 유리같이 맑은 수면에 비친 자신의 모습을 보았습니다. 무지한 개는 물에 비친 자신의 모습이 고기를 물고 있는 다른 개라고 생각했습니다. 음식을 두 배로 가질 수 있다면 얼마나 좋을까 하는 욕심에 그 개는 다른 개의 음식을 훔치기로 마음먹었죠. 개는 싸울 태세를 갖추고 화난 듯이 으르렁거리며 이빨을 드러냈습니다. 그리고 음식을 낚아채기 위해 입을 벌리자마자 고기는 강물로 떨어져 깊은 물 속으로 가라앉았습니다. 화가 난 개는 짜증스럽게 안절부절하다가 배고픈 채로 패배감에 젖어 자리를 떠났습니다.

자기 자신만 소중히 여기는 마음과 탐진치(GAS) 사이에는 강한 연관이 존재합니다. 최근 여러분이 힘들고 속상하게 느꼈던 순간을 돌이켜 보세요. 자기 애착에 기반한 탐욕, 분노 그리고 어리석음에서 비롯되었을 가능성이 높습니다. GAS를 줄이기 위해서는 항상 자신을 먼저 생각하는 습관을 깰 방법을 찾아야 합니다. 이는 다른 사람들에게는 뭐가 필요할지 먼저 생각해 보는 습관을 가짐으로써 가능합니다. 특히 우리와 제일 가까운 사람들에 대해서요. 그렇다면 어떻게 다른 사람들에 대해 더 관심을 가질 수 있을까요? 첫째로, 자기만을 위하는 방식에서 벗어나 보는 게 제일 좋은 방법입니다. 그에 대한 연습으로 자기 자신에게 집착하는 마음이 일어나자 마자 이것을 알아채는 능력을 길러야 합니다. 그 후에는 다른 사람들을 먼저 생각하는 노력을 해야 합니다. 식탁에서 한번 시도해 보면 좋을 겁니다.

요리를 다 끝내고 상에 음식을 차리고 나면 잠시 멈춰 생각해 보는 겁니다. 자기 자신만 소중히 여기는 마음의 습관이 뭔지 말입니다. 즉각적으로 여러분이 원하는 것에만 관심을 가지지 마세요. 가장 예쁜 과일을 가져가거나, 가장 먼저 음식을 덜어온다거나, 가장 많이 먹고 싶은 충동을 참아 보세요. 때로, 자신을 넘어서 보기 어려운 순간에는 자기 자신을 위하는 관점에서 생각해 봐도 좋을 겁니다. 다른 사람들의 이로움에 관심을 가지면 가질수록, 우리가 더 행복해질 거라고 생각하는 거죠. 사람들과 함께 살아가는 우리가 그 주변 사람들의 필요에 관심을 가진다면, 그들도 같은 방식으로 응답할 것이고 이는 결과적으로 우리를 행복하게 만들 겁니다. 이 얼마나 단순한 일인가요.

'GAS'의 자기 애착의 징후가 포착되었다면, 다음의 해독제를 시도해 보시기를 권합니다.

G(탐욕). 물에 비친 자신의 모습을 보았던 욕심 많은 개처럼, 자신이 가진 것에 만족하지 않고 다른 사람들이 가진 것

을 원할 수 있습니다. 물건을 욕망하게 될 때, 물질적 소유가 진정한 행복의 원천이 아니라는 점을 기억하세요. 행복은 우리의 건강한 마음 상태에서 옵니다. 우리에게 "부족한"것을 생각하기보다, 이미 가지고 있는 것에 대해 생각함으로써 건강한 정신적 성향을 만들어 보세요. 우리가 받은 축복을 생각해 보세요. 발이 편안한 신발을 신고 있고, 깨끗한 물을 마실 수 있습니다. 이를 누리지 못하는 다른 사람들에 비하면 얼마나 행운인가요. 이 감사함을 느껴보세요. 그런 다음, 할 수 있는 만큼 관대한 마음을 일으키는 연습을 해보세요. 반드시 물질적으로 무언가를 베풀 필요는 없습니다. 특히나 본인이 가진 게 많지 않다면 말이지요. 친절과 감사를 표하는 일은 좋은 시작이 될 것입니다.

A(분노). 분노와 증오는 자애의 반대편에 있는 감정입니다. 이 감정은 우리 자신과 주변 사람들을 직접적으로 해치는 파괴적인 감정이므로, 즉각 해소해야 합니다. 물론 그렇다고 해서 분노를 아예 느끼지 말아야 한다는 건 아닙니다. 짜증은 어쩔 수 없이 일어나는 것이기 때문에 이에 대해 죄책감을 느낄 필요는 없습니다. 분노는 그 자체만으로는 파괴적이지 않습니다. 중요한 것은 그 에너지를 어디에 쓰느냐이겠지요. 이 분노의 강력한 힘을 평온함으로 변화

기쁨을 찾는 마음 훈련 가이드

시키는 법을 배워야 합니다. 이를 위해 티베트 불교는 다양한 방법을 제공합니다. 그중 하나는 티베트 불교의 족첸(Dzogchen) 전통에서 나온 것으로, 하늘 바라보기라고 하는 아주 유용한 수행법입니다. 하늘을 올려다볼 때, 우리는 광대하고, 열린, 확장된 공간과 연결됩니다. 이 무한한 확장은 우리 마음의 근본적인 본성으로, 마음이 조건화되고 자아가 구축되기 이전의 자연스러운 상태입니다. 광활한 하늘을 바라보면 평온과 기쁨이 찾아옵니다. 분노의 에너지에 맞서기 위해 하늘 바라보기의 좀 더 실용적인 버전을 활용해 볼 수도 있습니다. 첫째, 연습할 시간을 가지는 것이 무엇보다 중요합니다. 다른 사람들과 함께 있을 때, 특히 그 사람들이 분노의 대상일 경우, 생각할 시간이 필요하다고 알린 후 개인적인 공간을 찾으세요. 둘째, 턱을 살짝 들어 올려 최대한 위로 시선을 향하세요. 셋째, 하늘을 볼 수 없는 경우, 넓고 광활한 하늘을 상상해 보세요. (만일 다른 사람들로부터 벗어날 수 없는 상황이라면, 마치 깊은 생각에 잠긴 것처럼 위를 바라볼 수도 있겠죠. 아마도 주위 사람들에게 그리 불편을 끼치는 일은 아닐 겁니다.) 위를 바라보는 것은 마음을 분산시키고 열어 주는 데 도움이 됩니다. 분노를 일으키는 것으로부터 마음과 시선을 모두 멀어지게 하거든요. 넷째, 호흡에 주의를 기울이세요. 숨을 깊이 들이마시고, 내

쉬는 숨에 스트레스의 원인을 놓아주세요. 광활한 하늘로 그것을 놓아 보내세요. 옛 티베트 요가 수행자들의 사진을 보면, 그들이 종종 하늘 바라보기를 연습하는 모습을 볼 수 있습니다. 위를 올려다보는 수행, 특히 광활하게 열린 하늘을 바라보는 것은 생각으로부터 마음을 자유롭게 합니다. 누군가 거슬리는 말을 하면, 그것에 대해 생각하면 할수록 더 불쾌해진다는 것을 우리는 다 알고 있습니다. 이 수행은 그런 비생산적인 생각을 끊어 내는 방법입니다. 꾸준히 연습하면, 점점 좋아질 겁니다.

S(어리석음). 무지는 진실을 모르는 것의 결과입니다. 지혜의 빛 없이 어둠 속에서 사는 것과 같지요. 이렇게 어둠 속에 있을 때는 현실에 대한 더 나은 이해가 필요하다는 것을 보기가 어렵습니다. 안타깝게도 자기밖에 모르는 이기적인 욕망에 붙들려 있기 때문에 여전히 어둠 속에서 잠들어 있는 것이지요. 자신이 원하는 대로만 일이 풀리기를 바라는 이기적인 몽상에서 깨어나려면, 우리에게 무의식적으로 그런 경향성이 있다는 것을 계속해서 상기하세요. 자신의 외부에서 일어나는 일들을 인식하는 연습을 하세요. 현재 이 순간에 집중하세요. 호흡에 주의를 고정하세요. 지금 여기에 더 주의를 기울이게 되면, 우리 자신이 얼마나 자기중심

기쁨을 찾는 마음 훈련 가이드

적일 수 있는지를 목격하게 됩니다. 자기중심적인 행동에 각별히 주의를 기울이고 이기심을 분명히 보는 연습을 하세요. 더 현명하게 살면서, 자기 애착이 얼마나 해로운 장애물이 될 수 있는지를 의식해 보는 겁니다.

3장.   희망, 고난의 치료제

2021년, 서양에서 멸종에 이르렀다고 생각했던 제왕나비의 개체수가 급작스럽게 증가하는 일이 벌어졌습니다. 인생에도 밀물과 썰물이 있다지만, 제왕나비의 귀환은 분명 희망의 증거일 겁니다! 생각해 보면 나비는 언제나 희망과 변화의 상징이었습니다. 나비는 우리에게 삶의 단계 중에는 견디기 힘든 때가 있고 때로 깜깜할 때도 있지만, 꿋꿋이 버티다 보면 무언가 특별한 일이 생기고, 또한 날아오를 날이 온다는 것을 상기시키지요. 애초에, 보잘것없어 보이는 애벌레 없이 아름다운 나비는 존재할 수 없습니다. 희망은 자신의 애벌레 단계를 받아들이는 것에서 시작됩니다. 애벌레의 첫 번째이자 가장 주요한 임무는 변태(變態)에 필요한 에너지를 비축하며 주변을 기어다니며 먹는 일입니다. 제가 말씀드리고자 하는 것은 우리가 처한 진실을 받아들이는 것으로부터 변화가 시작될 수 있다는 것입니다. 변화는 그 맨 처음, 겸허한 단계에서부터 시작합니다. 만약 여러분에게 과거나 과거에 경험했던 고통이 없다면 변화시키고 말고 할 것도 없겠죠. 고통은 삶의 현실의 일부이므로, 그 불행을 초월하기 위해서는 강력한 희망에 대한 의식을 만들어 낼 필요가 있습니다. 제가 제안하는 이런 종류의 희망에 대한 믿음은 또 다른 형태의 욕망이 아닙니다. 단순히 막연한 바람인 것도 아닙니다. 그것은 긍정적인 변신을 향한 여러분의 움직임에 연료가 되어 주는 희망에 대한 인식입니다.

희망은 진실에서 시작됩니다

그렇다면 어떻게 진정한 의미의 희망을 발전시킬 수 있을까요? 우선 진실에서부터 시작해야 합니다. 첫 번째 단계는 삶이 아름다운 동시에 고난과 고통도 있다는 것을 인정하고 인식하는 일입니다. 고통과 기쁨이 섞여 있는 것이 곧 삶임을 진정으로 이해하는 것이 필수적입니다. 이 둘은 동전의 양면처럼 붙어 있죠. 한쪽 면만 있는 동전이 세상에 있을까요? 늘 행복하기만 하고 슬픔이 없는 삶을 기대하는 것은 따라서 비현실적입니다. 불가능한 일이니까요! 만물은 다른 것과의 관계 속에 존재합니다. 예를 들어, 어둠은 빛과의 관계 속에서만 존재하죠. 문자 그대로, 또한 은유적으로요. 무지개는 또한 비가 오기 때문에 있을 수 있습니다. 대립은 어디에나 존재합니다. 어떤 이들은 제가 늘 웃고 있는 모습을 보고 괴로울 일이 없어서 그런가 보다 하고 생각합니다. 제가 행복한 모습을 보고 "참 유쾌한 사람이구나. 나도 저렇게 행복하면 좋겠지만, 저 사람과는 달리 내 삶은 행복하기에는 너무 괴로운걸" 하고 생각하지요. 사실, 저 또한 어려운 일을 많이 겪습니다. 그렇지만, 저는 진실이 있다는 것과 변화가 가능하다는 희망을 봅니다. 제가 변화를 확신한다는 것, 바로 이것이 삶의 문제들을 풀어나가는 데 있어 합리적인 해결책을 찾을 수 있는 동기가 됩니다. 누구나 문제와 고민을 안고 살아갑니다. 그러나 그런 만큼 또한 우리 내면에는 힘과, 희망의 강인함이 있습니다.

제가 이러한 강력한 희망을 직접 목격한 건 어린아이들에게서였습니다. 네팔에 있는 저희 승원에서는 고아들을 많이 거두고 있습니다. 학생들 중 약 40%는 지낼 곳이 없고, 100%가 빈곤에 시달리죠. 아이들 이야기를 하자면 정말 마음이 아픕니다. 얼마 전에는 조그마한 아이가 기운이 다 빠진 채로 제 사무실에 찾아온 일이 있었습니다. 이 용감한 꼬마는 제 책상으로 걸어와서 주먹에 꽉 쥐고 있던 종이 한 장을 제게 건네주었지요. 비통한 표정을 짓고 있는 아이를 바라본 후, 아이가 건네준 구겨진 종이를 내려다보았습니다. 종이는 다름 아닌 어머니의 사망증명서였습니다. 저간의 사정을 알아보니, 이 어린아이의 아버지는 이미 돌아가셨고, 그를 돌볼 수 있는 다른 가족이나 지인도 없는 상황이었습니다. 아이는 그야말로 혈혈단신 고아였습니다. 저는 저희 승원에 아이를 받아들였습니다. 적응하는 데 시간이 걸리긴 했지만, 아이의 두려움과 슬픔은 시간 속에서 점차 안정적으로, 더 중요하게는, 희망의 감정으로 변화하기 시작했습니다. 아무리 용감한 사람이라도 때로는 외로운 법이죠. 하지만 여러분은 혼자가 아니라는 확신을 드리고 싶습니다. 우리는 이 삶 안에서 함께입니다.

희망이 공동체를 하나로 묶어 내는 힘은 신뢰에서 나옵니다. 저희 승원은 비슷한 사정을 가진 고아들을 많이 받는데, 이 아이들이 가진 자원이 거의 없음에도 불구하고 자신들의 삶이 더 나아질 것이라는 엄청난 믿음을 발전시키는 것을 볼 때마다 얼마나 놀라운지 모릅니다. 저희는 아이들에게 머물 곳, 음식, 의복, 교육 등 기본적으로 필요한 것들을 지원합니다만, 아이들 사이에 신뢰를 꾸려 내고, 나아가 유익하고 힘을 돋워 주는 협력을 만들어 내는 것은 다름 아닌 그들이 가진 희망입니다. 고아들은 이제 자신들을 하나의 큰 가족으로 느낍니다. 이 어린 아이들은 어쩔 도리 없이 자신들의 애벌레 단계를 받아들일 수밖에 없지요. 각자의 삶의 진실과 더불어 그들은 희망을 만들어 냈습니다. 실제로 희망은, 사람이라면 모두 스스로를 곤란하게 하는 어려움을 겪는다는 진실을 받아들이는 것에서 시작됩니다. 어려움은 누구나 겪는 평범한 일이며, 후퇴하는 것 같지만 극복 가능한 것이라고 보게 되면, 우리는 희망이라는 동기 부여를 통해 절망을 넘어서게 됩니

　　　　　　　　기쁨을 찾는 마음 훈련 가이드

다. 그러고 나면 이제 우리는 문제를 둘러싼 건강한 해결책을 만들어 낼 수 있게 되겠지요. 절망감을 느끼는 사람들이 참 많습니다. 이런 이들은 자신의 문제를 받아들이기 너무 어렵다고 느끼며, 살아가는 것 자체가 짐스럽다고 생각합니다. 더 안 좋은 것은 자신들이 처한 문제가 아주 독특하고 영구히 변치 않는 것이라고 가정한다는 것이지요. 희망이 없다고 느끼기 때문에 오로지 죽음을 통한 출구밖에 없다는 느낌을 받습니다. 혹시라도 이런 상황까지 와 계신 분이라면 반드시 전문 의료진의 도움을 받으십시오.

희망을 갖지 않는 삶이 얼마나 위험하며, 어떻게 목숨까지 위협할 수도 있는지에 대해 잠시 생각을 해보았으면 합니다. 세계보건기구(WHO)에 따르면, 40초마다 한 사람이 자살하고 있다고 합니다. 10분마다 15명, 또는 매 시간 90명인 셈입니다. 희망이 없는 상태는 분명 전 세계적으로 엄청난 문제입니다. 이러한 인간의 비극은 힘들 때일수록 더 심해집니다. 저는 이러한 사실들을 알기 위해 노력하는데요, 제가 하는 중요한 일 중 하나는 곤란에 처하고 희망을 잃은 사람들을 상담하는 것이기 때문입니다. 한번은 스물한 살쯤 되는 젊은 남성을 도와 달라는 요청을 받았습니다. 이 젊은이는 뛰어난 수재로, 대학에 다니고 있었고 좋은 삶과 밝은 미래를 보장받은 사람이었습니다. 학교 생활도 굉장히 잘 해내고 있었지만 뭔가 그를 괴롭게 하는 고민이 있었기에 저는 그를 돕고 싶었습니다. 안타깝게도, 제가 그를 도울 기회를 얻기도 전에 그는 스스로 목숨을 끊었습니다. 이 남성과의 만남으로 인해 저는 자살이 얼마나 만연하게 퍼져 있는지, 또한 그 뒤에 남겨진 친구들과 가족들의 슬픔은 얼마나 큰지에 대해 눈을 뜨게 되었습니다. 제가 그 영민한 젊은이를 도울 수 있었다면 얼마나 좋았을까요. 그의 죽음으로 인해 친구들과 가족들이 정말 많이 슬퍼했고, 저 역시 참으로 많이 슬펐습니다.

　　　이전 장에서 저는 죽음을 다른 종류의 삶으로 가는 통로로 설명했습니다만 일단 여러분이 떠나고 나면, 이생에서 문제를 해결할 수 있는 황금 같은 기회를 잃게 됩니다. 저는 우리가 셀 수 없이 많은 삶을 산다고 믿습니다. 그러니 이번 생에서의 문제는 지금 해결해야 하지 않을까요? 여러분은 필경 자신의 존재가 더 나아질 기회를 놓치고 싶지 않을 것입니다. 그런데 여러분에게는 이 소중한 삶에서 그렇게 할 수 있는 귀한 능력과 기회가 있습니다. 이 귀중한 선물을 깨닫고 희망을 만들어 보십시오. 이 삶이 주는 자연의 기적들을 한번 생각해 보세요. 꽃의 아름다움과 석양의 찬란함, 사과의 달콤함과 사랑과 연민의 따스함. 자는 동안 여러분의 몸이 알아서 숨을 쉬는 것 또한 삶의 여러 기적적인 축복 중 하나입니다. 이런 기적들을 보는 것이 동기 부여가 될 수 있을 겁니다. 희망을 가지세요! 여러분에게는 올바른 방향으로 변화를 만들어 낼 힘이 있습니다. 그러기 위해서는 자신만을 돌보는 것에서 초점을 돌려 주변을 돌보는 것으로 전환할 필요가 있겠지요. 이렇

　　　기쁨을 찾는 마음 훈련 가이드

게 초점이 바뀔 때 우리는 자신과 자신의 문제에 대해 되새기는 것을 멈추게 될 것입니다. 그리고 그 시점에서 이제 더 이상 다치고, 해를 입고, 없어져야 할 "나"는 없습니다. 우리의 마음에서 독립적인 자아라는 환상을 제거하는 것은 우리로 하여금 상호 의존성이라는 진실이 들어올 수 있는 넓고 열린 공간을 만들어 냅니다. 고아들이 그랬던 것처럼, 여러분도 자기 연민에서 타인을 북돋워 주는 것으로, 자기 문제에 초점을 맞추기보다는 공동체 전체에 희망을 주는 것으로 방향을 바꾼다면, 스스로에게 상당히 이롭다는 것을 알게 될 겁니다. 우리가 하나로 연결되어 있다는 인식은 자신감으로 이어지고, 자신감은 희망을 낳습니다. 이것이 어떻게 가능한지를 잘 보여 주는 이야기가 있습니다.

행복의 씨앗은 희망입니다

대부분의 시간을 혼자 보내는, 돈은 많지만 불행한 부자가 있었습니다. 재산은 그를 행복하게 만들지 못했지요. 그는 행복의 근원이 무엇인지 궁금했습니다. 진정한 기쁨을 위해서는 다른 이들을 위해 선한 일을 하는 법을 배워야 한다는 말을 들었지만, 그의 마음은 이기적인 욕망이 꽉 들어차 있었기 때문에 당최 어디서부터 시작해야 할지 몰랐습니다. 그는 자신이 불행에서 벗어날 방법을 간절히 찾다가 마침내 대회를 열기로 마음먹었습니다. 이타적인 마음에 필요한 세 가지 중요한 질문의 답을 찾는 데 도움을 줄 수 있는 사람에게 금화 백 닢을 주겠다고 했지요. 질문은 다음의 세 가지였습니다. 누구에게 선을 베풀어야 하는가? 언제 이것을 행해야 하는가? 다른 사람에게 선을 베풀기 위해 무엇을 해야 하는가? 오랫동안 그는 만족스러운 답을 찾지 못했고, 그의 절망은 더욱 깊어만 갔습니다. 절망하는 그의 모습을 본 마을의 이웃은 그를 딱하게 여기며 답 찾는 것을 포기하지 말고 희망을 잃지 말라고 부자를 격려했습니다. 그러면서 길 아래에 있는 현명한 노파에게 물어보라고 했지요. 현자라면 분명 그의 기쁨을 찾는 여정에 도움을 줄 수 있을 거라면서요. 이에 부자는 노파를 찾아 나섰습니다. 노파의 대답이 고통에서 벗어나는 데 도움이 되기를 간절히 바라면서 말입니다.

그는 현명한 노파를 찾자마자 도움을 요청했습니다. 노파는 미소를 지으며 자못 명랑하게 대답했습니다. 일주일 안에 질문에 대한 답을 얻을 것이니 낙관적인 태도를 가지라고요. 노파가 말을 마쳤을 때, 아무 죄 없는 마을 사람이 그들 옆을 지나던 중 알 수 없는 곳에서 날아온 화살에 맞아 부상을 입게 되었습니다. 다쳐서 괴로워하는 사람을 본 노파는 남자에게 그 사람을 보살펴야 한다고 했습니다. 상처를 씻기고 붕대를 감아 주고, 건강을 회복하도록 간호해야 한다고요. 그는 이렇게 하면 자신이 찾는 답

기쁨을 찾는 마음 훈련 가이드

을 얻을 수 있을 거라고 확신하면서 노파의 말에 따랐습니다. 부자는 자신의 불편함에도 불구하고 환자를 위로하고 치유에 힘썼습니다. 부상당한 이를 정성껏 간호하면서 시간을 보내는 사이 두 사람 사이엔 우정이 쌓였습니다. 상처가 나은 후 남자는 깊은 감사를 표하고 이제 친구가 된 부자에게 답을 찾는 여정을 포기하지 말라고 말한 뒤 마을을 떠났습니다. 마을 사람들은 부자의 이타적인 마음씨에 감탄했고 "행복을 찾는 노력을 계속하세요!"라고 외쳤습니다.

딱 꼬집어 말할 순 없지만 부자는 이제 전보다 훨씬 더 행복하고, 가볍고, 만족스러웠습니다. 하지만 그는 여전히 세 가지 질문에 대한 답을 찾기를 원했죠. "현명한 어르신, 일주일 후에 제 질문에 대한 답을 얻을 수 있을 거라고 하셨죠. 잠자코 2주 동안이나 답을 기다려 왔습니다. 부디 이 어둠에서 벗어날 길을 찾고 싶습니다. 행복해지고 싶습니다. 제발 답을 말씀해 주실 수 없나요?"

노파는 친절하면서도 호기심 어린 눈으로 그를 바라보며 말했죠. "보세요, 세상은 이미 당신의 질문에 답을 했는걸요. 누구에게 선을 베풀어야 하는가라는 첫 번째 질문에 대한 답은 바로 당신 앞에 있는 사람에게 선을 베풀어야 한다는 것입니다. 두 번째 질문, 언제 선을 베풀어야 하는가에 대한 답은 바로 지금 베풀어야 한다는 것입니다. 세 번째 질문, 다른 사람에게 선을 베풀기 위해 무엇을 해야 하는가에 대한 답은 당신이 할 수 있는 일을 다 해야 한다는 것입니다." 부자는 이에 대해 깊이 생각하고는 이기적인 마음은 결코 누군가를 행복하게 만들 수 없다는 것을 깨달았습니다. 마주치는 사람들을 돕기 위해 할 수 있는 모든 일을 하는 이타심이야말로 진정한 행복을 가져다줍니다. 좀 더 깊이 생각해 보니, 이 기쁨의 씨앗은 실제로 희망에 있다는 것을 알게 되었습니다. 행복에 대한 그의 희망과 마을 사람들이 준 희망이 없었다면, 그는 아마도 고통에 대한 답을 찾지 못했을 것입니다. 희망은 우리의 여정에 불을 지피고 인내하도록 돕습니다. 부자는 기쁘게 웃었습니다. 자신이 받은 답변에 감사하고 매우 만족스러워하며, 그는 약속했던 것의 세 배에 달하는 금화를 노파에게 주었지요. 들리는 소문에 따르면 그는 남은 생애 동안 희망에 차 있었고, 타인을 도우며, 행복했다고 합니다. 고통스러운 감정들이 종종 그러하듯이 탐진치(GAS)는 그를 비참하게 만들었지만, 그의 희망은 타인에게 선을 베푸는 것이 가져다주는 행복을 찾을 수 있는 힘을 주었습니다. 중국 속담에 이런 말이 있습니다. "한 시간의 행복을 원한다면, 낮잠을 자라. 하루의 행복을 원한다면, 낚시를 가라. 한 달의 행복을 원한다면, 결혼을 해라. 일 년의 행복을 원한다면, 유산을 상속받으라. 평생의 행복을 원한다면, 다른 사람을 도우라." 이 속담을 자세히 보면 먼저 세속적이고 이기적인 즐거움을 추구하는 것을 보여 주고 나서 진정하고도 지속적인 행복은 오직 다른 사람을 돕는

기쁨을 찾는 마음 훈련 가이드

것을 통해서만 찾을 수 있다고 말하고 있습니다. 타인을 돕는 일은 여러분을 돕는 일입니다. 그리고 그것은 희망에서 시작됩니다, 더 나은 세상에 대한 희망.

희망과 두려움

희망은 정신적 차원에서 시작됩니다. 타인을 돕기 이전에 이미 우리 마음속에 자리하고 있는 염원이 있어야 하지요. 우리 자신과 타인을 위한 더 나은 삶에 대한 열망이 내면에 있어야 한다는 말입니다. 안타까운 일입니다만, 두려움은 희망을 막아 버리기도 합니다. 모든 파괴적인 감정들 중에서도 두려움이 가장 나쁜 이유는 희망을 죽일 수 있기 때문입니다. 희망과 두려움은 모두 기대에서 비롯되는 감정입니다. 둘 다 동기 부여가 된다는 공통점이 있지만 두려움은 우리로 하여금 걱정하게 하고, 공황 상태에 빠뜨리며, 결과로부터 물러나게 만드는 반면 희망은 우리가 긍정적인 결과를 향해 나아가고 또 목표로 삼을 수 있도록 이끌어 줍니다. 두려움도 일부는 합리적이기도 합니다. 예를 들어 운전 중 타이어가 펑크났을 때 느끼는 경보 같은 것들이요. 이런 종류의 공포는 물론 우리를 안전하게 지켜 주지만, 대부분의 불안은 학습된 것이며 투쟁-도피 반응에 기반하기 때문에 도움이 되지 않습니다.

좀 이상하게 들릴 수도 있겠습니다만, 제가 가장 먼저 학습한 불안은 부엉이를 만날지도 모른다는 가능성이었습니다. 원기 왕성한 어린아이였을 때, 저는 항상 늦게까지 깨어 있고 싶어 했습니다. 제가 밤에 통 자려고 하지 않자, 어머니는 제가 잠자리에 들도록 작전을 세우셨죠. 제가 잠들지 않으면 부엉이가 날아와 저를 채어 갈 거라고 겁을 준 것이었습니다. 그건 상상만 해도 무서웠습니다! 배고픈 부엉이에게 잡혀갈까 봐 두려워서 어린 저는 침대로 들어가 안심하곤 했지요. 이 일도 그랬고, 새들 때문에 여러 번 겁 먹은 일을 겪은 저는 새를 보면 마음에 불안감이 엄습하곤 했지요. 새가 곁에 있으면 무서워서 그 두려움이 사라지기를 간절히 바랐습니다. 나이가 들면서, 저는 제 두려움에 대처하는 방법들을 배웠습니다. 깃털 달린 적과 친구가 되는 모습을 상상하며 마음을 훈련시켰습니다. 새를 만날 때마다 저는 마음에 희망을 가지려고 했습니다. 저는 새를 쓰다듬고 돌보는 제 모습을 상상했고, 그래서 새가 더 이상 저를 먹이로 삼지 않기를 바랐습니다. 연습을 많이 할수록, 새에 대한 두려움은 줄어들었습니다. 머지않아 다른 불안이 그것을 대체하긴 했지만요. 속담처럼, 우리가 두려워할 것은 두려움 그 자체뿐인 겁니다. 두려움의 가장 나쁜 점은 희망을 꺾어 버린다는 것 외에도 그것이 나쁜 습관이 된다는 점입니다.

귀신을 무서워하는 한 남자의 이야기가 꼭 이와 같습니다.

기쁨을 찾는 마음 훈련 가이드

그 사람의 가족은 음침하고 으스스한 묘지 옆에 살았는데, 이는 남자의 상상력을 자극했습니다. 집에서 아주 작은 소리라도 들리면 그는 그것이 유령이라고 확신했습니다. 이 시끄러운 영혼들을 없애고 싶은 절박한 마음에 남자는 해결책을 찾아 나섰습니다. 그는 마을에서 초자연적 현상을 전문으로 처리하는 가게를 찾아갔지요. 가게 점원은 값은 좀 비싸지만 효과는 좋은 작은 케이스 모양의 펜던트를 권했는데, 사진을 넣을 수 있는 케이스 안에 귀신들을 가둘 수 있다는 것이었습니다. 점원은 누군가 케이스를 열어 귀신들을 풀어 주지만 않는다면 그 성가신 유령들을 케이스 안에 가두어 둘 수 있다고 호언장담했습니다. 남자는 펜던트를 구입해서는 서둘러 집으로 향했고, 이제 마침내 그의 거처에서 유령들을 쫓아낼 수 있다는 생각에 한껏 들떴습니다.

　　한동안 펜던트는 마법처럼 잘 작동했습니다. 그러던 어느 날 그가 집에 돌아왔을 때, 호기심 많은 어린 아들이 그것을 가지고 놀고 있는 것을 발견했지요. 당연히 남자는 사색이 되어 아들에게서 펜던트를 빼앗고 절대로 열어서는 안 된다고 아들에게 경고했습니다! 몇 주가 지나고, 남자는 우연히 펜던트를 판매한 점원을 만났습니다. 그 점원은 펜던트가 유령에 대한 그의 두려움을 해결하는 데 도움이 되었는지 물었습니다. 남자는 초조하게 대답했지요. "당신이 준 펜던트는 유령에 대한 제 두려움을 없애는 데는 효과가 있었습니다. 하지만 이제는 제 아들이 실수로 펜던트의 케이스를 열어서 갇혀 있는 유령들을 풀어 줄까 봐 그게 두렵습니다!" 두려움은 나쁜 습관이 될 수 있는 법. 두려움 하나가 사라지면, 다른 두려움이 빠르게 그 자리를 차지해 버리곤 하지요.

다행히 희망은 두려움을 없앨 수 있습니다. 이는 희망이 진실을 낙관적으로 마주할 수 있는 용기와 힘을 키워 주기 때문입니다. 제가 뉴델리행 비행기를 탔을 때의 일입니다. 기내에는 약 열다섯 명 남짓한 승객이 있었고, 갑자기 우리는 번쩍이는 번개와 함께 심한 난기류를 만나게 되었지요. 비행기 바로 가까이에서 번개가 번쩍 하고 치는 바람에 승무원 중 한 명이 큰 소리로 비명을 질렀습니다. 사람들은 자신의 가장 큰 두려움 중 하나인 죽음의 공포와 마주하며 공황 상태에 빠졌습니다. 처음에는 저 또한 두려웠습니다. 비행기가 추락해 불타오르는 화염 속으로 떨어질 것을 상상하니 말이지요. 그러나 저는 곧 생각을 바꾸고 마음 훈련(mind training)을 통해 두려움을 진정시키고 희망을 만들어 냈습니다. 처음으로 한 것은 영원한 건 아무것도 없다는 것, 죽음은 피할 수 없고 자연스러운 일임을 상기하는 일이었습니다. 저는 다른 이들을 위해 올바르게 살아온 제 삶의 방식이 결국에는 보답받을 것이라는 희망을 가졌지요. 죽음을 위해 정신적으로 준비해 온 방법들을 생각하니 감사함이 밀려왔습니다. 이렇게 생각하니 마음이 진정되고 희망이 생겼습니다. 10분 후 뉴델리 공항에 무사히 착륙했습니다. 이것이 바로 죽음을 준비하는 일이 그토록 중요한 이유입니다. 삶은 불확실하지만 죽음은 확실하기 때문에, 그 순간을 두려움이 아닌 희망을 가지고 맞이할 준비를 해야 합니다.

저는 죽음에 가까이 갔던 그 경험에 대해 깊이 감사합니다. 이제 저는 그와 비슷한 경험을 한 다른 이들의 기분을 이해할 수 있게 되었습니다. 높이 날아가는 비행기를 볼 때마다, 저는 승객들이 목적지까지 안전하고 순탄하게 비행하기를 기원합니다. 무상함을 수행했던 제 경우처럼 마음 훈련은 긍정적인 결과에 대한 희망을 만들어 낼 수 있습니다. 희망은 용기를 줍니다. 용기에 있어서 중요한 부분은 사물의 진정한 모습을 받아들이고 마음속에서 그 진실과 함께하는 것입니다. 용기는 극도로 두려운 순간들을 헤쳐 나갈 수 있게 해줍니다. 여기서 우리에게 필요한 것은 자기 자신에 대한 믿음과 더불어 담대히 문제를 극복할 수 있는 능력에 대한 확고한 믿음을 구축하는 일입니다.

자신을 믿으십시오

자신에 대한 믿음은 희망 그리고 행복과 밀접하게 연관되어 있습니다. 각각은 똑같이 중요하기 때문에 이들 간의 관계를 명확히 이해할 필요가 있습니다. 행복하기 위해서는 자신을 신뢰해야 합니다. 자신에게 스스로를 돌볼 수 있는 능력과 문제를 해결할 수 있는 능력이 있다고 믿으면 희망과 그로 인한 행복의 기반이 됩니다. 그렇다면 어떻게 자신에 대한 믿음을 구축할 수 있을까요? 먼저, 무엇이 자신을 믿는 것이 아닌지를 알아야 합니다. 자기 믿음은 자기중심적이거나 이기적인 것이 아닙니다. 오만함과도 다릅니다. 자기 믿음은 인간으로서의 능력을 믿는 것입니다.

과학적 관점에서 볼 때, 고도로 발달된 인간의 뇌를 가지고 있다는 것은 우리에게 근본적인 문제들을 이해하고 극복할 수 있는 지능이 있다는 걸 의미합니다. 그런데 문제 해결을 하는 뇌의 능력에서 마음의 역할은 과연 무엇일까요? 뇌와 마음은 종종 혼용되어 쓰이지만 이 둘은 상당히 다릅니다. 뇌는 신경계와 관련된 기관이며 형태를 가지고 있어서, 그 능력을 바탕으로 연구와 조사를 수행할 수 있습니다. 뇌는 컴퓨터의 하드웨어와 같습니다. 반면에 마음은 뇌처럼 물질적인 측면이 없지요. 식별 가능한 모양이나 무게, 크기를 가지고 있지 않습니다. 마음은 에너지와 더 비슷하며, 그런 면에서 컴퓨터의 소프트웨어와 더 유사합니다. 여러분의 뇌와 마음은 문제 해결을 돕기 위해 함께 작동합니다. 둘 다 도전 과제를 효과적으로 다루는 여러분의 능력에 기여하지요. 뇌와 마음 연구는 급성장하고 있는 연구 분야로, 특히 캘리포니아 데이비스대학교(UCD)의 '마음과 뇌 센터'와 같은 곳에서 활발히 이루어지고 있습니다. 이 분야 연구자들은 발달과 노화, 인지·사회·감정의 변화 같은 영역에서 마음과 뇌에 대한 상호 영향

기쁨을 찾는 마음 훈련 가이드

력을 탐구합니다. 과학이 오랫동안 뇌의 진화 과정과 많은 물리적 현상을 설명해 오기는 했지만, 이제 과학자들은 뇌와 마음의 관계에 대한 연구를 발전시키고 있습니다. 저는 뇌와 마음 둘 다 우리가 어려움을 극복하고 결과적으로 자기 믿음을 구축하는 능력에 핵심적인 역할을 한다고 믿습니다. 그리고 과학계와 의학계가 이 분야를 연구할수록, 마음의 엄청난 힘을 활용할 수 있는 잠재력은 더욱 커질 것입니다.

불교를 가르치는 이로서 중생의 마음이 어떻게 작용하는지 이해하는 일은 사람들을 돕는 데 있어 매우 중요한 부분입니다. 저는 마음의 힘을 믿습니다. 모든 형태의 정신 활동은 여러분의 마음에서 나옵니다. 우리의 마음은 삶의 경험과 함께 바쁘게 작용하면서 항상 변화합니다. 불교의 수행은 존재의 이러한 정신적 측면에 초점을 맞춥니다. 마음을 고요히 하고, 마음과 친숙해지며, 마음을 변화시키는 것과 같은 수행은 모두 공통적으로 문제해결 능력을 돕습니다. 배려, 연민, 감사, 사랑과 같은 긍정적인 감정의 발전은 마음의 활동에 의한 것입니다. 부정적인 감정 또한 마찬가지입니다. 불교도들은 자신의 정신 활동을 객관적 측면에서, 주관적 측면에서 모두 연구합니다. 마음이 삶을 어떻게 경험할지 결정하기 때문에, 저희 전통에서는 정신적 에너지를 훈련하는 데 크게 중점을 두지요. 그래서 이 책 각 장 마지막에 있는 명상연습이 큰 힘을 갖는 겁니다. 마음의 에너지는 믿을 수 없을 만큼 강력하며 우리 세계를 형성하는 데 중추적인 역할을 합니다.

여러분은 자신이 가진 마음의 힘을 믿으십니까? 마주치는 모든 문제를 극복할 수 있는 자신의 능력을 믿습니까? 삶을 더 나은 방향으로 이끄는 마음의 능력을 우리는 쉽게 잊어버리곤 합니다. 제가 여러분께 마음 훈련(mind training)을 하라고 권하는 건 다름 아닌 그런 이유에서이지요. 마음을 훈련하는 사이사이에 우리의 삶은 우리가 만드는 대로 된다는 것을 계속해서 떠올리는 게 중요합니다. 스스로에게 물어보세요. 레몬으로 레모네이드를 만드시겠습니까, 아니면 오렌지를 기다리시겠습니까? 어쩌면 다른 누군가가 레모네이드를 만들어 주기를 기다리고 있을 수도 있겠죠. 그럼 아주 오래 기다려야 할지도 모릅니다. 가장 좋은 방법은 자신의 삶에 책임을 지고 스스로 어려움을 해결하는 것입니다. 여러분 자신이 자기 삶의 영웅입니다. 문제와 해결책 모두 여러분 안에 있기 때문에, 자신의 삶을 바꿀 수 있는 위치에 있는 사람은 오직 여러분 자신뿐입니다. 자신을 믿으십시오. 아기였을 때는 어머니나 보호자를 믿을 수밖에 없었다고 해도 이제 성장했으니 그와 같은 수준의 신뢰를 자신에게로 가져와야 합니다. 자신을 믿는 것은 필수입니다. 자신에 대한 신뢰가 100퍼센트 밑으로 떨어지면 안 됩니다! 진정한 희망은 진실과 그에 따르는 모든 문제를 다룰 수 있다는 믿음에 근거한다는 것을 항상 기억하십시오. 진실에 근거한 희망은 흔들리지 않습니다.

기쁨을 찾는 마음 훈련 가이드

반면에 거짓 희망은 진실에 근거하지 않습니다. 이는 보통 거짓말, 특히 자신에 대한 거짓말에서 비롯됩니다. 그것은 진실이 아닌 것이 진실이기를 바라며 확신하는 것입니다. 제가 세라 제 승원에서 가르칠 때 저는 대학교, 공공시설, 사원, 의료 시설에서 일반인을 대상으로 하는 수업을 진행했습니다. 일부, 불교에 대한 호기심 때문에 제 수업을 찾는 사람들도 있었지만 대부분의 학생들은 더 나은 삶을 살기 위한 조언을 구하고 있었습니다. 저는 대만의 린커우 장궁 병원에서 수업할 때 만났던 의사를 기억합니다. 그 의사는 과연 거짓 희망이 환자들에게 도움이 될 수 있는지 알고 싶어 했지요. 환자들이 치료를 계속 받도록 하기 위해 실제로는 그렇지 않은데도 상태가 호전되고 있다고 말하는 것이 과연 잘못된 것인지 물었습니다. 저는 환자들에게 거짓 희망을 주기보다는 정직하게 말할 것을 제안했습니다. 환자들을 격려하고자 하는 좋은 의도에서 한 거짓말이지만, 진실은 다른 방식으로 어떻게든 그들을 도울 것입니다. 다른 행동을 할 기회를 줌으로써 말이지요. 자신의 상황에 대한 진실을 모른 채로 어떻게 더 나아지기를 바랄 수 있을까요? 환자가 진실을 안다면, 다른 치료 방법, 어쩌면 더 나은 방법을 찾을 수 있을지도 모를 일입니다. 아니면 버킷 리스트의 항목들을 하나씩 실행에 옮길 수도 있겠죠. 어떻게 하든 그것은 그들의 선택입니다. 거짓 희망은 효과 없는 행동 방침에 머물게 합니다. 진정한 희망은 진실에 기반합니다. 레몬으로 레모네이드를 만들려면, 우리는 "레몬들", 즉 현실의 힘을 가지고 있어야만 합니다.

현실을 인정할 때 비로소 우리는 진정한 희망을 만들어 내는 데 필요한 자기 믿음을 구축할 수 있는 기회를 갖게 됩니다. 이전에 테러 사건을 전문으로 다루는 유명한 형사에 대한 책을 읽은 적이 있습니다. 훌륭한 책이었죠. 이 형사는 자신의 일에 놀라울 정도로 능숙했습니다. 일례로 그는 어떤 폭탄 테러 사건이 발생한 지 48시간 만에 관련된 모든 사람을 체포하는 데 성공했다고 합니다! 그는 자신의 목숨을 건 활약과 업적에 대해 쓰면서 책 마지막에 단순하지만 매우 의미 있는 것을 적었습니다. 핵심은, 진실이 자신의 편에 있다면 결국에는 승리할 것이라는 내용이었습니다. 이것은 정말 너무나도 중요한 사실입니다! 사건의 사실들을 모른다면, 어떻게 그것을 해결할 수 있었겠습니까? 많은 사람들이 거짓과 그것이 만들어 내는 거짓 희망에 사로잡혀 있습니다. 그런 만큼 우리는 진실의 힘을 소중히 여기고 존중해야 합니다. 그렇게 한다면, 우리는 확신의 힘을 가질 수 있게 되겠지요. 시작은 현명한 선택을 할 수 있도록 현실을 받아들이는 것부터입니다. 현명한 선택을 통해 우리는 자기 믿음을 구축할 수 있습니다. 처음에는 껄끄럽겠지만 반드시 해야 하는 일이지요.

승원에서도 고아들에게 진실을 그대로 말하려고 노력합니다. 승원에서는 버려진 아이들을 많이 받습니다만, 가족의 지원이 있는 아이들을 받기도 합니다. 가족이 있는 아이들은 이따금 우편으로 작은 선물을 받을 수 있습니다. 물론 그런 학생들의 가족도 모두 가난하기 때문에 대단한 걸 받지는 못합니다. 보통 저렴한 시계 같은 것을 받는데, 아무리 저렴하다 하더라도 가족이 없는 아이들은 소외감을 느낄 수 있습니다. 이에 승가학교 직원들과 교사들은 어떻게 해야 할지 자주 고민합니다. 결국 교사들은 가족이 없는 아이들은 선물을 받을 수 없다는 진실을 말하기로 결정할 수밖에 없습니다. 아이들의 감정을 상하게 하기 위해서가 아니라, 자신들의 실제 삶을 받아들이도록 독려하기 위해서입니다. 자신들의 현실을 알게 되면 이제 거기서부터 삶을 꾸려 나갈 수 있으니까요. 여러분도 그렇게 해야 합니다. 애벌레 단계를 받아들이고 그 진실과 함께해야 합니다. 현실로부터 숨거나 자신에게 거짓말하는 것은 일절 도움이 되지 않습니다. 자신이 처한 상황의 사실들을 받아들일 수 있다면, 앞으로 나아갈 희망은 있습니다.

제대로 알면 적절히 대처할 수 있습니다. 그 예로, 사람들 대부분은 승원 주변에서 출몰하는 코브라를 두려워하는데, 이는 코브라의 본성과 행동 방식을 이해하지 못하기 때문입니다. 사실, 코브라는 자신이 위협을 느끼지 않는 한 공격하지 않습니다. 안전 거리를 유지하면 결코 물지 않을 것입니다. 사실에 대해 제대로 아는 것은 거짓이나 가식보다 훨씬 더 도움이 됩니다.

삶에는 문제와 고통이 있다는 것이 진실입니다. 그 사실을 피할 수는 없습니다. 그래도 좋은 소식이 있다면, 우리가 사는 세상이 유연하고 역동적인 까닭에 우리 삶에 어떤 문제가 있더라도 그것들은 변화의 대상이라는 것이지요. 변화는 확실히 보장되어 있는 것이므로 언제나 희망은 있습니다.

우리의 긍정적 변신 능력을 상징하는 나비를 기억하도록 하세요. 애벌레에서 번데기로 변하는 곤충의 성장 단계처럼, 여러분 삶의 단계도 당장 견디기 힘들 수 있지만, 영원한 건 아무것도 없습니다. 삶을 변화시킬 수 있는 능력에 대한 강한 믿음을 키운다면, 희망을 만들 수 있게 되고, 그 희망으로 우리는 우리 삶을 더 나은 방향으로 변모시킬 수 있습니다. 하지만 변화는 진실에서 시작된다는 것을 잊어서는 안 됩니다―모든 것이 변한다는 진실.

시각장애와 청각장애를 가졌던 헬렌 켈러는 "날아오르고 싶은 충동을 느낄 때는 기어가는 것에 절대 동의할 수 없다"라며 희망의 상징으로서 나비의 변신을 기린 바 있습니다. 자신이 가진 장애의 어려움에도 불구하고, 헬렌 켈러는 자신이 처한 현실, 즉 애벌레의 단계를 받아들였습니다. 그녀는 문제를 극복할 수 있는 자신의 능력을 믿었고, 그래서 자신의 상황에 가장 잘 맞는 방식으로 소통하는 법을 배웠습니다. 자기 자신에 대한 믿음 덕분에 그녀는 유명한 작가이자 사회운동가로 뛰어난 성공을 거뒀습니다. 그녀의 삶은 도전이 얼마나 큰 것이든, 현실을 받아들이고, 강력한 자기 믿음을 발전시키고, 희망을 생성함으로써, 자기 마음과

기쁨을 찾는 마음 훈련 가이드

함께 어떤 문제든 더 나은 방향으로 변화시킬 수 있다는 것을 세상에 상기시켜 주는 사례입니다.

어떤 이들은 시간이 모든 상처를 치유한다고 믿지만, 실제로 우리를 괴로움으로부터 치유하는 것은 시간의 흐름과 함께 일어나는 변화입니다. 문제에 부딪힐 때마다, 그것의 무상한 본질—문제들은 단단하고 변하지 않는 것이 아니라, 영원하지 않습니다—을 생각해 보세요. 그리고 바로 그 이유 때문에 극복될 수 있다는 사실을 기억하시기 바랍니다.

성찰

큰 뿔을 가진 사슴 한 마리가 목이 말라 연못에서 물을 마시려다가 수면에 비친 자신의 모습을 보게 되었습니다. 처음에는 자신의 머리에 있는 위엄 있는 뿔을 보고 감탄했지만, 곧 그의 시선은 형편없이 야윈 다리로 옮겨 갔습니다. 그는 자신의 약하고 가느다란 다리를 도무지 좋아할 수가 없었습니다. 바로 그때, 근처 수풀에서 화살이 날아왔습니다. 순식간에 사슴은 숲으로 뛰어들었지요. 가느다란 다리 덕분에 살아남았다는 것을 깨닫고, 그는 고개를 숙여 다리를 바라보았습니다. 그러다가 그만 뿔이 억센 나뭇가지에 걸려 꼼짝도 못하게 되었습니다. 그때 수풀에서 또 다른 화살이 날아와 이 불쌍한 짐승을 죽였습니다. 우리에게 자신이 알고 있는 것보다 훨씬 더 능력이 있다는 것을 확신하는 데 오래 기다릴 필요가 없습니다. 저 불쌍한 사슴처럼 말이죠.

절망을 피하려면, 우리 각자가 내면에 잠재력을 가지고 있음을 기억해야 합니다. 이 잠재력을 "불성"(佛性)이라고 합니다. 부처님은 이것을 모든 중생이 가지고 있는 것으로, 고통을 극복할 수 있는 타고난 능력이라고 설명하셨습니다. 이 잠재력은 우리가 가진 신념 체계와 관계없이 모든 존재 안에 깃들어 있습니다. 자신의 잠재력에 대해 자신감을 느끼는 것은 여러분 안에 있는 본질적인 힘을 인식하는 것과도 같습니다. 자신의 진정한 본성에 대한 좋은 이해는 자기 믿음을 격려하고 희망의 동력이 됩니다.

희망 역시 버려야 할 또 다른 형태의 욕망이기 때문에 도움이 되지 않는다고 말하는 이들도 있지만, 진정한 희망은 마법처럼 무슨 일이 일어나길 바라는 희망사항 같은 게 아닙니다. 그것은 우리가 살면서 문제를 만날 것이며, 그것들을 해결할 수 있다는 실용적인 진실을 이해하는 것입니다. 우리 삶이 우리가 만드는 대로 만들어진다는 것을 계속 상기한다면 도움이 될 것입니다. 삶을 변화시키기 위해 자신 이외의 누군가에게 의존할 필요는 없습니다. 결국 문제와 해결책 모두 우리 마음의 문제이기 때문에, 자신의 존재를 개선할 수 있는 사람은 바로 우리 자신뿐입니다.

기쁨을 찾는 마음 훈련 가이드

부처님은 첫 번째 설법에서 네 가지 고귀한 진리(사성제四聖諦)를 가르치셨습니다. 첫 번째 진리는 고통이 존재한다는 것을 말합니다. 두 번째는 고통에는 원인이 있다는 것, 세 번째는 고통이 영구적이지 않고 끝이 있다는 것, 네 번째는 고통의 원인을 없앰으로써 고통에서 벗어날 수 있는 방법이 있다는 것입니다. 우리는 여덟 가지 길(팔정도八正道)을 따름으로써 이 방법에 도움이 되는 원인을 만들 수 있습니다.

여덟 가지 길이 강조하는 것은 세 가지 측면입니다. 바로 지혜(慧), 건전한 행동(戒) 그리고 정신 집중(定)입니다. 올바른 존재로 살 것을 권장하는 여덟 가지 길은 다음과 같습니다. 진실을 바로 알고(정견正見), 부정적인 생각에서 벗어나며(정사유正思惟), 상처 주는 말을 하지 않고(정어正語), 타인에게 이로움이 되는 일을 하고(정업正業), 생명을 존중하면서 생계를 유지하고(정명正命), 윤리적으로 살기 위해 노력하며(정정진正精進), 생각을 제어하는 훈련을 하고(정념正念), 초점을 두고 집중하는 훈련을 하는 것(정정正定)입니다.

전체 설법에서 보자면, "고통의 근원을 찾아라"가 부처님이 우리에게 주신 첫 번째이자 가장 효과적인 만트라라고 할 수 있겠습니다. 네 가지 고귀한 진리는 우리 자신의 경험에 적용할 수 있는 틀입니다. 문제에 부딪힌다면 해결책을 찾기 위한 방법으로 사성제를 활용해 보는 겁니다. 첫째, 어려움의 본질을 생각하며 문제를 파악하세요. 둘째, 무엇이 문제를 일으켰는지 숙고하는 시간을 가지세요. 적절한 해결책을 찾기 위해서는 상황의 근본적인 원인을 파악하고 명확히 하는 것이 필수적입니다. 내가 원하는 방식대로만 하려는 게 문제입니까, 여러분의 탐진치(GAS)가 문제의 원인입니까? 셋째, 여러분에겐 불성이 있으며 이 문제를 해결할 수 있다는 것을 상기하세요. 넷째, 다른 사람들을 어찌할 순 없지만, 자기 자신의 문제에 있어서는 온전한 책임을 질 수 있다는 것을 기억하세요. 여덟 가지 길의 세 가지 측면인 지혜와 건전한 행동 그리고 정신 집중을 적용함으로써 말이지요. 다음을 한번 생각해 보시기 바랍니다.

지혜(慧, Wisdom) 문제를 해결하는 데 필요한 지식을 가지고 있습니까? 여러분의 의도는 순수한가요? 문제에 대해 정직하게 말하고 있습니까, 아니면 잘못된 전제를 고수하고 있습니까?

건전한 행동(戒, Wholesome behavior) 문제를 해결하는 데 필요한 일을 적극적으로 하고 있습니까? 해결에 도움이 되지 않는 생활 방식을 피하고 있나요? 문제 해결을 위해 열심히 노력하고 있습니까?

기쁨을 찾는 마음 훈련 가이드

정신 집중(定, Concentration) 문제가 일어나면 즉시 문제를 자각하고 처리할 수 있을 만큼 현재에 머물러 있습니까? 해결책에 주의를 집중하고 계십니까?

4장.   자기 기만으로부터의 해방

과자 봉지를 열어서 안을 들여다보면, 봉지 안은 과자로만 가득하지 않다는 것을 쉽게 볼 수 있습니다. 이는 여분의 공기로 유통 과정에서 과자가 부서지는 것을 막게 하기 위함입니다. 하지만 과자를 많이 먹고 싶었던 사람들에게는 다소 실망스러운 일이어서 봉지가 반밖에 차지 않았다고 봅니다. 살을 빼려고 하는 사람들이라면 "과자가 그렇게 많아 보이지는 않네. 봉지가 반만 차 있어서 진짜 다행이다!"라고 생각할 수도 있겠죠. 어떤 이들은 과자 회사가 봉지를 절반만 채워 놓고서 정가에 판매하고 있다고, 자신들을 속이고 있다며 화를 낼 수도 있습니다. 이는 이른바 "컵의 절반이 비었다, 컵의 절반이 차 있다"는 시나리오와 같습니다. 무엇을 어떻게 경험하느냐는 관점의 문제이기 때문입니다. 우리의 삶은 내면 세계의 상태를 반영하는 거울입니다.

거울 닦기

우리의 거울을 또렷이 보기 위해서는 먼저 거울에서 진실을 왜곡하는 것, 즉 자기에 대한 기만을 닦아 내야 합니다. 거울을 닦는다고? 그건 내 모습을 보기 위해 지금도 하는 일인데?라고 하는 분들이 계실 것 같습니다. 반쯤은 농담으로 하는 말이지만, 그리스 신화의 나르시시스한테는 농담거리가 아니었지요. 그는 물에 비친 자신의 잘생긴 모습에서 눈을 떼지 못했는데요, 그게 바로 덫이었습니다. 그 어떤 것도 나르시시스를 자기 집착에서 벗어나게 할 수 없었습니다. 이와 마찬가지인 사람이 꽤 많지요. 나르시시스는 아마 우리 승원에서 지내기 어려웠을 것입니다. 우리 승원 숙소에는 거울이 단 하나도 없거든요. 승원을 찾는 방문객들에게 이는 깜짝 놀랄 사건이 되기도 합니다. 새로운 학생이 승원에 왔을 때를 아직 기억합니다. 그는 거울이 없다는 사실에 엄청난 충격을 받았습니다. 잔뜩 흥분한 학생이 "믿을 수 없어요! 이틀 동안이나 거울을 안 봤어요. 이렇게 오랜 시간 거울을 보지 않은 적이 없었어요! 그동안 제가 얼마나 자주 거울을 보고 있었는지 몰랐어요" 하고 말했을 때 사실 저는 놀라지 않았죠. 그는 어안이 벙벙해진 것 같았습니다. 이제 그는 화장실 거울에 비친 모습이 아니라, 다른 방식으로 자신을 보고 있었습니다. 바로 내면을 성찰하면서 말이지요. 스스로 정진하는 것은 자신을 속이지 않고 진실을 마주하

기쁨을 찾는 마음 훈련 가이드

는 것에서 시작됩니다. 우리는 스스로 정신적, 감정적, 행동적 행위가 어떻게 진실을 가리는지 정직하게 목격하고 그것을 평가해야 합니다. 이런 방식으로 자신을 성찰하고 어디서 어려움을 겪는지 볼 수 있게 되면, 그때부터는 제가 도움을 드릴 수 있습니다.

영적 조언자로서 제 임무 중 하나는 고통으로 힘들어하는 사람들에게 기꺼이 도움을 제공하는 것입니다. 그래서 저는 대학교, 종교 단체, 공공 기관, 의료 기관 그리고 온라인에서 수업과 워크숍, 그룹 스터디를 전부 무료로 진행합니다. 더 심각한 상황에 처한 분들을 위해서는 전화와 개인 친견을 하기도 했습니다. 전 세계의 사람들을 적극적으로 돕는 일을 하다 보니 각계각층의 사람들을 만나게 됩니다. 불교에 대해 호기심이 있는 사람들을 만나는가 하면, 건강한 삶의 방식을 찾는 사람들을 만나기도 하고, 정신과 육체의 병으로 심각한 고통을 받는 이들과 연결되기도 합니다. 이들 대부분은 전문적인 도움을 필요로 하는 사람들이지요. 다행인 것은 제가 다섯 살 때부터 사람들을 돕기 위한 훈련을 받았다는 점입니다. 특히나 고통받는 사람들을 돕는 것을요. 제가 속한 전통에서는 돈을 들이지 않고 효과적으로 고통을 해독하고 치료를 제공하는 데 전 생애를 바칠 수 있는 영적 지도자를 양성하는 일에 큰 중점을 두고 있습니다. 그러나 제가 여러분을 돕기에 앞서 여러분 스스로가 자신의 문제를 정확하게 보는 것이 중요합니다.

대만 린커우 장궁병원에서 자기계발 워크숍을 진행한 적이 있는데요, 육칠십 명에 이르는 참가자 대부분은 자신을 좀 개선해 보고자 하는 평범한 사람들이었습니다. 저는 참가자들에게 자신의 결점 다섯 가지를 찾아보라고 했지요. 그분들에게 이는 몹시 어려운 과제였습니다! 세 가지 결점까지 찾아낸 분들은 소수였고, 나머지는 그보다 적게 찾았습니다. 그때 한 신사 분이 말씀하셨죠. "제 배우자한테 물어보는 편이 빠를 것 같네요." 다른 사람에게서 개선해야 할 부분을 찾는 것은 우리 자신에게서 찾는 일보다 훨씬 쉽습니다. 보통 다 그렇지요. 우리는 우리 자신의 불완전함을 보는 것이 힘든 까닭에 스스로를 속이고 자기 기만 상태에 머뭅니다. 그러다 보니 자신의 어떤 부분에서 개선이 필요한지 명확히 성찰할 수가 없습니다. 자기 성찰은 그러한 기만의 얼룩으로부터 자유로워질 때까지 거울을 닦는 일에서 시작됩니다. 안타까운 일입니다만 많은 경우 사람들은 자신의 불완전함의 진실을 보고 싶어 하지 않기 때문에 부정하는 상태에 머물고 싶어 합니다. 하지만 부정한다고 해서 진실이 달라지지는 않습니다.[2]

---

2   "Denial is not a river in Egypt." Denial(디나이얼)과 The Nile(더 나일)의 음을 활용한 일종의 언어유희. 직역하자면 "부정은 이집트에 있는 강 이름이 아니다"가 되고, 이것을 나일강으로 대체해 해석하면 "나일강은 이집트에 있는 강만이 아니다"가 된다. 부정한다고 해서 진실이 달라지지 않는다는 뜻이다.

기쁨을 찾는 마음 훈련 가이드

정직해지는 것이 시작입니다

진실을 부정하게 되면 우리의 관점을 바꿀 희망조차 없게 됩니다. 거짓으로부터 완전히 벗어나는 것이 중요한 까닭은 이 때문입니다. 물론 거짓을 완전히 포기하는 것은 생각보다 까다로운 일입니다. 사람들을 격려하거나 기분 좋게 하기 위한 사소한 거짓말조차도 하지 말아야 하니까요. 완벽히 무해해 보이는 이런 거짓말들도 자신을 속이는 자기 기만에서 벗어나려는 노력에는 도움이 되지 않습니다. 만약 진실을 말할 수 없는 상황에 처했다면, 그때는 차라리 침묵을 지키는 편이 낫습니다. 그러나 대화의 방향을 능숙하게 다른 쪽으로 돌릴 수는 있겠지요. 예를 들어, 상대방이 가진 자질들을 정말로 꼼꼼히 살펴본 후, 그것들을 바탕으로 격려의 말을 하는 겁니다. 칭찬할 만한 좋은 점들은 언제든 찾을 수 있습니다. 거짓말을 완벽히 없앨 수는 없다 하더라도 최소한 줄이려는 노력은 할 수 있을 겁니다. 여기에 엄격해질 필요가 있습니다. 우리가 하는 모든 수행의 기초가 되는 것은 진실에 더 가까이 다가가고자 함입니다. 현실과의 유리를 만들어 내는 거짓과 함께 진실에 다가갈 수는 없는 노릇이지요.

　　더군다나 거짓말은 무엇보다도 거짓말하는 사람을 가장 아프게 합니다. 제가 설법을 할 때 이따금 진실이 아닌 이런저런 말들을 하라고 압박을 하는 사람들이 있습니다. 이런 상황에 처할 때 매우 곤란하다고 느끼지만, 그럼에도 저는 진실을 고수합니다. 여러분도 거짓말을 함으로써 자기 기만에 더 깊이 빠져들지 않도록 노력하셔야 합니다. 거짓말을 함으로써 가장 해로운 영향을 받게 되는 사람은 그 누구도 아닌 바로 우리 자신입니다.

꼭 그러려고 한 게 아니더라도 자기도 모르게 거짓말이 튀어나올 수도 있습니다. 제가 오토릭샤(자동인력거)를 탄 적이 있는데 일반적으로 차비는 30루피 정도가 나옵니다. 그때 승원에 도착한 운전사가 평소보다 5루피를 더 달라고 했죠. 차에서 내리면서 저도 모르게 반사적으로 대꾸했습니다. 지금 수중에 5루피가 없다고 말입니다. 그러고서 승원에 들어갔을 때 저는 뒤늦게 제가 정직하지 않았음을 깨달았습니다. 곧바로 제 어린 학생 중 한 명과 상의를 했습니다. "내가 실수로 거짓말을 했는데, 어떻게 하면 좋을까요?" 아주 어린 친구였는데, 그 학생이 대답을 해주었습니다. "누군가에게 거짓말을 했다면, 그 즉시 사과하고 바로잡으려 노력을 해야죠." 그 말이 참 도움이 되었습니다. 저는 실수를 바로잡으려고 서둘러 운전사가 있던 곳으로 갔지만 너무 늦었습니다. 오토릭샤는 이미 떠나 버렸고 저는 기회를 잃어버렸습니다. 후에 제 안이 얼마나 후회로 가득찼는지 모릅니다. 이런 사소하고 무해해 보이는 거짓말을 하는 건 너무 쉽습니다. 그래서 더더욱 거짓말에 특별한 주의를 기울여야 하는 것이죠.

"선의의" 거짓말인 경우에도 제가 그것을 당하는 입장일 때는 기분이 썩 좋지 않습니다. 3년 만에 만나게 된 한 여성이 있었는데, 참 친절하고 좋은 분이십니다. 그런데 이분이 제게 그 어느 때보다 더 젊어 보인다고 말하는 겁니다. 제가 얼마나 나이가 들었는지 이미 잘 알기 때문에, 분명히 그것은 말도 안 되는 거짓말이었습니다. 그분이 과연 믿을 만한 사람이 맞는지 의심하게 되더군요. 만약 제가 그분의 거짓말을 곧이곧대로 믿었다면, 저는 스스로를 속이는 꼴이 되었을 것입니다. 그래서 우리가 주의해야 하는 겁니다. 관점을 더 나은 방향으로 바꾸고 싶다면 정직해지는 것이 그 시작입니다. 자신을 속이고 현실을 왜곡하는 거짓말로부터 멀리 떨어지세요.

습관 깨기

여러분 자신을 포함한 그 누구도 완벽하지 않다는 것을 의식적으로 인식하는 일이 참 중요합니다. 우리는 다 결함이 있고, 바로 그 결함이 우리를 다양하고 흥미로운 사람들로 만들어 줍니다. 우리가 인식하지 못한 "결함" 몇 가지는 크게 문제가 안 되지만 문제가 되는 결함들도 있습니다. 특히나 습관적 성향으로 인한 것들은 많은 어려움을 초래할 수 있지요. 교묘하고 뿌리가 깊이 박힌 습관들은 우리의 과거 행동과 경험으로부터 형성됩니다. 우리의 과거는 현재에 대한 인식을 만들지요. 초록색 식물이 많은 곳에서 자랐다고 가정해 볼까요? 그래서 초록색에 편안함을 느끼게 되었다고 해보죠. 누군가를 처음 만났을 때 그 상대에게 주의를 기울이기보다는 그 사람이 입은 초록색 셔츠에 더 집중하게 될는지도 모릅니다. 이 초록색 옷 때문에 좋은 감정을 갖게 되었는데, 나중에 그 사람이 살인죄로 가석방 중이라는 말을 듣게 된다면, 그에 대한 인식은 빠르게 바뀌겠죠. 사람은 다 이렇습니다. 우리에게는 특별히 어떤 것들에 더 맹목적이게 되는 조건화된 성향이 있고 우리 스스로의 결점에 대해서도 마찬가지입니다. 여기에는 정말 여러 가지 요인이 있는데요, 이럴 수밖에 없는 것은 우리 삶이 주변의 모든 사람, 모든 사물과 긴밀하게 얽혀 있기 때문입니다.

앞서 이야기했던 화장지가 상점에 도착하기까지 연관된 모든 사람들과 요소들을 다시 한번 떠올려 보세요. 그 어떤 것도 독립적으로 존재하지 않습니다. 마찬가지로, 우리가 자신을 기만하는 것에도 책임 요소가 그만큼 많습니다. 그래서 우리는 상호의존성과 관련된 원인과 조건들을 고려해야만 하지요. 이후 6장에서 더 자세히 설명하겠지만, 지금은 이러한 요소들로 인해 우리가 스스로의 장점만 보고 단점은 보지 못하게 된다는 점만 알고 넘어가도 좋을 것 같습니다. 이런 편향은 뿌리가 아주 깊습니다.

우리는 스스로가 생각하는 그 사람이 아닙니다. 수년 동안 우리는 아마도 자기도 모르는 무의식적 습관들을 많이도 만들어

기쁨을 찾는 마음 훈련 가이드

왔을 겁니다. 그렇기 때문에 신뢰하는 사람들의 의견이 필요한 것이고 또 자신의 생각, 감정, 행동에 세심한 주의를 기울여야 하는 것입니다. 자신의 결점을 볼 수 없다면, 자신을 개선하는 것은 불가능합니다. 자기 자신을 알 때까지 개인적·직업적 삶의 영역에서 분명 온갖 문제가 발생할 것입니다. 그러나, 자신을 아는 것과 자신에게만 집중하는 것을 혼동해서는 결코 안 됩니다. 자기 이해는 주변 세계와의 관계에 세심한 주의를 기울이는 것에서 시작됩니다. 좋은 소식은, 정직함을 가지고 자신의 외부에서 오는 피드백을 성찰할 때, 우리가 스스로의 결점을 볼 수 있다는 것입니다. 열린 마음으로 스스로에게 진실하도록 하세요. 거울을 깨끗이 닦고 진실을 본다면, 우리는 자기 기만을 부술 수 있습니다.

지혜를 발전시키고 인내심을 찾기

어떤 면에서 저는 자기 자신을 이해하는 데 있어서 성공한 사례라고 할 수 있습니다. 어렸을 때 저는 좀 성미가 급했습니다. 그리고 호르몬 넘치던 십대 때는 매우 신경질적이었죠. 도무지 저의 화를 통제할 수가 없었습니다. 민망하기는 하지만 제게 깨달음을 주었던 순간은 제가 화를 참지 못하고 전등 스위치를 부서뜨렸을 때였습니다. 제가 성질을 다스려야 한다는 아주 중요한 단서였죠. 그러다 결국 제 성질머리가 어디까지 갈 수 있는지를 깨닫게 해준 건 어머니셨습니다. 어머니께서 차를 드시러 오신 적이 있는데 저의 급작스럽고 무례한 태도에 어머니께서 그만 움찔하셨던 것이 지요. 그때 저는 제 불평불만의 심각성과 그것이 다른 사람들에게 미치는 영향을 깨달았습니다. 뭔가 조치를 취해야 할 때였습니다. 저는 자신에게 정직해야 했고, 거울을 깨끗이 닦아야 했습니다.

티베트 불교 전통에서 중점을 두는 것은 지혜의 계발인데, 저는 이걸 다섯 살 때부터 시작했습니다. 지혜를 계발시키는 것은 쉬운 일이 아닙니다. 올바로 이해를 하고 있는지 확인하는 일이 필수이지요. 승원에서 훈련을 받는 동안 이렇게 지혜를 계발시키는 것은 논쟁을 통해 이루어지기도 합니다. 불교 승원의 논쟁은 오해를 제거하고, 바른 견해가 계발되도록 한 후 수행을 통해 그 견해를 강화하는 데 도움을 줍니다. 논쟁은 영적 안녕으로 가는 여정의 한 단계입니다. 고통으로부터의 해방에 가까워지는 방법이지요. 성공을 위해서는 자신이 이해한 바를 말로 표현하고 반대 심문의 압박 속에서도 자신의 의견을 방어할 수 있어야 합니다. 이게 가능하려면 얼마나 열심히 공부를 해야 할지 상상하실 수 있을 거라 믿습니다.

다섯 살부터 열여덟 살 때까지 저는 불교대학(Institute of Buddhist Dialectics)에 다녔고, 그 후 세라 제 승원에서 공부했습니다. 저는 열심히 공부했고 성적도 좋았습니다. 이때 읽은 책

중 깊이 감동적인 데다가 논쟁에 정말 도움이 되기까지 하는 필독서 한 권을 꼽자면 위대한 스님이자 철학자, 시인인 산티데바(Shantideva)의 『입보리행론』이었습니다. 이 책은 제 주장을 입증하는 데 도움이 되었을 뿐만 아니라, 인내심에 관한 장은 개인적으로 제 분노를 다스리는 데 큰 도움이 되었습니다. 분노를 가지고는 그 누구도 행복하게 살 수 없다고 하는 그 장의 반복되는 메시지에 깊은 감명을 받았던 것이 기억납니다. 이 책은 저로 하여금 화가 난 사람은 지금 행복하지도 않을뿐더러 미래에도 행복할 수 없다는 점을 확인시켜 주었습니다. 이는 머리로 이해하기에는 어려울 것이 하나도 없지만, 일상생활에서 실천하기는 무척 어렵습니다. 일부러 화를 내려고 선택하는 사람은 없으니까 말이지요. 분노는 여러 가지 요인, 원인, 조건들에 기반해 생겨납니다. 우리가 할 일은 화가 났을 때 단순히 내가 화가 났구나, 하고 인식하는 것이 아니라 그 감정을 관리하고 변화시키는 것입니다. 우선은 평온함으로, 궁극적으로는 지혜와 자비로 말입니다.

얼마간의 성찰을 하고 나서 저는 그 인욕품의 구절이 바로 저를 위한 것이었으며, 산티데바의 현명한 말씀이 제 성질을 바꿀 것을 촉구하고 있다는 걸 깨달았습니다. 우리는 우리 주변 세계에 주의를 기울일 필요가 있습니다. 세계는 마치 거울과 같아서 우리 자신에 대한 개인적 정보를 비춥니다. 외부 세계가 곧 우리가 어떻게 나아질 수 있는지에 대한 힌트가 됩니다. 산티데바의 구절에게 분노 문제를 인식하게 해주었고, 참으로 유용하게도 자기 성찰을 장려했습니다. 저는 제 분노 어린 생각과 감정, 행동을 차분히 돌아보았고, 그 결과 앞으로도 저의 분노를 인식하겠다고 다짐하게 되었습니다. 다행인 것은, 사람들 모두에게 분노는 조심히 다뤄져야 하는 감정이어서 이를 인식하기가 그리 어려운 일은 아니라는 점입니다. 한 가지 좋은 방법은, 우리 몸을 유심히 살피는 것입니다. 분노는 투쟁-도피 반응을 촉발하고 몸에 스트레스 호르몬을 쏟아 냅니다. 스트레스에 대한 반응으로 우리 몸은 근육이 긴장되고, 심박수가 증가하며, 호흡이 얕아집니다. 때문에 먼저, 신체를 훈련하는 것이 필수적입니다. 그러면 마음이 따라오게 됩니다.

서서히 짜증이 올라오는 느낌을 받을 때 저는 제 관심을 호흡으로 돌리는데, 이렇게 함으로써 반응을 멈출 수 있습니다. 그러고도 분노의 감정을 분산시킬 필요가 있을 때 저는 즉시 횡격막 호흡을 합니다. 깊게 호흡하며 들숨과 날숨을 한 호흡으로 셉니다. 코로 들이마시고 입으로 내쉽니다. 천천히 열까지 세면서 완전히 호흡을 하고, 육체적으로 평온함을 느끼기 시작할 때까지 이를 반복합니다. 호흡을 가슴에서 복부로 가져오게 되면 신경계를 통제하고, 몸이 이완되며 마음은 다시 집중력을 되찾게 됩니다. 그 외에도 다양한 건강상의 이점이 있습니다. 시간이 흐르며 저는 스트레스 상황에서 깊은 호흡을 하는 습관을 들였습니다. 호

기쁨을 찾는 마음 훈련 가이드

흡을 통해 몸과 마음을 계속 다루자 가족들이 제 인내심이 나아졌다는 것을 알아차리더군요. 아버지는 그렇게 성미 급하던 제가 이제는 좀 차분하고 침착해졌다는 말씀을 하셨습니다. 저의 반응성에 도전한 지 1년 만에 저는 분노에 대한 저의 습관적 성향을 바꾸어 저를 진정시킬 수 있게 되었습니다. 오늘날 저는 전보다 훨씬 덜 반응하고 더 차분한 사람이 되었습니다. 여러분도 더 나아질 수 있습니다. 다양한 방식으로 마음의 방향을 바꾸는 습관을 들임으로써 마음을 훈련할 수 있지만, 무엇보다도 자신의 문제를 제대로 보는 것이 우선되어야 합니다. 저는 여러분이 거울을 깨끗이 닦을 수 있도록 돕고 싶습니다. 여러분도 자기 정진을 위해 나아갈 수 있도록 진실을 마주 보고 자신이 정신적으로나 감정적, 행동적으로 어려움을 겪고 있는 부분을 인식하시기를 바랍니다.

마음을 열어 두십시오

여러분, 행복해지고 싶으시죠? 저도 그렇습니다. 하지만 행복해지려면 먼저 정직해야 하고 자신 안에서 무엇이 변해야 하는지 볼 수 있어야 합니다. 우리 주변 세상은 이와 관련하여 도움이 될 수 있는, 자신의 상태를 반영하며 비춰 주는 거울입니다. 뿐만 아니라 세상은 여러분이 어디서 어려움을 겪고 있는지, 그리고 그에 대한 해결책을 보여 주기도 하지요. 자아는 우리가 겪는 어려움을 숨기고 가리는 경향이 있기 때문에 다른 사람이 여러분에 대해 들려주는 조언을 반드시 들을 필요가 있습니다. 스스로의 문제를 보는 것은 쉽지 않기 때문에, 정직한 이야기를 들려줄 좋은 사람이 옆에 있어야 할 겁니다.

들기 언짢은 피드백을 받았다 해도 거짓이나 화로써 자신을 방어하는 충동을 자제하려고 노력해 보세요. 부인(denial)함으로써 거울을 더럽히지 마세요. 여러분에 대한 다른 사람의 의견이 제대로 평가한 것이 맞는지 아닌지를 곰곰이 생각하는 시간을 가지세요. 열린 마음을 유지할 수만 있다면, 약점을 강점으로 바꾸는 기회로 활용할 수 있습니다. 자기 정진은 삶에서 가장 중요한 일 중 하나인 것이 맞지만, 이를 제대로 하려면 깨끗한 거울이 필요합니다. 그러니까 정직한 피드백이 필요한 것이지요. 언젠가 한번 제 피부가 많이 탔다는 이야기를 들었던 적이 있습니다. 전혀 눈치채지 못했던지라 화장실에서 거울을 보며 피부를 확인해 보았더랬지요. 제가 보기에는 그렇게 탄 것 같지 않았습니다. 우리의 인식 차이는 아마도 어떤 조명 아래 있었는지, 시력은 얼마나 좋은지 또는 거울이 얼마나 깨끗했는지 등에 따라 차이가 날 것입니다. 여러분이 다른 사람의 피드백을 받을 때마다 이런 다양한 요소들을 고려해야 한다는 점을 명심하세요. 이 모두가 스스로 알아볼 만한 가치가 있는 정보입니다. 만약 누군가의 의견이 논리에

기쁨을 찾는 마음 훈련 가이드

들어맞지 않는다면 무시해도 좋습니다. 하지만 이치에 맞는 이야기라면, 여러분 자신에게 도움이 되는 방향으로 활용하십시오. 더나은 방향으로 변할 수 있도록 정진하세요.

비교의 함정에 빠지지 마세요

행복은 마음먹기에 달려 있습니다. 이와 관련해 우리의 내면 세계가 외부 세계에 어떻게 영향을 미치는지 이해하는 데 도움이 될만한 이야기를 하나 들려 드리겠습니다. 저는 책 읽기를 즐기고또 많이 읽는데요, 그래서 특별한 교훈이 담긴 이야기를 접할 때마다 반드시 기억하려고 하는 편입니다. 저는 이야기를 통해 깨달음을 얻을 수 있다고 믿거든요. 특히나 재미있는 이야기라면 더그렇겠지요. 제가 들려 드릴 이야기에는 죽은 후에 아주 평화롭고 순수한 기쁨이 있는 사후 세계로 간 행복하고 만족스러운 사람이 나옵니다. 이 경이롭고 축복받은 낙원에서 사는 사람들은 믿기어려우리만치 엄청난 혜택을 누렸습니다. 어느 날, 이곳 사람들은충격적인 사실을 알게 됩니다. 바로, 그들의 친구 중 하나가 감옥에서 고통받고 있다는 것이었죠. 그들은 교도관을 찾아가 친구가낙원의 감옥에 갇히게 된 이유를 물었습니다. 교도관은 이렇게 대답했습니다. "감옥에 가둘 수밖에요. 불만 많은 당신네 친구는 권태로워하고 만족하지 못하며, 행복에 대한 무관심으로 낙원을 어지럽혀 우리의 평판을 더럽히고 있었습니다. 계속해서 이승으로 돌아가 스마트폰 좀 쓰게 해 달라고 요청했다니까요." 내면의 행복과 만족이 없다면, 낙원조차 즐겁지 않은 곳이 되는 법입니다.

개인의 기쁨과 평화는 외적인 조건에 기반하지 않는다는 것을 기억하는 것이 중요합니다. 물론 사람들은 행복을 외부에서 찾을 수 있다고 스스로를 속이는 경향이 있습니다. 다른 사람들에게 보여 주기 위해 외적인 모습을 멋지게 꾸미면서 자신에게 결점이 있다는 것을 무시해 버리지요. 이러한 자기 기만을 보여 주는 예시로 소셜 미디어만 한 게 없을 것 같습니다. 소셜 미디어에서 사람들은 자기가 보여 주고 싶은 모습만을 드러내는데 이는 주로 자신의 협소하고 이상화된 버전입니다. 소셜 미디어를 자신과 다른 사람을 기만하는 자신의 경향성을 성찰하는 도구로 쓰는 것도 가능하지만 대부분은 그렇게 하지 않습니다. 대체로 다른 이들이 투사하는 이미지와 경쟁해야 한다고 느낄 것입니다.

우리가 사는 경쟁적인 현대의 세계는 바로 그 점 때문에 엄청난 기술적, 물질적 발전이 가능했습니다. 분명 여기에도 미덕이 있지만 환경 문제를 제외하면, 주로 사회적 문제들입니다. 우리의 세속적 진보는 강한 경쟁 의식과 질투심으로 이어졌습니다. 모두가 최고가 되려고만 하지요. 제가 이사회 회의에 참석했던 때가 있었는데요, 저도 잘 아는 뛰어난 CEO와 함께였습니다. 회의

기쁨을 찾는 마음 훈련 가이드

중 그는 회사가 괜찮은 수익을 올리면서 잘하고 있다는 점을 이야기했습니다. 그러고선 다른 회사들이 자신의 회사보다 훨씬 더 잘하고 있다는 사실을 재차 강조했습니다. 그는 계속해서 말했죠. "저 회사가 얼마나 많은 돈을 벌고 있는지 보이십니까! 우리는 어떻게 해야 할까요?" 경쟁 회사들의 성공에 위협을 느낀 CEO는 다른 회사들을 질투하고 있었습니다. 그에게 경쟁은 불가피했지요.

이러한 식의 경쟁은 우리를 소진시키는 동시에 불필요한 압박감을 유발합니다. 푸치라는 이름의 아주 야심찬 개에 대한 오래된 우화가 떠오릅니다. 푸치에게는 아주 멀리 떨어진 산속에 있는 성스럽고 유명한 도시를 방문하려는 꿈이 있었지요. 어느 날, 이 용감한 푸치는 한 달 이내로는 끝날 리 없는 길고 힘든 여정을 시작했습니다. 그런데 이 개가 지칠 대로 지쳐서 단 2주 만에 도시에 도착한 게 아니겠습니까! 이 성과를 목격한 몇몇 개들은 크게 놀랐습니다. 푸치의 놀라운 성공에 대한 소문은 빠르게 퍼졌고, 삽시간에 이곳저곳에서 강아지들이 몰려들었습니다. 발 빠른 푸치의 비결을 알아내려고 말이지요.

"아니 도대체 어떻게 한 거야?" 개들은 도대체 이해가 안된다는 투로 물었습니다. 여전히 헥헥대며 완전히 뻗어 버릴 만큼 지친 푸치는 피로감에 절어 대답했죠. "나도 애초에 한 달 정도 걸릴 거라고 생각하고서 중간에 휴식 시간도 가지면서 가야지, 했지. 그런데 첫 번째 휴식을 취하려고 멈췄을 때 한 무리의 개들이

랑 나랑 경쟁이 붙은 게 아니겠어? 내가 쉬려고 할라치면 계속 그런 일이 일어났어. 잠깐이라도 쉬려면 또다시 다른 개들을 앞질러 뛰어야 해서 거의 쉴 수가 없었었다니까!" 개들은 이제 푸치를 안쓰러운 눈으로 바라보았습니다. 푸치는 마지막 숨을 내쉬고는 진이 빠져 쓰러져 버렸습니다. 불쌍한 푸치는 끝도 없는 경쟁으로 인해 죽음에까지 이른 것입니다. 남과 비교하고 이기려고 노력하는 것은 우리의 흔한 사고방식이지만, 이것이 삶에 미치는 해로움에 대해 생각해 봐야 할 것입니다.

　　다른 사람과 자신을 비교하는 것은 인간의 본성일 겁니다. 우리가 주변 사람들과의 관계에서 스스로를 평가하는 것은 분명 우리의 생존과 연관이 있을 테니까요. 비교를 통해 우리는 우리가 어디에 속하는지 평가할 수 있습니다. 1954년 심리학자 레온 페스팅거(Leon Festinger)가 주창한 사회비교이론에 따르면, 모든 사람은 자신을 다른 사람과 비교합니다. 특히 세 가지 층위의 비교가 이루어집니다. 나보다 우월하다고 느끼는 사람들과의 상향 비교, 나랑 비슷하다고 느끼는 사람들과의 비교, 그리고 나보다 못하다고 느끼는 사람들과의 하향 비교. 만약 나보다 열등하다고 느끼는 사람과 비교한다면 우리 자신은 기분이 좋아지겠지요. 비슷한 사람과의 비교에서는 내가 같은 무리에서 어떻게 해나가고 있는지를 확인하는 것이기 때문에 중립적인 효과가 있을 것입니다. 나보다 우월하다고 느끼는 사람들과 비교하는 경우 시기, 질투에 연료를 대 주는 것으로, 자존감에 큰 타격이 될 수 있습니다. 물론 후자의 유형이 생존을 위한 것이라고는 하나 우리가 사는 세상에 큰 분열을 일으키기도 합니다. 이에 대응하기 위해서는 우리가 공유하는 인간성이 어떻게 우리를 하나로 묶어 주는 요인이 될 수 있는지를 생각해 보아야 할 것입니다.

　　인간으로서 우리는 많은 공통점을 지니고 있습니다. 우리가 공통적으로 가진 취약점을 생각해 보세요. 자신의 취약점을 볼 수 있다면, 불운한 사람들의 일을 자기 일처럼 생각하고 연민을 가질 수 있습니다. 다른 사람들과 자신의 공통점을 찾아낼 수 있다면 그들과 비교할 필요가 없어지겠지요. 자신의 불완전함을 인정한다면, 세상에 완벽한 사람은 없으며 우리 모두 애쓰며 살아간다는 것을 이해하게 됩니다. 그렇게 되면 나보다 더 나은 처지에 있다고 생각하는 사람들에게도 연민을 가질 수 있습니다. 자기기만의 습관을 깨고 거울을 깨끗이 하기 위해서는 우리가 공유하는 인간성을 봐야 합니다. 제 고향인 네팔에 사는 사람들은 매년 극심한 폭염을 견뎌야 하는데요, 이제 이는 전 세계의 현실이 되었습니다! 원하는 것을 얻지 못해 나만 혼자라는 생각이 들 때 모든 사람이 같은 상황이라는 것을 기억하세요. 비교의 함정에 빠지지 마세요. 우리가 세 가지 비교 층위 중 어디에 속하든지 삶을 살아감에 있어 우리는 저마다 모두 어려움이 있습니다. 모든 사람과 이어져 있다는 것을 받아들이고 난 연후라야, 비로소 우리의 비교는 제대로 된 성찰을 가능케 할 것입니다.

인과관계

자기 이해의 일부는 우리 인간이 다른 개인 그리고 주변 환경과 어떻게 관계를 맺는지 보는 것입니다. 우리는 주변 세계와 관계를 맺고 있으며, 이는 인과관계에 기반합니다. 원인과 결과의 관계라는 의미입니다. 어떤 이들은 자신의 불행을 설명하기 위해 인과관계를 사용합니다. 자신이 전생에 나쁜 일을 해서 지금 끔찍한 삶을 살고 있다고 생각한다면, 이때 문제는 자신의 나쁜 업보 탓이 됩니다. 하지만 과거에 했을 수도 있는 나쁜 일에 대해 곱씹고 자신을 탓하는 것은 효과가 없습니다. 상황에 전혀 도움이 되는 일이 아니죠. 우리는 모두 실수하며 살아가니까요.

생각해 보세요. 사람은 살면서 누구나 어떤 식으로든 불행을 겪습니다. 그리고 불행에는 저마다 합리적인 원인이 있습니다. 문제를 해결하고 근본적인 원인을 찾고 싶어 하는 것은 당연합니다. 그러나 문제를 해결하고자 하는 강한 욕구가 오히려 우리 삶을 지배하는 어떤 신비한 존재가 있을 거라는 생각에 집착하게 만들기도 합니다. 개인적 책임을 지는 대신 초자연적인 방식으로 문제를 해결하려고 하는 것이지요. 수정 같은 광물이 질병을 치유해 준다고 믿는 분들이 계신데요, 수정 애호가들에게 죄송스러운 말씀이지만 이게 비록 아름답고 마법같이 보이지만 수정의 치유 능력을 뒷받침하는 과학적 증거는 없습니다. 압전 효과(피에조 전기효과)는 수정을 쳤을 때 전기가 발생할 수 있다는 것을 증명해 주는데 이 때문에 시계나 컴퓨터 등에 사용되지요. 이 외에는 수정이 여러분이나 여러분의 삶에 직접적인 영향을 미칠 일은 없을 것 같습니다. 실제로 여러분에게 영향을 줄 수 있는 것은, 문제에는 특정한 원인이 있고 그에 대한 구체적인 해결책도 있음을 이해하는 것입니다. 이를 위해서 필요한 건 솔직한 자기 이해이므로, 여러분은 삶의 이러한 측면을 반드시 깨달으셔야 합니다.

자기 삶에서 인과관계가 어떻게 작용하는지를 온전히 이해하고 나면, 문제에 대한 실질적인 해결책을 얻을 수 있게 됩니다. 한 8년쯤 전에 제가 심한 복통을 겪은 적이 있습니다. 통증의 정확한 원인을 알 수 있는 유일한 방법은 전문의를 방문하는 것이라는 것을 알았기에, 의사를 찾아 도움을 구했지요. 의사는 여러 가지 질문을 하고 검사를 한 후에 제 위 점막에 문제를 일으킨 정확한 원인을 파악했습니다. 의사의 처방은 2개월 동안 가르치는 일을 떠나 휴식을 취할 것, 그리고 9개월 동안 약을 복용할 것이었습니다. 제 문제를 인정하고 현실을 받아들이는 것만으로도 저는 기분이 훨씬 나아졌습니다. 그렇게 도움이 될 만한 행동을 적극적으로 한 결과 일주일 만에 가르치는 일에 복귀할 수 있을 정도로 상태가 호전되었지요. 저는 가끔 그때를 돌이켜 보며 무엇이 통증을 초래한 것일까 생각해 보곤 합니다. 아마도 뭔가 음식을 잘못 먹거나 마신 탓이었을 테지요. 원인을 생각해 보기는 하지만 자책하지는 않습니다. 자신에 대한 책망은 자기 성찰의 거울을 흐리게 만듭니다. 그러니 자책하지 않도록 주의하는 것이 필요합니다. 그 대신 문제의 현실을 받아들이고 당장 현실적으로 할 수 있는 일들에 집중하세요. 이성적으로 원인을 파악했다면, 그다음은 실질적인 해결책을 적극적으로 찾는 일만 남았습니다.

의사들이 어떤 병인지 진단하고 치료하기 위해 증상을 면밀히 조사하듯이, 우리에게도 자신의 고통을 치료할 수 있는 힘이 있습니다. 모든 종류의 고통은 치유될 수 있습니다. 이를 위해서는 먼저 원인 없는 고통이란 없다는 점을 명확히 이해해야 합니다. 건전하고 유익한 활동은 좋은 효과가 있고 불건전한 행동은 해로운 결과를 가져온다는 것을 안다면 우리는 자신에게 가장 좋은 것을 선택할 수 있겠지요! 이것이 뜻하는 바는 우리가 어느 정도는 우리의 운명을 통제할 수 있다는 것입니다. 그리고 바로 이 지점에 무력감을 치유할 수 있는 능력이 자리합니다. 우리가 하는 행동은 실제적인 결과로 이어집니다. 그러니 이 시점부터는 그 결과가 의미 있는 것들이 될 수 있게 하는 게 필수적이겠습니다.

섭식과 관련해서 건강하지 못한 관계를 갖고 있는 것으로 보이는 학생 하나가 있었는데요, 필시 스트레스 때문이었겠지요.

기쁨을 찾는 마음 훈련 가이드

어려운 상황을 겪을 때마다 스트레스성 폭식을 하더군요. 미국심리학회(American Psychological Association)가 조사한 바에 따르면, 미국인의 약 4분의 1이 자신의 스트레스 수준을 10점 만점에 8점으로 평가합니다. 스트레스는 과식을 유도하는 호르몬을 만들어냅니다. 더 안 좋은 점은 스트레스성 폭식자들은 설탕이 많고 지방 함량이 높은 음식을 위로가 되는 음식으로 여기기 때문에 과식하기가 더 쉽다는 겁니다. 스트레스 상황에서 대부분의 사람들은 과자가 고작 반밖에 들어 있지 않다고 보고 과자를 몇 봉지나 더 뜯어서 먹습니다. 물론 스트레스성 폭식은 미국의 일만은 아닙니다. 다른 나라들도 비슷한 문제가 있습니다. 일례로 호주의 비만 문제는 주로 감정적 섭식에 의해 야기된다고 합니다. 과체중 또는 비만인 호주인의 83%가 위안을 찾기 위해 음식을 먹는 것을 자신들 체중 증가의 원인으로 지목합니다. 정기적인 감정적 폭식은 체중 증가 등 신체적 건강 문제와 우울증, 불안 등의 정신 건강 문제를 초래합니다. 다행히도 열역학 제1법칙에 따르면 에너지는 생성되거나 파괴될 수 없으며, 단지 한 형태에서 다른 형태로 변화하거나 전환될 수 있을 뿐입니다. 이는 좋은 소식입니다! 우리 몸에 저장된 잠재 에너지는 운동 에너지로 전환될 수 있으므로, 더 활동적이 되면 그 과자를 먹어서 늘어난 체중을 줄일 수 있으니까요! 웃자고 한 말이지만, 사실 우리가 주의를 기울여야 하는 것은 열역학법칙이 아니라 스트레스의 원인을 제대로 살피는 것입니다. 현실적이고 지속적인 변화를 원한다면 말이지요.

　　물론 스트레스가 항상 배고픔을 유발하는 것은 아닙니다. 강한 감정에 더 많이 먹는 것으로 반응하는 사람이 있는가 하면 반대로 잘 먹지 못하는 사람도 있습니다. 많이 먹는 것이나 적게 먹는 것이나 모두 스트레스를 다루는 방식의 일종입니다. 따라서 문제의 핵심은 음식과의 건강하지 못한 관계가 아니라 우리가 스트레스와 맺는 건강하지 못한 관계일 수 있습니다. 과식 자체와 그로 인한 체중 증가에 대해 죄책감을 느낄 필요는 없습니다. 자책하는 대신 원인을 살펴보세요. 이렇게 한다면 스트레스에 대한 반응을 관리하는 법을 배울 수 있을 겁니다. 원인을 고려하고 성찰하는 시간을 가지세요. 해결책을 찾을 수 있는 자신의 능력을 믿으세요. 주의할 점은, 가혹한 판단과 자기 비난, 죄책감을 피해야 한다는 것입니다. 이러한 잔인한 감정들은 외려 우리의 절망을 만들어 내고 더 깊은 자기 기만에 빠지게 할 뿐입니다.

　　원인을 명확히 보게 되었다면, 이제 해결책을 향해 나아가세요. 이는 스스로 다른 결과를 만들어 내는 일입니다. 잔물결 효과처럼, 인과관계는 물리적인 면뿐 아니라 기운이나 심리적인 면에서도 작용과 반작용의 과정입니다. 제 삶에 있었던 심리적 인과관계의 예를 들어 볼까요? 잠자리에 들지 않으면 부엉이가 저를 데려갈 거라는 말을 듣고 일찍 잠자리에 들게 되었지만 그 영향으로 저는 부엉이에 대한 공포가 생겼습니다. 훗날 성질 고약한 앵무새로 인해 새를 좋아하지 않는 마음은 더 확고해졌지요.

어렸을 적에 저는 집에서 키우던 앵무새와 친구가 되기로 마음을 먹었습니다. 제가 너무 긴장해 있어서 새 또한 겁을 먹었는지 앵무새는 날개를 격렬하게 펄럭이며 저에게 꽥꽥거리고 난리를 치더군요. 한번은 날카로운 부리로 저를 쪼기도 했습니다. 어린 시절의 이러한 요인들로 인해 제 거울은 흐려졌습니다. 저는 새들을 명확히 보기를 관두고, 단지 나를 해치는 날개 달린 것들로만 보게 되었죠. 오늘날까지도 저는 길을 가다가 쉬고 있는 새―저에게 전혀 피해도 주지 않고, 심지어 저와 멀찍이 떨어져 있는데도요―를 보면, 그 새와 친구가 되어 부드럽게 쓰다듬고 안는 모습을 상상해야 합니다. 마음속의 두려움과 맞서면서, 저는 그렇게 길을 지나갈 용기를 얻습니다. 친절과 연민을 시각화하는 것은 강력한 도구입니다. 하지만 이러한 만남들은 진실을 가리고 자기 기만을 더욱 깊게 만드는 기억들을 소환하기도 합니다. 진실을 보는 일의 어려움은 바로 여기서 옵니다. 진실은, 새는 그저 새일 뿐이며, 코브라와도 그렇듯이 새의 진정한 본성을 알게 된다면 새들과 안전하게 교감할 수 있다는 것입니다.

진실을 보기

진정한 진실을 볼 수 있을 때 우리 삶의 방향은 더 명확해집니다. 하지만 진실에 도달하는 것은 쉽지 않습니다. 이야기를 하나 해 볼까요. 덩치가 엄청 큰 개와 함께 경치 좋고 아름다운 고원으로 트레킹을 가기로 마음먹은 남자의 이야기입니다. 등산을 하던 중 GPS가 고장나는 바람에 그는 멈춰서 근처 마을 누군가에게 길을 물어봐야 했습니다. 하이킹을 하다가 길을 잘못 들어서면 위험하다는 것을 알고 있는 만큼 남자는 잘못된 정보에 민감했습니다. 그는 제대로 된 방향을 알려 줄 가이드를 찾고자 했고, 그렇지 않은 가이드는 피하고 싶었습니다. 마을에 도착해서 그는 안내소에 들러 가이드를 추천받을 수 있는지 물었습니다. 남자는 정직하다고 알려진 가이드 한 명과 거짓말 하는 경향이 있는 가이드 한 명을 요청했습니다. 얼마 지나지 않아 가이드 두 명이 도대체 자신들한테 원하는 게 무엇인지 궁금해하며 그의 앞에 섰습니다. 남자는 말했지요. "고원으로 하이킹을 가고 싶은데, 당신들께 길을 묻고 싶습니다."

　　정직한 가이드는 통상적으로 고원에 가려면 강을 건너야 하지만, 큰 개를 데리고 있으니 먼저 산을 넘어 고원으로 가는 것이 좋겠다고 제안했습니다. 거짓말을 쉽게 한다는 가이드도 정확히 같은 말을 했습니다! 가이드 두 사람이 완전히 똑같은 대답을 했기에 그는 어느 것이 진실인지 알 방도가 없다고 느꼈습니다. 당황한 남자는 안내소에 돌아가 물어봤지요. "정직한 가이드와 거짓말하기 좋아하는 가이드가 똑같은 말을 했다면, 무엇이 진실인지 어떻게 알 수 있죠? 둘 다 거짓말을 하고 있는 건가요, 아니면 둘 다 진실인 건가요?"

안내소 직원은 말했습니다. "정직한 가이드가 산을 넘으라고 한 것은 진실이었습니다. 거짓말 잘하는 가이드가 산을 넘으라고 한 건 거짓말이죠." 이 대답을 듣고 어리둥절해하는 남자에게 직원은 이유를 설명했습니다. "거짓말 잘하는 가이드는 고원으로 가는 가장 쉬운 길이 배를 타고 강을 건너는 것임을 알면서도 산을 타라고 했습니다. 산을 넘어가는 게 실제로 가장 쉬운 길이 아니기 때문에 이는 거짓말을 한 셈이고, 여기에는 당신 사정을 고려하려는 의도가 없었죠. 정직한 가이드는 산을 넘으라고 하면서 당신과 함께 있는 큰 개를 생각했습니다. 개를 함께 태우고 강을 건너가 줄 배를 찾기 어려울 것을 알았기 때문에 선의로 산을 건너라고 권한 겁니다. 그러니까 정직함이란 건 결국 동기의 문제라는 거예요. 동기 측면에서 보자면, 한 사람은 분명 거짓을 말했고 다른 사람은 진실을 말한 거죠."

말의 진실과 동기의 진실 중 어느 것이 더 정직할까요? 자신을 속이지 않고 솔직하게 자신을 알고자 한다면, 여러분이 하고 있는 일의 이유를 생각해 보세요. 여러분이 하는 행동 뒤에 있는 다양한 요인들과 숨겨진 동기들을 성찰해 보세요. 예를 들어, 그저 돈을 많이 벌기 위해 의사가 되는 사람들이 있지요. 이들은 돈이 많아진 다음에도 왜 자신들이 행복하지 않은지 궁금해합니다. 아픈 사람들에 대한 연민을 가지고 그들을 돕고 싶어서 의사가 된 이들은 자신의 직업을 사랑하기 때문에 큰 만족감을 느낍니다. 어떤 일의 이유와 진실 사이의 관계를 더 잘 이해하게 될수록 우리는 현실에 더 가까워지고 그만큼 자기 기만이 줄어들게 됩니다.

다시 한번, 인생은 거울과도 같다는 것을 기억하세요. 여러분이 인식하는 모든 것은 여러분의 내면 세계를 반영합니다. 뒤틀린 얼룩이 있는 더러운 거울을 닦는 행위는 자기 기만을 없애고 진실에 더 가까워지는 일입니다. 현실에 더 가까워질수록, 우리는 만사에는 그래야 하는 이유가 있다는 것을 보게 됩니다. 우리가 경험하고 있는 것에는 원인과 그로 인한 결과가 있습니다. 이것을 유념하면서 여러분의 행복을 만드는 것이 무엇일지 살펴보세요. 행복이란 건 관점의 문제인 까닭에 자신에게 이렇게 물어보면 될 것 같습니다. 자신의 과자 봉지가 반쯤 비었나요, 아니면 반쯤 차 있나요? 과자를 좋아하지 않으실지도 모르겠네요. 어찌 되었든 과감히 진실을 인정하고 여러분의 결점을 분별하지 말고 담대하게 시인하세요. 그래야만 우리는 자기 삶에 대해 온전히 책임을 지고 변화가 필요한 것들을 바꾸어 낼 수 있습니다.

기쁨을 찾는 마음 훈련 가이드

성찰

숲 속 끝에는 선량하고 커다란 물소 한 마리가 살고 있었습니다. 정오가 되어 태양이 높이 뜰 때면 이 물소는 그늘진 숲에 누워서 쉬곤 했지요. 그러던 어느 날 장난꾸러기 원숭이가 이 거대한 짐승이 잠든 것을 보고 골탕을 먹이면 재미있을 것 같다고 생각했습니다. 원숭이는 내려와서 물소의 꼬리를 잡아당겼습니다. 물소는 벌떡 일어나 주위를 둘러보며 물었습니다. "누가 그런 거야?" 원숭이는 조용히 중얼거렸습니다. "이런 멍청이!" 다른 원숭이들은 조용히 키득거렸습니다. 물소는 근처의 다른 그늘진 곳을 찾아갔습니다. 잠이 들자마자, 머리에 무언가가 떨어졌습니다. 물소는 다시 한번 벌떡 일어나 주위를 둘러보았습니다. 주변에 떨어진 나무 열매를 보고, 위를 올려다보니 조용히 웃고 있는 원숭이가 보였지요. 물소는 말했습니다. "오늘은 영 쉬기 힘들겠네." 원숭이는 이 선량한 물소가 자기의 운명을 받아들일 때까지 장난을 멈추지 않았습니다. 이 모든 것을 보고 있던 작은 달팽이가 물소에게 말했습니다. "당신이 저 원숭이 녀석보다 훨씬 큰데, 코를 한 대 콱 쥐어박으면 어때요?" 물소는 대답했지요. "걱정해 줘서 고마워요, 작은 친구. 하지만 나는 누구도 다치게 하고 싶지 않아요." 물소는 나무 그늘을 떠나 햇볕이 쨍쨍 내리쬐는 들판에 나가 누웠습니다. 이 물소가 떠난 그늘진 자리를 잽싸게 차지한 건 한 성질머리 고약한 다른 물소였죠. 여기에 누운 물소가 다른 물소라는 걸 알 리 없는 무모한 원숭이는 또 한 번 물소의 꼬리를 잡아당겼습니다. 이 물소는 버릇없는 원숭이를 나무 줄기 쪽으로 세게 집어던졌습니다. "아야!" 원숭이가 아파서 소리쳤습니다. 이 화가 난 짐승이 부상당한 원숭이를 짓밟으려 한 순간, 선량한 물소가 소란을 듣고 달려와 원숭이의 목숨을 구해 주었습니다. 이 물소의 친절함에 놀란 원숭이는 얼떨떨해하며 물었죠. "고마워요. 그런데 왜 날 구해 준 거예요? 당신을 엄청 괴롭혔는데도요." "당신은 정말 짓궂은 원숭이지만, 난 당신과 다르거든요. 나는 내가 대접받고 싶은 방식으로 다른 이들을 대해요." 원숭이는 자신의 잘못을 깨닫고 그 날 이후로 선량한 원숭이가 되었답니다.

이제 여러분의 거울을 닦을 시간입니다. 성급한 판단 없이 자신의 결점을 명확히 볼 수 있게 된다면, 우리에게 개선이 필요한 부분을 제대로 보고 필요한 변화를 만들 수 있게 됩니다. 자신에게서 개선이 되면 좋을 다섯 가지 영역을 찾아보는 것으로 시작해 보세요. 잊지 말아야 할 점은, 이건 시간과 노력이 많이 필요한 일이라는 겁니다. 우리 중 많은 이들이 자신의 결점을 보지 못하고 그 결과로 자기 기만을 겪습니다. 우리는 자신의 좋은 점만 보고 잘못된 것은 보지 못하지만, 다른 사람들의 단점을 찾는 일에는 뛰어납니다. 이러한 인식의 편향은 아주 깊이 뿌리박힌 습관입니다. 다른 사람들이 우리의 잘못된 점을 더 잘 보는 것도 이런 이유 때문이죠. 우리 자신의 문제를 파악하고 받아들이기 위해서는 피드백, 내적 성찰, 스스로에 대한 정직함 그리고 열린 마음이 필요합니다.

자신에게 성장이 필요한 영역을 파악했다면, 각 문제에 대한 해결책을 찾으세요. 특정 문제에 대한 해결책을 찾았다면, 즉시 실천에 옮기십시오. 개선이 필요한 부분을 보기 어렵다면, 신뢰할 수 있는 친구, 가족, 또는 진실한 피드백을 줄 것이라고 믿는 다른 사람의 의견을 구하세요. 그들에게 여러분의 거울이 되어 달라고 부탁해 보세요. 최소한 세 가지 문제 영역에 대한 해결책을 찾고 적용해 본다면 자신과 주변 사람들과의 관계에 건강한 변화가 생기기 시작할 겁니다. 여러분 삶이 나아질 거라고 제가 보장합니다. 자신의 문제에 대해 다른 사람이 어떻게 생각하는지 겸허하게 피드백을 받아들이세요. 반사적으로 의견을 거부하거나 못 알아듣는 척하면 안 됩니다. 다른 사람들의 비판을 진심으로 들을 수 있을 만큼 열린 마음을 가지세요. 그런 다음 이 문제에 대한 시간을 가져 보세요. 20분 동안 자기 성찰을 하고 자신이 받은 피드백이 맞는지 생각해 보세요. 다른 사람들이 해준 말이 합리적이고 타당하다면, 그 결점을 받아들이고 긍정적인 변화를 위해 노력하세요.

집안의 모든 가족 구성원이 자신의 결점 세 가지 이상을 파악하는 데 열려 있다고 생각해 보세요. 집에 있는 모두가 비슷한 변화를 겪을 때 이것이 여러분의 가정을 얼마나 행복하게 만들 수 있을지 짐작되나요? 다른 사람들과 함께 이를 실천할 때에는, 아무리 참기 힘들다 하더라도 타인에게 변화를 강요하지 않도록 주의해야 합니다. 이런 식의 자기 개선의 이점을 다른 사람에게 납득시키는 유일한 방법은 여러분 자신의 달라진 모습을 보여 주는 것입니다. 자기 자신의 문제를 해결하는 게 우선입니다. 자신의 거울을 닦고, 진실을 보고, 더 나은 방향으로 변화시켜 보세요.

5장.   자기 집착이 아닌 자기 믿음

우주의 범위는 우리가 도저히 상상할 수 없을 정도입니다! 우주 전체에는 해변의 모래알보다 더 많은 별들이 있습니다. 여러분 자신이 우주의 중심이라고 생각하고 싶겠지만, 이 놀라운 우주는 끊임없이 확장하고 있으며 중심도 없습니다. 여러분이 우주의 중심이 아니라고 말하는 것이 가혹하게 들릴지 모르지만 실은 여러분께 중요한 통찰을 드리기 위함입니다. 만약 세상이 여러분을 중심으로 회전하려면, 여러분과 세상은 분리되어 있어야 합니다. 어떠신가요. 여러분은 세상과 분리되어 있다고 느끼나요? 저는 여러분이 그렇지 않다는 것을 확실히 말씀드리고 싶습니다. 우리는 무한한 상호 작용의 일부이며, 감히 이해할 수도 없는 정도의 상호 인과로 이루어진 거대한 퍼즐 조각의 하나입니다. 인간이라는 물리적 존재는 태양이라 부르는 별 주변을 돌고 있는 약 45억 년 된 행성의 자원 덕분에 가능합니다. 많은 사람들이 자신을 세상과 분리시키고, 결과적으로 자신에게만 집중하곤 합니다. 이들은 태양 주위를 도는—여러분이 아니라 태양 주변을 도는 겁니다—천체와의 상호 의존성을 쉽게 깨닫지 못하지요. 그러고는 이렇게 생각할지 모릅니다. "와, **난** 정말 믿을 수가 없네. 누군가는 '나는 **내**가 우주의 중심이라고 생각한다'라는 생각을 한다니! 하지만 그런 사람들 얘기는 됐어!" 그러나 우주의 광대함을 진지하게 생각해 보면, 우리는 상대적으로 작은 퍼즐 조각입니다. 태양에 비하면 지구는 너무 작아서 태양에 130만 번이나 들어가고도 남는다고 하니, 여기에 비교하면 우리는 얼마나 작은 건지 한번 상상해 보세요. 말씀드린 것들 중 얼마나 받아들이실 수 있나요? 가능한 한 많이 이해하셨기를 바라지만, 우주에서 우리의 위치에 대한 진실을 진정으로 이해하기란 정말이지 어려운 일입니다. 많은 분들이 어려움을 겪지요. 다소 불쾌하게 들리실지 모르겠습니다만, 우리는 대체로 자기 생각으로 꽉 찬 사람들이거든요.

자기중심적인 행동이라고 한다면 저 역시 익숙합니다. 학계에서 많이 보아 왔습니다. 제가 세계 최고의 승원 교육 기관 중 하나인 세라 제 승원 대학교에서 불교 철학 박사에 준하는 학위를 받고 교수가 될 수 있었던 것은 저로서는 큰 행운이었습니다. 세라 제에는 두 개의 학부—학령기 학생들을 위한 학부와 대학생들을 위한 학부—가 있었기 때문에 학생 스님들이 많았습니다. 학교가 학자들로 가득 차 있었던 까닭에 저는 때때로 어린 초등학생 스님들과 숙소를 함께 써야 할 때도 있었습니다. 1997년부터 2015년까지 이어진 교직 생활 동안, 두 가지 유형의 학생들을 만나 온 것 같습니다. 영리하고 셈이 빠른 아이들과 우직하고 온순한 아이들 유형이지요. 사람들은 대체로 영리한 학생보다 교활하지 않은 학생을 더 신뢰하는 경향이 있었습니다. 제가 숙소를 함께 썼던 어린 학생은 롭상이라는 이름의 매우 수완이 좋은 아이였습니다. 그 학생은 날카롭고 관찰력이 뛰어났으며 셈도 빨랐습니다. 휴일에는 학생들이 영화를 볼 수 있었는데요, 때로는 서로서로 영화를 빌려 보기도 했지요. 한번은 학생들이 순진한 아이들 중 한 명을 보내 DVD를 가져오게 했습니다. 한참 만에 들어온 아이는 빈손이었죠. 그래서 다시 롭상을 보냈는데, 얼마 안 되어 자랑스럽게 양팔 가득 DVD를 들고 돌아왔습니다!

그렇게 그렇게 많은 영화를 빨리 구할 수 있었는지 궁금해하고 있었는데 나중에 알고 보니 그 아이는 사람들에게 제가 영화를 보고 싶어 한다고, 그것도 당장 보고자 한다고 말하면서 DVD를 구했던 것입니다. 이 영리한 아이가 얼마나 수완이 좋은지를 보여 주는 예이기도 하지만, 이는 또한 사람들이 그를 신뢰하지 않았던 이유가 되기도 합니다. 어쨌거나 그는 거짓말을 했고, 게다가 그것은 영화를 보고 싶은 자기 욕심에 의해 추동된 거짓말이었으니까요. 사람들은 좀 더 단순한 학생들을 더 신뢰했습니다. 꾸밈없고 겸손한 학생들은 자연히 자신에 대한 생각이 적고 세상이 자신을 중심으로 돌아가지 않는다는 것을 알고 있습니다. 머리를 쓰는 것이 중요하다 해도 자존심을 세우거나 자기 방식을 관철시키기 위해서는 아닙니다. 다른 사람에게 신뢰받기를 원한다면, 이기적인 셈법에 굴복하지 마시기 바랍니다.

완벽함이 아닌 정직함

앞서 언급한 적이 있습니다만, 자신이 얼마나 자기중심적인지를 알려면 자기가 함께 찍힌 단체 사진을 보면 됩니다. 사진에서 바로 자기가 어디 있는지만 찾는 사람이라면 분명 자기중심적일 가능성이 높습니다. 이는 화상 회의를 할 때도 마찬가지입니다. 대개 자신의 화면만 보고, 뒤에 보이는 배경이 적당한지만 확인하시지요? 제가 가끔 화상으로 수업을 진행하면 장난꾸러기 고양이나 강아지, 혹은 호기심 많은 아이가 수업에 끼어들 때가 있습니다. 이러한 꾸밈없는 모습은 참 건강하게 느껴집니다. 우리가 최선의 모습을 보일 때는 완벽할 때가 아니라 정직할 때입니다. 하지만 이걸 모르는 사람들이 있지요. 예전에 저는 아들에 대한 염려로 근심이 많은 한 어머니를 만난 적 있습니다. 그분의 아들과 아들의 친한 친구는 이제 막 대학을 졸업했습니다. 얼마 지나지 않아, 아들의 친구는 소셜 미디어에 멋진 직장, 최신 자동차, 잘 꾸민 집등을 자랑하기 시작했지요. 뿐만 아니라 자신의 생활 수준이 향상되었음을 보여 주는 다른 사진을 여러 장 올렸습니다. 그야말로 세상이 그를 중심으로 돌아가는 것 같았습니다. 이것을 본 아들은 비탄에 빠졌습니다. 그는 아직 직장을 구하지 못한 상태여서 돈을 벌 수 없었고, 따라서 극도로 우울하고 불안해졌지요. 그는 가상 세계가 진정한 행복을 보여 줄 수 없는 공간임을 깨닫지 못했습니다. 자랑하고 뽐내는 것으로 그 사람의 행복을 가늠할 수는 없지요. 남에게 자랑을 해야만 하는 사람이라면 아마도 자신감이 부족하고 진정으로 행복하지 않기 때문일 겁니다.

온라인에서는 누구든 아무거나 게시하고 그것이 진실이라고 말할 수 있습니다. 우리는 사람들이 별다른 인상을 받지 못할 진실보다는 조금은 자신을 과시할 수 있도록 현실을 왜곡하는 것을 선호하는 경향이 있습니다. 그렇게 함으로써, 현실을 놓치고 우리 스스로가 만들어 낸 홍보캠페인을 믿기 쉽게 됩니다. 더욱이, 주변의 많은 사람들이 겉으로 보이는 이미지에 신경을 쓰기 때문에, 덩달아 그 경쟁에 동참하게 되기 쉽습니다. 사람들이 비교하는 건 자신의 가짜 온라인 페르소나와 다른 사람의 가짜 온라인 페르소나입니다. 심지어 화상 회의에조차 얼굴을 더 예뻐 보이게 하는 필터 옵션이 있습니다. 우리 중 누구도 이렇게 조작된 완벽함에 기대어 살 수는 없습니다. 우리의 실제 삶을 누군가의 필터링된 삶과 비교하는 것은 오직 불안과 질투, 그리고 결과적으로

심한 경쟁만을 야기하게 됩니다. 앞서 말씀드린 어머니의 아들 같은 경우, 친구의 성공을 기뻐하는 대신 자신에게 부족한 것을 의식하기 시작했습니다. 그러고는 스스로를 동정하기 시작했습니다. 자기에게 집착하는 사람을 볼 때, 우리는 그들의 자기중심적 행동이 사실은 어떤 결핍에서 비롯되었을 수 있다는 걸 생각조차 하지 않습니다. 물질적 소유는 행복의 수단이 되지 못합니다. 그 아들이 친구와 자신을 비교하는 대신 친구의 성공을 기뻐했다면 어땠을까요? 그랬더라도 그는 그토록 불안하고 우울했을까요?

집단의 일부

분명한 건, 우리가 원하는 것과 현재 가진 것에 대해 생각하는 것은 신경증의 땔감이 될 뿐이라는 겁니다. 자기에게 집중할수록, 더 많이 고통받습니다. 그 대신, 우리는 이 행성에 집단의 일부로 존재하고, 각각이 공동체에서 중요한 역할을 한다는 것을 보려고 노력해 보세요. 시인 존 던(John Donne)의 말마따나 인간은 누구도 섬이 아닙니다. 우리는 모두 대륙의 일부이고, 서로를 필요로 하는 만큼 서로의 일부입니다. 그렇지 않다면 우리가 어떻게 화장지를 구할 수 있겠습니까? 화장지가 아니라, 행복을 포함한 다른 그 어떤 것이라도 말입니다. 오직 자신에게만 집착한다면 행복해지

기쁨을 찾는 마음 훈련 가이드

는 것은 불가능합니다. 자기 집착은 반드시 쥐어짜서 내버려야 합니다. 바로 그렇게 해낸 통찰력 있는 사람에 대한 완벽한 이야기가 있습니다.

　　　『람림, 티벳 스승들에게 깨달음의 길을 묻는다면』에는 게세 밴 궁걀(Geshe Baen Gung-gyael)이라는 유명한 티베트 스승과 그가 자신의 집착을 깨달은 순간에 대한 오래된 이야기가 있습니다. 스님이 연례 모임에 참석해서 큰 그릇에 요거트(curd)를 대접받을 때의 일입니다. 요거트는 크림 요구르트처럼 인도에서 유래한 꽤 인기 좋은 유제품입니다. 사람들의 접시에 가득 담긴 맛있어 보이는 요거트를 본 스님은 기대감에 열심히 줄을 서서 음식을 기다렸지요. 그렇게 자기 차례를 기다리면서 무심코 앞쪽을 보았는데, 음식을 떠 주는 사람이 앞에 서 있는 사람들에게 요거트를 한가득씩 퍼 주고 있지 않겠습니까? 이기적인 마음에 실망스러워하며 생각했죠. "아, 안 돼! 앞사람들에게 그렇게 많이 퍼 주면 내가 먹을 게 남아 있을까?" 그 순간, 스님은 깊은 깨달음을 얻었습니다. 자신에 대해 너무 많이 생각하고 있다는 것을 말이지요. 자기중심적인 생각들이 이내 탐욕으로 발전해 스님을 고통스럽게 만들고 있었습니다. 스님의 차례가 되었을 때 그 사람은 마찬가지로 요거트를 크게 떠서 권했지요. 그러나 자신의 이기심을 인식한 스님은 그 앞에서 자신의 그릇을 거꾸로 뒤집었습니다. "그릇을 바로 하셔야 제가 요거트를 드릴 수 있죠." 이에 스님이 대답했습니다. "괜찮습니다, 제 이기적인 마음이 이미 요거트를 먹었습니다." 자신의 탐심을 목격하고 그에 맞서 행동한 것입니다.

자기 집착을 잘라 내기 위해서도 게셰 밴 스님처럼 해야 합니다. 그게 보이는 즉시 싹부터 잘라 버려야 하는 거죠! 그 생각을 차단한 다음, 그것이 자라나 더 강해지고, 습관이 되기 전에 즉시 그 반대 관점으로 대체하세요. 자신의 이기심을 인식하고 그것에 맞서는 것이 정말 중요합니다. 제가 대학에서 가르칠 때 함께 지내던 어린 스님들이 때때로 제게 이것을 상기시켜 주곤 했습니다. 사과 철이 되면, 저는 룸메이트들과 사과를 나눠 먹곤 했는데요, 제가 제일 큰 조각을 가져갈 때마다 어린 스님들은 즉시 저에게 말을 했습니다. "스승님이 가장 큰 걸 가져가셨네요!" 어린 스님들은 놀랍기 그지 없었습니다. 그들은 누군가가 규칙을 어기는 것에 예민해서 지적도 잘 해줍니다. 그래서 어린 스님들이 제가 이기적으로 행동하고 있음을 상기시켜 주면, 저는 먼저 이 어린 스님들이 알아챘다는 것에 놀라고, 그다음에는 제가 저 스스로의 이기심조차 알아채지 못했다는 것에 깜짝 놀랐습니다. 그 후에는 그들이 제 무의식적인 자기 집착에 마음을 열게 도와준 것에 고마워했습니다. 저는 방어적으로 반응하지 않았습니다. 그저 학생들이 저로 하여금 자기중심적인 습관을 극복하도록 도와준 것에 감사할 따름이었지요.

이기적인 행동을 지적받는 경우, 그것을 지적해 주는 사

기쁨을 찾는 마음 훈련 가이드

람에게 감사하도록 노력해야 합니다. 사람들은 꽤나 자기중심적이어서 다른 누군가 우리 행동을 지적해 오면 쉽게 방어적이 됩니다. 하지만 방어적인 행동은 자신과 상대방 사이에 벽만 쌓을 뿐입니다. 그보다, 다른 사람들이 우리의 특성을 진지하게 생각해 주는 것에 마음을 여는 게 가장 좋은 일일 겁니다. 제가 어린 학생들과 솔직한 피드백을 나누는 방식도 그렇습니다. 이 어린 친구들이 보여 주는 솔직함은 놀랍습니다. 이 솔직한 어린 친구들은 심지어 제가 제일 작은 사과를 가져가려고 할 때도 "스승님, 그렇게 작은 걸 가져가지 마시고 더 큰 조각을 가져가서 드세요!"라고 말한다는 겁니다. 물론, 저는 그 친구들의 말을 잘 듣습니다. 다른 사람들의 피드백을 듣는 것은 필수니까요!

적극적인 경청

일상생활에서 여러분은 말을 더 많이 하시나요, 듣는 걸 더 많이 하시나요? 여러분이 정말로 다른 사람의 말을 듣는지, 아니면 자기 자신의 의견을 듣는 데만 집중하고 있는지 생각해 보세요. 이야기를 들을 때에도 자신이 듣고 싶은 것만 선택적으로 들음으로써 스스로를 속이고 있지는 않나요? 실수를 많이 하는 직원이 있었는데요, 그의 실수는 시간이 지나도 나아지지 않았습니다. 상사는 그의 일 처리를 참지 못하고 경고를 했죠. "정신 똑바로 차리지 않으면, 다른 사람을 고용하게 될 거야!" 스스로 흠잡을 데 없는 직원이라고 생각한 남자는 이렇게 대답했습니다. "아, 네, 좋아요. 다른 사람을 고용하세요. 일이 너무 많아서 확실히 일손이 더 필요해요." 그 직원은 즉시 해고되었지요. 자신의 방식이 잘못되었다는 건 직장을 잃고 나서야 깨닫게 되었습니다. 다른 사람들과의 관계에서 무탈하게 살기 위해서는, 자신의 의견을 일단 내려놓고 이해할 때까지 다른 사람의 말에 귀를 기울여야 합니다. 자신이 듣는 말이 중요한지 어떤지 생각도 않은 채로 단순히 수동적으로만 들어서는 안 됩니다.

적극적으로 듣기 위해서는, 자신의 관점을 보호하려고만 들면 안 됩니다. 오히려 반대로 해야 하지요. 자신의 의견은 내려놓고 상대방이 그 말을 왜 하고 있는지 이해하려고 노력하는 겁니다. 필요한 경우, 좀 더 분명히 하기 위해 질문을 하기도 해야겠죠. 가족, 친구, 연인 그리고 집단에 속한 모두가 진정으로 경청을 한다면, 이로부터 많은 걸 얻을 수 있습니다. 저희 부모님을 예로 들어 보겠습니다. 다른 여느 부부처럼, 제 부모님도 가끔 의견 차이가 생깁니다. 아버지는 당신 기분이 상하면 마음을 닫아 버리고는 어머니의 말을 안 들으려고 하십니다. 그런 다툼이 있은 후에 저는 아버지께 그렇게 눈과 귀를 닫으실 게 아니라 어머니의 말을 그냥 들어 보시면 어떨지 제안했습니다. 어머니의 관점을 무시

기쁨을 찾는 마음 훈련 가이드

해 버리지 말고 대신 끝까지 들어 보시라고요. 아버지는 제 말에 따르셨습니다. 처음에는 어려운 일이었지만 시간이 지날수록 점점 더 쉬워졌습니다. 아버지께서는 정기적으로 당신 의견에 대한 이의 제기를 받아들이고, 다른 관점에 마음을 열어 자신의 아집을 부수게 되셨지요. 이제 어머니께 말할 기회를 주고 적극적으로 듣고 이해하면, 두 사람 사이의 다툼이 빠르게 해결된다는 것을 알게 되셨습니다. 이런 조언을 그저 듣는 것만으로는 충분하지 않습니다. 자신이 가장 큰 사과 조각을 가져가는 사람이라는 것을 볼 수 있어야 합니다. 그렇게 볼 수 있게 되었다면 이제 그 반대로 행동하시면 됩니다.

      이 이야기를 하고 있으니, 도둑과 사업가의 이야기가 떠오릅니다. 무료로 야외에서 정기 법회를 여는 자비로운 현자가 있었습니다. 어느 날 사업가와 도둑이 지나가던 길에 우연히 이 놀라운 스승의 말씀을 듣고는 둘 다 위대한 스승이 강의를 마칠 때까지 끝까지 자리를 지키기로 마음먹었습니다. 현자는 청중들이 따라야 할 지침을 말하며 강의를 마무리했습니다. "여러분이 하고 있는 일을 계속하세요. 지금 하고 있는 정확히 바로 그 일을, 여러분의 삶에서요." 이 말을 들은 도둑은 스승에게 다가가 물었습니다. "우리가 하고 있는 일을 계속하라고 하셨는데요, 저는 도둑입니다! 이 일을 계속해도 괜찮다고 생각하세요? 제가 평생 도둑질을 계속해야 할까요?" 이 현자는 똑같은 말을 했지요. "당신이 지금 하고 있는 바로 그 일을 하시면 됩니다." 사업가는 그들의 대화를 엿듣고 생각했습니다. "이 대단한 스승님이 우리 일을 계속하라셨으니, 나는 내 사업을 계속해야겠구나." 강의를 처음부터 끝까지 들었던 다른 참석자는 "당신이 지금 하고 있는 바로 그 일을 하라"는 말을 듣고, 스승이 의미한 바는 그 말씀 그대로라고 생각했습니다. 강의에 계속 참석하고, 거기서 배운 것들을 삶에 적용하라는 의미라고요.

이는 우리의 듣기가 얼마나 주관적일 수 있는지를 보여 줍니다. 어떤 사람들은 듣고 싶은 것만 듣고, 진정으로 듣지 않습니다. 들을 때는, 우리가 듣고 있는 것의 진짜 의미를 이해하는 것이 중요합니다. 사업가와 도둑은 둘 다 어떻게 돈을 벌 것인가에 대한 생각에 사로잡혀 있었습니다. 그래서 당연히, 스승의 말씀을 자신들의 부를 축적하는 일을 계속하라는 의미로 받아들였습니다. 이해하기 위해서는, 당신이 이 순간, '현재'에 '있어야' 합니다. 그리고 현재에 있기 위해서는, 자기 생각만 하는 일을 멈춰야 합니다.

기쁨을 찾는 마음 훈련 가이드

자기 집착이 아닌 자기 믿음

자기 집착에서 빠져나오고 나서 느낄 수 있는 평화와 행복이 얼마나 큰지를 알게 되면 아마 많이 놀라실 겁니다. 자세히 들여다보면 부정적인 감정들과 탐진치(GAS)의 근본이 되는 원인이 거의 항상 자기 집착이라는 것을 알 수 있습니다. 자신과의 관계를 바꾸는 것이 필수적인 이유는 이런 까닭입니다. 그렇게 함으로써 자기 집착이 가진 문제를 이해하고 그 대신 자기 믿음을 선택할 수 있습니다. 자기 믿음과 과도한 자신감을 혼동하는 사람들이 적지 않습니다. 이 둘은 자칫 비슷하게 들리지만 둘 사이에는 큰 차이가 있습니다. 자기에 대한 믿음은 우리 자신이 가치 있고, 내면의 힘이 있으며, 있는 그대로의 자신이 이 세상에 존재할 자리가 있음을 보는 것입니다. 이는 우리가 가치 있게 태어나는 존재라는 확신입니다. 반면에 과도한 자신감은 자신에 대한 왜곡되고 과대한 시각을 갖게 하는 경향이 있습니다. 이 '확신' 자체가 잘못된 관념에 기초할 수 있기 때문에, 저는 이 과도한 자신감이 문제가 있다고 보는 편입니다.

　　"미용" 산업은 그간 자기네가 사람들을 더 "자신감 있게" 만든다는 과도한 주장을 해왔습니다. 한번은 제가 화장품 매장에 갔는데, 더 젊어 보이게 해주는 화장품을 팔고 있었습니다. 매장 점원은 주름 감지를 위한 기구를 써 보겠느냐고 권했습니다. 제

머리에 뭔가 기계 같은 것을 부착하고 나니 제 얼굴이 컴퓨터 화면에 크게 보였습니다. 제 주름이 엄청나게 강조되어 보였죠. 컴퓨터로 보는 화면에서는 모든 주름이 확대되어 보였습니다. 점원은 제 주름을 보라면서, 이 보기 싫은 주름을 제거하려면 이런저런 주름 개선 제품을 써야 한다고 했죠. 저는 그 자리에서 그 점원의 얼굴은 컴퓨터 화면에 어떻게 보일지 기구를 써 볼 수 있겠냐고 물었습니다. 기구를 쓴 그녀의 얼굴이 화면에 나타나자, 결과는 똑같더군요. 우리 둘 다 주름 개선 제품을 써야 하는 상태였죠. 심지어 그녀는 그 제품을 팔고 있는 사람이었는데도 말이죠!

나이가 들면 주름이 생기는 건 자연스러운 일이고, 아무리 화장품을 많이 쓴다고 해도 우리가 행복해지지 않는다는 것은 당연한 사실입니다. 행복은 내면에서 오지만, 소비주의는 외면에 관한 것이 되는 경향이 있습니다. 화장품과 그런 유의 상품은 일시적으로 자신감을 줄 수는 있지만, 자신에 대한 믿음을 주지는 못합니다. 자기 믿음은 우리로 하여금 부정할 수 없는, 깊이 새겨진 무언가를 소유하게 합니다. 그것은 바로 인생의 도전들을 맞닥뜨릴 수 있는 타고난 능력에 대한 강력하고 순수한 믿음입니다. 어린 시절 어머니나 보호자를 신뢰했던 것처럼 자신을 신뢰하는 것입니다. 자기 믿음은 자기 방종이나 자기 집착과는 다릅니다. 방종이나 집착과 같은 자기중심적인 사고는 행복으로 이어지지 않으니까요. 자기 믿음은 우리가 주변 세계와 기능적으로 관계를 맺

　　　　　　　기쁨을 찾는 마음 훈련 가이드

는 능력과 관계됩니다. 이는 우리가 다른 사람들과 건강하게 교류하고 그 과정을 신뢰하도록 만들어 주죠. 또한 자신에 대한 믿음은 우리를 친절하게 하고 관대하게 합니다. 이러한 이타적인 마음은 자연히 행복으로 이어집니다. 누군가에게 무언가를 주는 경험을 해보셨나요? 참으로 기분 좋지 않으시던가요?

관대함이 자연스러워질 때

자기 집착에 빠지지 않기 위해 필요한 것은 건강한 관대함입니다. 한참 전 일입니다만, 달라이 라마 성하를 뵈러 간 적이 있습니다. 주최 측에선 방문객 모두를 위해 대규모 점심 식사를 준비했습니다. 사람들이 정말 너무나 많았기 때문에 식사는 엄청 빠르게 나왔습니다. 줄을 선 사람들도 서둘러 움직였고, 음식을 받기 위한 사람들은 종종거리며 무리지어 서 있었습니다. 저 또한 예외는 아니었지요. 마침내 음식을 받았을 때, 사람들이 워낙 많았던 탓에 앉을 의자가 부족했습니다. 결국 의자 하나를 찾긴 했는데, 점심을 먹으려고 거기에 앉자마자 성하께서 우리를 이곳에 부르신 이유는 자기 자신이 아닌, 다른 이들을 위하는 마음을 일으키도록 격려하기 위함이라는 사실이 떠올랐습니다! 저는 즉시 일어나서 의자가 필요한 다른 사람에게 양보하려고 했습니다. 재미있는 것은, 그곳의 모두가 다른 이들을 이롭게 하고자 하는 마음이었던 까닭에 제가 권할 때마다 사람들은 다 "아니에요, 앉으세요!"라고 말했다는 것입니다. 모두들 의자를 양보하는 걸 기쁘게 생각했습니다.

관대함은 희망을 고취시키고, 건강한 자존감을 구축하며, 그 외에도 여러 가지 보이지 않는 이점들을 만들어 냅니다. 베풂이 인간의 안녕을 증진시키고 따라서 우리에게 기쁨을 가져온다는 것은 이미 많은 과학적 연구로 증명된 바입니다. 베풂은 우리를 행복하게 만듭니다. 『네이처 커뮤니케이션스』(Nature Communications)에 발표된 2017년의 한 연구에서는 관대함과 기쁨의 연관성을 조사하기 위해 자신이나 다른 사람들에게 관대하겠다고 약속한 참가자들에게 MRI 기술을 사용했습니다. 연구진은 참가자들이 자신이 아닌 다른 사람들에게 베풀 때 이타심과 기쁨과 관련된 뇌 부위가 자극된다는 것을 발견했습니다. 국립보건원(National Institute of Health)의 또 다른 연구에서는 자선 단체에 기부할 때 우리 뇌에서 엔도르핀이 나와서 "헬퍼스 하이"(Helper's High)[3]의 상태가 된다는 것을 확인했습니다. 이타적인 행동은 사회적 연결, 즐거움, 신뢰와 관련된 뇌 영역을 활성화시킵니다.

---

3   달릴 때 쾌감을 느끼는 러너스 하이(Runner's High)와 같은 개념. 남을 도울 때 쾌감을 느끼는 것.

자선 행위는 협력과 사회적 연결을 장려합니다. 저는 사람들이 자선을 베풀고 다른 사람들에게 무언가를 줄 때, 다른 사람들 역시 그들에게 보답하는 경향이 있음을 확인했습니다. 관대함은 타인을 긍정적인 시각으로 보게 만들기 때문에 공동체의 신뢰와 친밀감을 증진시킵니다. 베푸는 것은 감사함으로 이어지고, 이로써 우리는 삶에 대해 더 좋은 감정을 느끼고 더 낙관적이 됩니다. 관대함은 전염성이 있습니다. 다른 이들이 너그러운 것을 볼때, 그것은 공동체에 잔물결 효과를 일으켜 희망과 친절의 씨앗을 뿌리고 구성원들 사이에 비슷한 행동을 하도록 장려합니다. 베풂은 내면에서 오는 행복의 아주 좋은 예입니다. 마음이 후하고 너그럽다는 것은 반드시 선물을 주는 것에만 국한되지 않습니다. 우리의 시간과 관심, 도움, 에너지, 공감, 배려심도 너그럽게 나눌 수있는 것들이니까요. 그렇지만 여러분의 의견을 너무 많이 나누는일은 제한하는 것이 좋겠습니다. 남에게 주는 게 아무리 좋다 해도 참견하는 일은 참으세요. 그런 베풂은 관대함이 아닙니다!

다른 사람의 입장이 되어 보세요

이타적인 행동은 놀라운 이점들이 많고 또 기쁨을 만들어 내는 수단인 반면, 자기 집착은 그 반대의 효과를 냅니다. 그러니 여러분께 이타적이고 선의의 행동을 하시기를 권해 드립니다. 자기 집착은 나쁜 습관입니다. 항상 자신만 생각하는 이 습관을 깨기 위해서는, 다른 사람들의 필요를 생각해야 합니다. 이를 위해서는 다른 사람의 관점에서 생각해 봐야 합니다. 그들의 입장이 되어 보려고 노력하세요. 다른 사람들의 관점을 이해하는 것은 우리가 꼭 길러야 할 자질입니다. 우리는 우리 삶의 모든 것을 우리의 관점에서 바라볼 수밖에 없습니다. 어쩌면 여러분은 판단이 자의적이라고 느껴질 상황들, 이를테면 뭔가를 맛있다거나 역겹다거나 아름답거나 추하다고 느낄 때, 다른 관점은 어떤지 알고 싶다고 생각할지도 모르겠습니다. 두 사람이 똑같은 색을 보더라도 그것에 대해 두 사람은 완전히 다른 판단을 할 수 있습니다. 만약 우리가 외부의 관점들을 고려하지 않는다면, 주관적이고 비판적인 사고로 진정한 이해가 어려울 수 있습니다. 특히나 우리 자신이 관련된 상황이라면 더더욱이요. 그렇게 감사하는 마음도 다른 사람을 배려하는 마음도 갖지 못하게 되면 결과적으로 갈등으로 이어지게 됩니다. 어떤 사안에 대해 확고한 판단을 굳히기 전에, 자신의 관점을 넘어서 보는 시간을 가지는 것이 필요한 이유입니다. 자기 생각은 좀 미뤄 두고 공감하고 이해를 먼저 해보세요.

제가 남인도를 여행하는 동안, 발에 너무 꽉 끼는 신발을 신고 있던 적이 있습니다. 제 머릿속에는 온통 제 발이 너무나 불편하다는 것과 좀 편안한 신발이 있었으면 좋겠다는 생각뿐이었

기쁨을 찾는 마음 훈련 가이드

습니다. 그때 신발을 신지 못할 정도로 가난한 남자를 보았습니다. 맨발로 저 뜨거운 자갈투성이 땅을 걷는 것이 얼마나 괴로운 일일지를 생각했습니다. 남자의 관점에서 생각하고 나자 불편할 지언정 제게 신발이 있다는 것이 다행스럽게 여겨졌습니다. 결과적으로 저는 꽉 끼는 신발에 대한 저의 태도를 바꿀 수 있었습니다. 신발이 있다는 것 자체가 행운이라고 느끼기 시작했거든요. 우리는 때로, 다른 사람의 입장이 되어 보는 경험을 잠깐씩 하게 됩니다. 하지만 저는 여러분께 거기에서 더 나아가시라고 말씀드리고 싶습니다. 다른 사람의 입장을 생각해 보세요. 저는 여러분이 이런 방식으로 자신에게 도전하기를 간절히 바랍니다. 한 걸음 더 나아가 스스로의 관점을 넓히고 주변 사람들과 진심으로 공감하세요.

도움이 절실한 이 세상에서 연민을 계발하는 일은 중요합니다. 이를 위해 우리는 "나, 나, 나" 하는 습관을 깨뜨려야 하지요. 하지만 명심할 것은 우리 자신에게도 연민이 필요하다는 점입니다. 스스로가 세상의 중심이라고 생각한다 하더라도, 자신에게 너무 가혹하게 대하지 않는 것이 중요합니다. 자기에게만 몰두하는 것은 대개 자신이 있는 그대로 충분하지 않다는 느낌에서 비롯됩니다. 불안감, 외로움, 불안정함을 느끼기 때문입니다. 이런 감정은 유전적 성향, 습득된 행동 패턴, 혹은 어린 시절의 트라우마에서 기인하기도 합니다. 이상적인 상황을 가정한다면, 긍정적인 자존감은 태어날 때부터 돌봄을 제공하는 보호자의 사랑과 관심으로부터 시작됩니다. 그리고 지역사회, 가족, 친구들로부터의 보살핌으로 꽃 피워 나갑니다. 하지만 삶에는 어려움이 존재하는 법이므로 이런 이상적인 과정을 거치지 못하게 되는 사람들이 많습니다. 가혹한 시련을 겪게 될 때, 정서적으로나 심리적으로 상처받게 되면 자기 신뢰를 할 수 없게 되고, 이로써 극단적으로 부정적인 생각만 하게 되기도 합니다.

　그러나 이러한 개인적 고통이 건강한 영적 성장의 기회가 되기도 합니다. 부정적 자기 집착의 습관을 깨기 위한 가장 확실한 방법은 다른 사람들의 관점을 고려하는 것입니다. 여러분이 세상과의 관계에서 얻는 것들을 생각해 보세요. 신선한 공기를 마시거나 깨끗한 물을 마실 수 있는 것 같은 감사한 일들 말입니다. 이러한 유익한 감정을 더 밀고 나아가 우선 가까운 이들에게 이해, 감사, 연민을 보여 주는 행동으로 구체화시켜 보세요. 건전한 사고와 행동의 습관을 길러 보십시오. 처음에는 마지못해 하는 것일지라도 이러한 태도를 지속하다 보면 여러분 안과 밖에서 긍정적인 변화가 일어납니다.

* * *

여러분은 모든 것의 일부이며 다른 의식 있는 존재들과 같은 마

　　　　　　　　　기쁨을 찾는 마음 훈련 가이드

음을 공유합니다. 바로, 행복을 얻고자 하는 마음이지요. 자신에 대한 바로 이런 점을 이해하게 되면, 타인에 대해서도 이해할 수가 있게 됩니다. 모두가 행복을 원하지만, 그것을 얻는 방식은 저마다 다릅니다. 이 행복 추구에의 강렬한 욕구가 자기중심적 집착으로 이어질 수 있습니다. 해야 할 일은 자기 집착에 빠져 있을 때 이를 자각하는 것입니다. 의식적으로 자신의 사고와 행동을 보는 노력을 기울여서 자기중심성을 탐지해야 합니다. 대화를 할 적에 "내가" "나는" "나의"라는 단어를 너무 많이 쓰고 있지는 않은지, 다른 사람의 관점에 얼마나 관심이 있는지, 대화를 독점하고 있지는 않은지 살펴보세요. 어떤 방식으로 타인의 입장에 서 보려고 노력하고 있나요? 자기 자신에 몰두하고 있으면 진정한 공감을 베풀기 어렵습니다. 상대방의 이야기를 진심으로 듣고자 노력해 보세요. 우리 자신이 이기적임을 인식하고 난 후에, 세상과의 관계에서 얻을 수 있는 놀라운 이점들을 생각해 보세요. 사회적 상황에서는 적극적으로 경청하고 그 순간에 집중하려 노력하세요. 이렇게 한다면 자기가 곧 태양이라는 생각은 하지 않게 될 겁니다. 물론, 태양이 아닐 뿐이지 여러분은 여전히 밝게 빛나는 별입니다.

성찰

심성이 못된 한 구두쇠 노인이 호화로운 저택에 살고 있었습니다. 이름도 지어 주지 않은 경비견 한 마리와, 마찬가지로 이름도 외우지 않은 하인들과 살면서 이 노인은 하루 종일 혼자 욕심 사납게 금화만 세고 있었습니다. 마을 사람 중 아무도 그 거대한 집에 올 수 없었습니다. 누가 찾아오기라도 하면 그는 짜증을 내며 돌려보냈지요. 특히나 구걸하러 온 사람들이라면 더더욱 그랬습니다. 노인이 밖으로 나가는 유일한 때는 세금을 거두러 갈 때였습니다. 그날도 노인은 경비견을 데리고 화려한 마차를 끌며 세금을 걷고 있었습니다. 그런데 도중에 강도들이 나타나 그가 징수한 돈과 마차를 모두 빼앗아갔습니다. 강도들은 입고 있던 넝마 같은 옷을 벗고 노인의 값비싼 옷으로 갈아입었습니다. 가진 걸 다 빼앗긴 구두쇠는 화가 나서 자신의 개에게 소리를 질렀습니다. "날 지키라고 키워 줬더니, 밥값 한번 잘도 한다!"

　　오랫동안 배고픈 채로 춥고 습한 산속을 헤매다 어스름한 저녁에서야 작은 오두막집 하나를 발견한 노인은 그 집에 부디 마음씨 좋은 사람이 살고 있기를 바라면서 문을 두드려 먹을 것을 구할 수 있는지, 하룻밤 묵을 수 있는지 물었습니다. "어서 들어오세요, 어르신." 친절한 남자가 말했습니다. 그는 방이라고는 하나뿐인 자신의 집으로 노인과 개를 들였습니다. "화롯가에 앉아 계

기쁨을 찾는 마음 훈련 가이드

시면 어르신과 개를 위해 식사를 준비 해드릴게요. 더 드릴 것은 없지만, 이게 제가 가진 전부입니다." 남자의 관대함에 감동받은 노인은 감사를 표했습니다. 노인과 개는 친절한 남자가 준비해 준 따뜻한 밥을 허겁지겁 삼키고는, 화롯가에서 까무룩 잠이 들었습니다. 잠에서 깨어났을 때 노인은 전에 느껴 보지 못했던 기쁨이 자신의 마음에 가득하다는 걸 알아챘습니다. "참으로 친절하고 자비로운 분이시군요. 저에게 이런 관대하고 후한 대접을 해주시다니요. 모쪼록 저와 함께 저의 집까지 가 주시겠습니까?" 구두쇠 노인의 제안을 가난한 오두막 주민은 기쁜 마음으로 승낙했습니다. 집에 도착한 노인은 평소 자신의 모습에서 한참 벗어나는 행동을 했습니다. 새로운 친구에게 자신의 저택에 있는 호화로운 방과 넘치는 편의를 제공했던 것이죠. 겸손하면서도 영웅과 같은 행동을 했던 그는 그의 선물을 받았고, 시간이 지나면서 두 사람은 돈독한 우정을 쌓아 갔습니다. 날이 갈수록 꽉 움켜쥔 노인의 주먹이 서서히 펴졌고, 이제 그의 안에서도 이해와 관대함이 자라나기 시작했습니다. 자신의 경비견에게도 "친구"라는 이름을 지어 주었고, 하인들의 이름과 그들의 사정도 아는 사이가 되었습니다. 무엇보다 중요한 건, 그때부터 노인은 그의 문을 두드리며 구걸을 하는 이들에게 따뜻한 밥이 든 큰 사발과 편안한 잠자리를 제공했다는 겁니다.

현명하고 자비로운 인도의 스님이신 산티데바는 『입보리행론』 8장에 이렇게 썼습니다. "세상의 모든 기쁨은 타인의 행복을 바라는 마음에서 비롯되고, 세상의 모든 고뇌는 자신의 쾌락만을 추구하는 데에서 생겨난다." 자기중심적인 사람이라면, 타인보다 자신을 더 소중히 여긴다는 말이겠지요. 이를 치유하려면 우리의 이기적 동기를 철저히 경계해야 합니다. 하루에 거울을 몇 번이나 들여다보시나요? 해결책은 전부 알고 있다고 생각하시나요? 보통 가장 큰 피자 조각을 먹지는 않나요? 소셜미디어에 자기 사진을 얼마나 자주 올리나요? 당신의 고통이 다른 사람의 것보다 더 크다고 생각하나요? 자기 중심성이 강하면, 자기만 생각하다가 결국 스스로 행복을 가로막게 됩니다.

뿌리 깊은 자기 중심성을 바꾸고자 한다면, 이기심이 처음 모습을 드러내는 그 즉시—탐진치(GAS)를 느낀다면—그 충동을 직접적으로 다뤄야 합니다. 처음에는 어떤 식으로든 자신의 나르시시즘을 포기하는 게 어려울 겁니다. 그렇다면 작은 일에서부터 자신에게 더 좋은 것을 포기하고 다른 이를 먼저 생각해 보면 어떨까요. 예를 들어 함께 음식을 먹을 때 과일 바구니에서도 제일 예쁘고 좋은 과일을 가져가려고 하지 말고, 그 마음이 드는 순간 다른 사람에게 양보하는 겁니다. "나만 생각하는 마음이 생겨났구나. 조심해야지" 하고 경계하는 것이죠. 자신의 이기심을 포착하는 것이 모든 실천에 있어 핵심입니다.

기쁨을 찾는 마음 훈련 가이드

타인을 생각하는 건전한 습관을 키우려면 "주고받는" 명상인 통렌(tonglen) 수행을 해보십시오. 이 수행은 우리의 상상력을 교대로 호흡하는 방식에 활용합니다. 교대로 하는 호흡은 이완과 마음의 평화를 이끌어 냅니다. 먼저 여러분이 걱정하는 누군가의 고통을 떠올리고 그 사람이 바로 앞에 서 있다고 상상해 보세요. 그 사람의 고통을 검은 연기 형태로 들이마시는 것을 상상하세요. 오른쪽 콧구멍을 막은 채 그 검은 연기가 왼쪽 콧구멍으로 들어가 이마를 지나 심장 중심까지 이동하는 것을 상상하세요. 그 검은 연기가 우리의 자기 중심성을 뿌리 뽑고 이해와 연민이 자라나게 합니다. 그 검은 연기는 이제 밝은 연기로 바뀝니다. 오른쪽 콧구멍에서 손을 떼고 이제 왼쪽 콧구멍을 막습니다. 그 밝은 연기가 오른쪽 콧구멍을 통해 나가 당신이 마음쓰는 대상에게 안도감을 전해 주는 것을 상상하세요. 그리고 이를 반복합니다. 10~15분 정도 교대로 호흡하면서 당신이 마음쓰는 대상이 고통에서 벗어난 모습을 머릿속으로 그려 보세요.

이는 일상에서도 간단히 실천할 수 있습니다. 누군가의 고통을 마주할 때마다 검은 연기를 들이마시고 그 해결책을 밝은 연기로 내보내 주세요. 통렌 수행을 꾸준히 하다 보면 우리 마음이 변하는 걸 확실히 느끼게 됩니다. 가까운 이들에 대해 이 수행을 하는 것에 익숙해지면 이제 중립적인 대상, 이를테면 이웃이나 길고양이, 가게 점원에게도 시도해 보세요. 더 능숙해지고 나면 싫어하는 사람에게도 해볼 수 있습니다. 물론 이건 훨씬 어려울 겁니다. 그럼에도 꼭 한번 시도해 보시길 바랍니다! 장담컨대, 이 수행은 여러분의 자기 중심성을 뿌리 뽑고 연민을 키워 줄 겁니다.

기쁨을 찾는 마음 훈련 가이드

6장.   우리 모두 함께입니다

"아는 것을 알고 있음을 알고, 모르는 것을 모른다는 사실을 아는 것, 이것이 참된 지식이다." 유명한 수학자이자 천문학자 니콜라우스 코페르니쿠스가 한 말입니다. 현대 천문학의 아버지라고 할 수 있는 코페르니쿠스는 지구가 태양 주위를 돈다는 사실을 밝혀낸 사람이지요. 만약 세상이 자신을 중심으로 돌지 않는다는 사실에 실망스러운 분이 계시다면, 코페르니쿠스에게 따져야 할 것 같습니다. 다른 많은 선구자들과 마찬가지로 그 역시 사물의 진정한 본질을 발견하고자 한 사람입니다. 이러한 진실에의 탐구는 어떤 신념을 증명하거나 반증하려는 시도로 시작됩니다. 코페르니쿠스 이전에 지배적이었던 지구에 대한 개념들을 한번 생각해 보세요. 고대에는 다양한 개념들이 있었지요. 바빌로니아 사람들은 지구 내부에 저세상이 있다고 믿었고, 이집트 사람들은 지구가 모서리가 있는 정육면체 같이 생겼고, 산들이 하늘을 받치고 있다고 믿었습니다. 지구가 둥글다는 걸 처음 알아낸 것은 고대 그리스 사람들이었습니다. 월식 때 지구 그림자가 동그란 것을 보고 지구가 둥글다는 걸 확신하게 되었지요. 이 지구 구형론은 시시때때로 반대에 부딪혔는데, 6세기에 기독교 수사 코스마스 인디코플레우스테스는 요한계시록에 묘사되는 지구의 네 모서리 부분을 인용하며 지구가 편평하다고 주장했습니다. 오늘날에도 지구가 편평하다고 믿는 사람들이 있습니다. 사람들은 명확한 증거가 없거나 증명할 수 없는 의견은 분명 받아들이지 않을 겁니다. 타당한 이유와 정확한 증거가 있다면 입증되지 않은 아이디어도 언제든 바뀔 수 있으니까요. 그리스 철학자 아리스토텔레스는 지평선 너머로 점점 사라져 가는 배를 보면서 지구가 둥글다는 것을 직접 확인했습니다. 호기심과 관찰력이 있었기 때문에 진실을 확인할 수 있었던 겁니다. 여러분도 진실을 알고자 하는 호기심에 있어서는 아리스토텔레스 같을 필요가 있고, 자신이 무엇을 알고 무엇을 모르는지 알아야 한다는 점에서는 코페르니쿠스 같아질 필요가 있겠습니다.

　"무지가 축복이다"라는 말은 우리가 흔히 쓰는 표현입니다. 어떤 상황에 대한 사실을 모르는 것이 더 좋다는 뜻을 담고 있지요. 그런데 정말로 모르는 것이 축복이 맞을까요? 오래전에 남인도에서 학생 한 명과 함께 좁은 골목길을 걸을 때였습니다. 그때 우리는 서로 이야기하느라 정신이 팔려 있었습니다. 길이 워낙

　　　　　　　　　　　　　기쁨을 찾는 마음 훈련 가이드

좁아서 우리는 앞뒤로 걷고 있었지요. 부지런히 건물 사이를 지나가는데 문득 제 학생이 말이 없어졌습니다. 무슨 일인가 하고 뒤돌아보니, 제 뒤에 있던 학생이 발밑에 있는 무서워 보이는 코브라를 잔뜩 긴장한 표정으로 내려다보고 있었습니다. 남인도는 코브라가 많기로 유명해, 길 한가운데에서도 기어가는 코브라를 보는 게 그리 드문 일이 아닙니다만 저는 우리의 대화에 몰두해 있던 탓에 뱀을 완전히 보지 못한 것이지요. 이렇게 전혀 의식을 못한 저 자신에게 얼마나 놀랐는지 모릅니다. 저는 외쳤지요. "와, 코브라가 있었네! 있는지 몰랐어!" 맹독을 가진 뱀이 바로 옆에 있는데도 전혀 눈치채지 못하고 있었던 겁니다. 학생이 웃으며 말하더군요. "린포체 님, 무지가 곧 축복이네요!" 하지만 만약 그 뱀이 저를 물었다면, 무지는 행복이 아니라 고통일 것입니다. 그 이후로 저는 더 조심하게 되었습니다. 앎이 훌륭한 것이라면, 자신의 무지를 아는 것은 지혜로운 일입니다.

무지개는 진짜처럼 보이지만 실제로는 광학적 착시입니다. 무지개의 아름다운 색을 보는 것은 물방울이나 태양의 위치 등 여러 조건에 달려 있습니다. 이는 우리의 현실이 우리가 인식하는 것과 다르게 존재한다는 것을 보여 주는 아주 좋은 사례입니다. 인지와 현실은 다릅니다. 양자물리학이 이를 이해하는 데 도움을 줍니다. 양자물리학은 전자나 양성자 등 미시적 대상을 연구하며, 자연의 기본 구성 요소인 에너지와 물질의 특성과 행동을 탐구합니다. 양자 현상은 우리를 둘러싸고 존재하는데, 그 이유는 모든 것이 입자와 에너지로 구성되어 있기 때문입니다. 바로 우리들조차도 말이죠! 만사를 이렇게 근본적인 수준에서 바라보게 되면 우리의 관점도 달라지게 됩니다.

보는 것이 믿는 것은 아닙니다

한때 원자는 더 이상 나눌 수 없는 입자로 이해되었습니다. 원자라는 이름을 지은 것은 고대 그리스인들로, "더 이상 자를 수 없는"이라는 뜻입니다. 하지만 이 명명이 잘못되었다는 것이 연구 끝에 밝혀졌습니다. 원자는 더 작은 부분으로 구성되어 있었거든요. 이런 미시적 부분을 연구하는 과학 분야를 입자물리학이라고 합니다. 19세기 말 전자가 발견된 이래 과학자들이 중성자의 존재를 확인한 것은 1930년대에 들어서입니다. 원자는 자기보다 약 만 배나 작은 원자핵으로 구성되어 있다는 것을 발견하게 된 것이지요. 1960년대에는 더 작은 입자가 발견되었습니다. 양성자와 중성자를 구성하는 기본 요소인 쿼크라는 것이었지요. 쿼크는 양성자와 중성자보다 만 배 정도 작은 것으로 알려져 있고, 아원자는 그보다 더 작을 것으로 추정됩니다. 아무리 강력한 입자 가속기가 있다 하더라도 이것들을 제대로 볼 수 없습니다.

기쁨을 찾는 마음 훈련 가이드

제가 개인적으로 입자물리학을 공부한 것은 아닙니다만, 철학을 가르치는 사람으로서 특별히 이 과학 분야가 사물이 보이는 대로 존재하지 않는다는 것을 밝혀 내고 있다는 점은 잘 알고 있습니다. 양자물리학자들이 물질을 쿼크와 같은 극히 미세하고 미묘한 부분으로 나누고 있다고 하지만, 현재 기술로는 그 이상으로 분리하지는 못합니다. 미래에는 또 어떤 발견이 이루어질지는 모르죠. 우리가 현실을 인식하는 것도 이와 마찬가지입니다. 사물은 우리가 생각한 대로 존재하지 않습니다.

사물을 정확히 보기 위해 감각을 사용한다고 하지만, 사실 이조차 신뢰하기 어렵습니다. 연구자들이 주장하는 것은 우리가 보는 것과 사물의 실제 모습 사이에는 차이가 존재한다는 것이니 말입니다. 우리의 감각은 종종 잘못된 인식을 만들어 냅니다. 자기 보존에 대한 본능과 강렬하게 남아 있는 어떤 기억, 지각하기 어려운 에너지 등의 영향으로 사물을 잘못 인식하게 되지요. 과연 우리의 감각을 100% 믿을 수 있을까요? 사람들은 대체로 자신의 눈으로 보고 귀로 듣는 것이 자신의 현실과 완전히 들어맞는다고 생각합니다. 그렇지만 우리의 감각은 그렇게 전적으로 믿을 게 못 됩니다. 인지심리학자 대니얼 사이먼스(Daniel Simons)와 크리스토퍼 차브리스(Christopher Chabris)가 수행한 보이지 않는 고릴라 실험에 따르면, 우리의 감각은 믿을 만한 게 아닙니다. 한 가지에 집중하면 아무리 명백한 것일지라도 전혀 알아채지 못하는 무주

의한 맹시가 일어나는 것입니다.

여러분이 그 실험의 참가자라고 상상해 보세요. 자, 여러 분은 지금 축구 경기를 보고 있습니다. 초집중 상태로요. 그런데 중간에 고릴라 복장을 한 사람이 경기장에 나타난다면 어떨까요? 믿기 어렵겠지만, 고릴라 실험은 참가자의 50%가 그 커다란 영장 류를 전혀 보지 못한다는 것을 보여 줍니다. 이 선택적 주의 실험 에서 참가자들은 흰색 셔츠와 검은색 셔츠를 입은 사람들이 공을 주고받는 것을 세어야 했습니다. 실험 중간에 고릴라 복장을 한 사람이 나타나 가슴을 두드리고 나갔는데, 절반 이상의 참가자가 그 고릴라를 보지 못했습니다. 더 문제인 것은 참가자들이 이를 즉각 부인하며 진짜로 고릴라가 있었다면 자신이 분명 보았을 거 라고 주장했다는 점입니다! 우리는 우리의 감각을 온전히 신뢰할 수 없습니다. 저 역시 그 코브라를 전혀 보지 못했습니다! 그러니 우리가 무엇을 모르는지 알기란 정말 어려운 과제가 맞는 것 같습 니다.

여러분은 여전히 '보는 것이 믿는 것'이라고 생각하시나 요? 또 다른 예로, 동작-시각장애(motion-induced blindness)라는 게 있습니다. 작은 물체가 움직이는 배경 속에 있으면 잠깐 사라 졌다가 다시 우리 시야에 나타나는 현상을 가리킵니다. 뇌가 불 필요한 정보를 제거하기 때문에 벌어지는 일이지요. 1976년에 인지심리학자 해리 맥거크(Harry McGurk)와 존 맥도널드(John

MacDonald)는 청각 정보가 우리의 시각에 영향을 미친다는 것을 발견했습니다. 맥거크 효과라고 불리는데요. 이에 따르면, 우리 뇌는 눈으로 보는 입 모양과 귀로 들리는 실제 발음을 혼동합니다. 실험에서 참가자들은 "바, 바, 바"라는 소리를 내고 있는 사람의 영상을 보게 됩니다. 눈을 감고 들었을 때 참가자들은 정확히 "바, 바, 바" 소리를 들었지만 소리를 끄고 영상만 보여 주면 참가자들은 "가, 가, 가"라고 말하고 있다고 했습니다. 그 후에 소리와 영상을 함께 보여 줄 경우에는 영상 속 사람이 "다, 다, 다"라고 말하고 있다고 했습니다. 시각과 청각은 상호 간에 영향을 줍니다. 가장 중요한 감각기관인 뇌는 소리와 시각을 통합하기 위해 열심히 일하지만, 그럼에도 때때로 현실을 해석하는 데 있어 어려움을 겪습니다. 우리의 감각이 항상 정확한 것은 아니니까요.

'보는 것이 믿는 것'을 반박하는 실험은 수백 가지가 넘습니다. 1889년 독일 심리학자 프란츠 칼 뮐러-라이어(Franz Carl Müller-Lyer)는, 길이가 똑같은 선이라 하더라도 양쪽 끝에 달린 화살표가 다른 방향을 가리키면 선의 길이가 다르게 보인다는 것을 발견했습니다. 이런 예를 대자면 끝도 없습니다. 촉각과 미각도 정확한 게 아닙니다. 금속으로 된 접시와 종이로 된 접시는 둘의 온도가 똑같다 하더라도 열전도성이 높은 금속이 종이보다 더 차갑거나 따뜻하게 느껴집니다. 심지어 접시의 색깔도 우리가 음식 맛을 어떻게 느끼는지, 얼마나 많이 먹고 싶은지 등에 영향을 미칩니다. 보시다시피, 우리의 관점이란 건 생각만큼 믿을 만한 게 못 됩니다. 아니면 너무 많이 읽어서 독서-시각장애(reading-induced blindness)가 유발되었으려나요? 하하. 제 글을 읽느라 눈이 지쳤을 독자들에게 농담 한번 해봤습니다.

상대적 진리, 절대적 진리

우리의 감각기관은 진실을 정확히 반영하지 않는 방식으로 현실을 구축합니다. 불교에서는 현실에 두 가지 진리가 있다고 믿습니다. '관습적인 진리' 그리고 '연결성의 진리'입니다. 아니면 이렇게 표현하기도 합니다. 우리가 세상을 인식하는 방식을 말하는 '상대적 진리' 그리고 '근본적인 진리'입니다. 상대적 진리는 우리 자신, 다른 존재, 사물, 감정, 개념 등 현상에 대한 이원론적이거나 다양한 사고방식과의 연관으로 이해할 수 있습니다. 절대적 진리는 이 가변적인 이원론을 넘어선 현실이며, 상대적인 세계의 근본적인 본질입니다. 이 두 진리는 나란히 존재하지요. 예를 들어 우리가 바다를 보게 되면 파도가 보입니다. 파도는 그 자체로 시작과 끝, 크기와 모양이 있어 견고하고 독립적인 것으로 보입니다. 하지만 좀 더 생각해 보면 파도를 일으키는 원인은 드넓은 바다라는 것을 알 수 있습니다. 바다에서 나온 파도는 결국 바다로 다시

기쁨을 찾는 마음 훈련 가이드

돌아갑니다. 파도와 바다는 둘 모두 진리이지만, 하나는 상대적이고 하나는 절대적입니다. 우리가 절대적 진리를 말할 때는 무언가의 근본 원인이나 기반이 되는 것을 말합니다. 궁극적인 진실은, 만물에는 통일성이 있다는 것입니다. 비록 그것이 우리에게는 쉽게 감지되지는 않지만요.

　　이런 근본적 진리는 "왜 이것은 물인가?" "왜 내가 사람인가?"와 같은 깊은 질문에 대한 답을 줄 수 있습니다. 만약 제가 "이게 어째서 물인가요?"라고 묻는다면 여러분은 저를 보고 "무슨 정신 나간 소리야!"라고 하시겠죠. 그러나 절대적, 궁극적 진리를 이해한다면 아마도 이 질문에 답하실 수 있을 겁니다. 궁극적인 관점에서 보자면 물은 존재하지 않습니다. 물은 다양한 요소들의 결합체이기 때문입니다. 양자물리학처럼 물의 기본 구성 요소도 계속 쪼갤 수 있습니다. 수소와 산소, 전자와 중성자, 양성자로, 더 이상 물이란 게 없어질 때까지 계속 분해될 수 있죠. 물은 우리가 인식하기에 편리하고 유용한 형태로 기능적인 개념으로서 존재하지만, 실제로는 우리가 생각하는 그대로가 아닙니다. 좀 더 이야기해 보자면, 물은 존재하면서도 동시에 존재하지 않는다고 말할 수 있을 겁니다. 하지만 이는 약간 혼란스러울 수 있으니 절대적 진리에서는 물로 존재하지 않는, 시원한 물이나 한잔 드시지요.

　　이런 표면적인 상대적 진리와, 깊이 사유된 절대적 진리가 개인의 삶에 과연 어떻게 도움이 될지 그려 볼 수 있으신가요? 이

두 진리를 모른 채 겪게 될 문제와 알게 된 후 얻을 수 있는 이점을 아는 것이 도움이 될 것 같습니다. 이게 진짜 중요한 이야기인데요, 만약 여러분이 관습적 진리와 궁극적 진리를 인정하지도, 이해하지도 못한다고 가정해 보지요. 그렇게 되면 여러분은 아마도 깊은 정신적, 감정적 고통에 시달리기 쉬울 겁니다. 성마른 사람이 있다고 해봅시다. 엄청 화가 났어요. 그럴 때 그 사람은 자신의 화가 향하는 그 대상이, 자신의 왜곡된 인식 그대로 존재한다고 생각할 겁니다. 이는 표면적 사실만 보는 것이겠지요. 누군가가 그 성마른 사람한테 나쁜 말을 했다면 그 말을 한 사람은 성마른 사람에게 오로지 해악으로밖에 보이지 않습니다. 다른 건 전혀 안 보이죠. 다른 요인들이 있을 거라고는 전혀 생각하지 못하는 것― 이는 궁극적이고 절대적인 진리를 고려하지 않는 것입니다.

원인과 조건

분노는 여러 가지 요인에서 비롯됩니다. 혹시 피곤하거나 계절성 알레르기에 시달리고 계신가요? 피로함이나 알레르기 모두 우리를 특별히 더 예민하게 만드는 요인입니다. 사람들은 대체로 이런 요인들을 다 고려하지는 않지요. 분노를 느낄 때는 화를 낸 주요한 이유가 다른 이유들에 비해 더 크게 느껴집니다. 그 주된 요인

기쁨을 찾는 마음 훈련 가이드

하나가 다른 요인들을 압도해 버리기 때문에 이는 그 자체로 독립적이고 확고하며 실재하는 것처럼 느껴집니다. 누군가 여러분에게 상처 주는 말을 했다고 해봅시다. 그 말이 우리 감정을 상하게 했기 때문에 그 말을 한 사람만이 분노의 대상이 되고 다른 상황적 요인들은 잊어버리게 됩니다. 이렇게 되면 전체 상황을 볼 수 없게 됩니다. 이제 맹목적인 분노가 되었기 때문에 그 상황에 있는 다른 요소들을 전혀 볼 수 없게 되지요. 이건 우리의 짜증에만 국한된 문제는 아닙니다. 자고로 이 세상에서 우리가 무엇을 하든지 여러 가지 요인, 원인, 조건들을 고려해야 하는 법입니다. 어떤 일에도 단 하나의 요인만 책임이 있는 경우는 없습니다. 절반쯤 남은 과자를 다 먹어 치운 것에 대해 우리 입만 책임이 있다고 할 수 없듯이 말입니다.

　　세상 모든 일은 다른 일들의 결과로 인해 일어나는 효과입니다. 마치 잔물결 효과같이, 행동에는 반응이 있게 마련입니다. 모든 현상은 이전의 원인에 대한 반응으로 일어난다는 것, 이것이 진실입니다. 그리고 그 현상은 이후의 결과에 영향을 미칩니다. 효과란 원인과 조건에 달려 있습니다.『손자병법』은 제가 가장 좋아하는 책 중 하나인데요, 지금까지 알려진 병법서 중 가장 오래된 걸로 알고 있습니다. 1장은 손자가 성공적인 전투를 위해 필요한 조건들을 열거하며 시작합니다. "그러므로 전쟁의 기술은 다섯 가지 기본 요소에 의해 지배되며, 이는 전장에서 구축해야 하는

사항이다. 그것은 도덕, 천시, 지리, 장수, 법도이다." 이는 손자가
전쟁에 성공하기 위해서는 상호 의존적 요인들, 즉 조건들을 고려
하고 있음을 보여 줍니다. 이러한 다면적인 의존성의 진리는 전쟁
에서뿐 아니라 평화를 구축하는 데 중요한 역할을 합니다. 평화를
구축하기 위해 필요한 조건들은 진실, 정의, 자비 같은 것들이 되
겠지요.

우리의 상호 의존성

세계화로 인해 세상이 더욱 긴밀히 연결됨에 따라 우리의 상호
의존성은 더욱 명확해졌습니다. 전 세계적으로 유통망 문제를
촉발한 COVID-19 팬데믹은 우리가 세계적으로 의존하고 있
는 존재임을 더 첨예하게 보여 준 바 있습니다. 팬데믹이 최고조
에 달했을 때 많은 기업들이 일시적으로 문을 닫았습니다. 이런
COVID-19 완화 전략들로 인해 상품의 생산과 공급이 크게 감소
했고, 제조업에서부터 유통에 이르는 세계 경제 전체가 타격을 받
았습니다. 사람들이 다시 소비할 준비가 되었을 때 기업들이 업무
를 재개했지만 산업 전체는 줄어든 수요에 대응해 변화해야 했습
니다. 전 세계적인 품귀 현상이 일반화되었고, 물가 상승은 필연
적이었습니다. 오랫동안 세계 각국은 경제적으로 서로 긴밀히 의

존해 왔습니다. 한 국가가 어려움을 겪으면 나머지 나라들도 함께 어려움을 겪게 됩니다. 단 한 영역이 멈춰도 전체가 멈춥니다. 가게 선반에 화장지가 없어지는 거죠.

모든 것은 다른 모든 것에 의존하고 부분들은 전체에 의지합니다. 에너지와 입자들이 협력하고, 개인은 다른 개인과 연대하며, 국가들이 협력할 때, 이 집단적 상호 작용은 개별 요소들의 총합을 뛰어넘는 어떤 상태를 만들어 냅니다. 이를 나타나는 현상(emergence)이라고 합니다. 현상으로 드러남은 상호 의존성, 부분과 구성 요소들 협업의 힘을 보여 줍니다. 우리가 완전히 고립되어 있다면 어떻게 될까요? 생각해 보세요. 인간은 우리 외부의 것들에 의존하고 있습니다. 우리는 우리 자신인 것만이 아니라 또한 모든 것입니다! 이를 명심하면, 우리의 고통도, 기쁨도, 모두 어떤 협업의 결과라는 것을 알게 됩니다.

우리는 모두 함께하는 것이고, 그 안에서 우리는 저마다 똑같이 중요합니다. 누구도 더 높거나 낮지 않고 더 낫거나 부족하지 않습니다. 컴퓨터를 예로 들면, 컴퓨터가 작동하기 위해선 여러 가지 필수 부품들이 필요합니다. 나사, 전원 케이블, 데이터 케이블, 메인보드, 모니터, 키보드 등이 필요합니다. 이것들은 다 구성 요소일 뿐이지만, 이 모든 부품들이 모이면 뭔가 다른 것, 뭔가 강력한 일이 생겨납니다. 각각의 부품은 개별로 있을 때는 할 수 없는 놀라운 일을 해내는 기술 장치의 일부가 됩니다. 전체는 부분의 합보다 크다는 말이지요.

간단히 종이책을 한번 자세히 살펴봅시다. 책을 분석해 보면, 책은 페이지들로 구성되어 있고, 이 페이지들은 나무로 만들어진 종이로 되어 있습니다. 또 책에는 잉크로 인쇄된 글자들이 있고, 페이지들을 묶어 주는 접착제나 실도 있습니다. 책을 쓴 저자와 그를 가르친 모든 사람들, 편집자와 조판자, 인쇄업자, 트럭 운전사… 말하자면 끝도 없습니다! 책 한 권은 수많은 요소들의 집합체, 즉 앞서 말한 원인과 조건들을 통해 만들어졌습니다. 책을 구성하는 요소들을 생각해 보면, 모든 것이 다양한 원인과 조건에서 비롯된다는 것을 쉽게 이해할 수 있습니다. 큰 그림을 보게 될 때, 우리는 행복을 얻고 고통을 없애는 것과 같은 중요한 일은 자기 혼자만의 힘으로는 이룰 수 없다는 것을 깨닫게 됩니다.

오롯이 혼자서, 스스로를 행복하게 만들어 줄 수 있는 일 딱 한 가지만이라도 떠올려 보세요. 배우자인가요, 아니면 재산인가요? 고통을 피하고 행복해지기 위해 오직 한 가지에만 의존하는 것은 큰 실수라는 점을 여러분께 꼭 말씀드리고 싶습니다! 이를테면 많은 사람들이 평생 돈을 버는 데만 몰두하지요. 돈이 자신들의 고난을 없애 줄 것이라 믿는 것입니다. 그러나 진정으로 행복하기 위해서는 우리 삶이 바로 그 특정한 방식으로 만들어지게 된 다양한 요인들과, 우리가 주변 세계에 얼마나 의존하고 있는지를 제대로 이해해야 합니다. 우리 삶은 모든 사람, 모든 것과 긴밀하게 얽혀 있습니다. 우리의 기쁨은 다른 이들의 기쁨에 달려 있으며, 그 반대의 경우도 마찬가지입니다. 또 한번 컴퓨터를 비유로 들자면, 여러분은 틀림없이, 두말할 것 없고, 의심할 바 없이, 다른 부품들과 함께 작동하여 놀라운 것을 만들어 내는 전체의 일부입니다. 이것을 안다면, 여러분은 해방에 이르는 소중한 지식을 갖게 되는 겁니다.

이제 사물이 실제로 어떻게 존재하는지 이해했으니, 여러분이 느끼는 고통에서 벗어나는 방향으로 나아갈 수 있습니다. 여러분은 현실, 진리로 이어지는 문을 열 수 있는 열쇠를 가지고 있습니다. 이것들을 이해했기에 당연히 그 닫힌 문을 열고 들어갈 수 있는 것이지요. 하지만 일단 들어가면, 우리가 상호 의존적으로 존재함을 머리로만 아는 것으로는 충분치 않습니다. 이는 살아 있는 지식이니, 우리 삶에 적용할 때에만 효과가 있습니다. 진정한 해결책을 찾기 위해 다양한 요인들을 탐구하는 데 도움이 되는 수행을 하세요. 균형 잡힌 접근법은 다른 이들을 고려하는 방법입니다. 여러분의 지혜와 친절함을 사용하세요! 이제 여러분은 진리의 문을 열었습니다. 여러분은 우리의 상호 의존성이라는 진리에 대한 귀중한 지식, 사물들을 올바른 관점에서 볼 수 있게 해주는 통찰력을 가지고 있습니다.

성찰

매년 깊은 숲속에서는 가장 오래된 나무들 사이에서 회의가 열립니다. 숲과 나무에 관련한 문제를 논의하는 회의이지요. 회의에서 나무 하나가 동물들에 대한 불만을 이야기했습니다. 시간이 갈수록 점점 성가시게 군다면서요. "동물들은 우리 뿌리를 헤집고 이파리를 따 가고 나뭇가지도 부러뜨려요. 발톱으로 껍질을 할퀴는가 하면, 머물다 간 자리에는 지독한 냄새가 나는 배설물을 남겨 놓는다니까요!" 많은 나무가 이에 동감했습니다. 그래서 숲의 나무들은 성가신 동물들을 몰아내는 데 동의를 했죠. 어떻게 쫓아내면 좋을지 방법들을 논의하고 있는데 살쾡이 하나가 그렇지 않아도 짜증이 나 있는 나무를 자기 발톱갈이로 쓰는 게 아니겠습니까? 그 나무는 몸을 옆으로 흔들어 커다란 소리를 내서 그 살쾡이를 쫓아냈습니다. 이를 본 나무들은 이 효과적인 방법에 감탄하면서 자기들도 똑같은 방법을 쓰기로 했지요. 동물들이 나타날 때마다 나무들은 몸을 흔들어 소리를 내서 쫓아 버렸습니다. 몇 주가 지나자 이제 숲을 찾아오는 동물들이 없어졌습니다. "드디어!" 나무들은 환호성을 질렀습니다. "이제야 평화롭게 살겠구나!"

비로소 성가신 것들을 없앴다고 생각한 나무들은 자기들의 문제가 다 없어졌다고 생각했지요. 그런데 가장 오래된 나무

기쁨을 찾는 마음 훈련 가이드

가 지금껏 한 번도 들어본 적 없는 소리를 듣게 되었습니다. 거대한 무리의 이상하게 생긴 동물들이 숲을 침범하고 있었습니다. 이 이상한 동물들은 새처럼 노래를 하지도 않았고, 늑대처럼 무리 지어 움직이지도 않았고 또 살쾡이처럼 조용히 움직이지도 않았죠. 오래된 나무 하나가 그 동물들이 내는 소리를 들었습니다. "(나무) 넘어간다!" 이들 벌목꾼들이 가는 곳마다 커다란 소리와 함께 땅이 흔들리는 진동이 이어졌습니다. 이들에게는 자비란 게 없었고, 또 가지가 심하게 흔들려도 전혀 겁먹지 않았습니다. 나무들은 이제 이들을 쫓아내 줄 야생 동물이나 살쾡이가 없다는 사실에 한탄했습니다. 그제야 자신들이 숲속의 성가신 짐승들에게 얼마나 의존해 살아가고 있었는지를 깨달은 겁니다.

* * *

불교 전통에서 공(空)은 매우 중요한 개념으로, 상호 의존성과 밀접하게 연관되어 있습니다. 사물의 공성은 우리 세계에 있는 모든 것이 복합체이며 단단한 실체가 없다는 깨달음을 의미합니다. 이는 절대적 진리입니다. 이는 사물이 전혀 존재하지 않는다는 뜻은 아닙니다. 개별적인 현상으로 보이는 사물들이 있지만, 그것들 역시 다른 사물들과의 관계 또는 의존성 속에서만 존재할 뿐입니다. 두 가지 진리는 서로 대립하는 것처럼 보이지만, 실은 현실의 두

가지 측면입니다. 쉽게 말하면, 사물은 우리가 인식하는 그대로 존재하지 않는다는 말이지요. 가장 좋은 방법이라고 한다면, 현실의 두 측면 모두를 고려하는 것입니다. 외적으로 분리되어 있다고 해서 우리가 하나라는 사실을 잊지 않는 것이 중요합니다. 저 숲속 나무들처럼 여러분도 독립적이고 더 이상 줄일 수 없는 자기 본성을 가진 게 아닙니다. 우리는 문화와 문명을 나누어 가지고 있고, 문화와 문명은 또한 수없이 많은 역사적 요인들이 관계한 결과입니다. 또한 여러분은 모든 사람, 모든 것과 관계를 맺고 있습니다. 서로가 서로를 존재하게 합니다. 우리의 행동은 다른 삶에 영향을 미치고, 그 반대도 마찬가지입니다.

우리가 구성한 경험 내에서 우리 삶을 구성하는 사건들은 다양한 원인과 조건에서 비롯됩니다. 우리를 구성하고 있는 요소들을 분해해 볼 수도 있을 겁니다. 여러분이 무엇으로 구성되어 있는지 분석하고 면밀히 살펴본다면, 아마 여러분은 자신의 세계를 형성하고 있는 패턴을 볼 수 있을 겁니다. 사물이 있는 그대로 존재하는 현실을 발견하는 일은 우리의 지혜와 자비를 발전시키는 데 아주 중요합니다.

"린포체"라는 호칭은 때로 티베트 불교 전통의 영향력 있는 스승을 지칭합니다. 이 말 자체는 "귀중한 보석"이라는 뜻으로, 그가 **툴쿠**(tulku), 즉 저명한 스승이 윤회한 화신이라고 인정받은 것을 의미합니다. 린포체로서 할 일은 그 생을 사는 동안 똑같은

기쁨을 찾는 마음 훈련 가이드

영적 임무를 수행하는 것입니다. 린포체는 어린 시절부터 다른 사람을 돕는 훈련을 받습니다. 일찍부터 불교 공부, 수행, 의식에 관한 수업을 받습니다. 이 교육이 끝나면 이전 린포체의 책임을 이어받습니다. 이것은 고통받는 이들을 돕는 과제를 이어받는다는 의미입니다.

저 또한 "린포체"로 알려져 있습니다. 하지만 이렇게 인정되는 것은 많은 요인, 원인, 조건에 의존합니다. 파견단에 의해 어린 시절에 린포체로 인정받았지만, 그 말의 진짜 의미에 대해서는 저 또한 배워 나가야 했습니다. 서서히, 주변 사람들로부터 저는 특별하고 중요한 사람이라는 말을 들음으로써 저 스스로도 이 호칭에 대한 여러 가지 개념을 갖게 되었습니다. 린포체는 특별하고, 중요하고, 고유하고, 차별된 존재구나, 하고요. 저 스스로도 점점 이걸 믿기 시작했습니다. 하지만 그 "린포체"를 찾으려고 "어딨지?" "그게 뭐지?" 하고 묻다 보니 그런 린포체는 찾을 수 없더군요. 그것은 제가 태어날 때부터 가지고 있던 어떤 것이 아니었습니다. 제가 린포체가 된 것은 다른 이들이 내게 와서 그 호칭과 다른 이들을 영적으로 돌보는 책임을 부여했을 때였습니다.

린포체가 된다는 것은 다양한 많은 요인에 의존합니다. 여러분도 이런 점에서는 마찬가지이지요. 여러분의 정체성을 형성한 모든 조건과 요인들을 반추해 보고, 자아라는 개념의 공성에 대해 명상해 보세요. 여러분이 평생에 걸쳐 특정 방식으로 스스로를 보게 되었고, 이런 속성들을 토대로 "나"라는 개념을 만들어 왔음을 인식하세요. 초창기 기억에서부터 지금까지, 개인적 정체성이 만들어져 온 과정을 잠시 생각해 보세요. 그런 후에 그 "나"가 자신 안에 있는지 찾아보세요. 육체를 먼저 살펴보세요. "나"는 자신의 몸 안에 있나요? 어디에 있습니까? 그런 다음에는 감각 안에 있는지 찾아보세요. 자신이 느끼고, 듣고, 보고, 냄새 맡고, 맛보고 하는 것 속에 "나"가 있나요? 다음으로 살펴볼 것은 "나"가 자신이 인식하고 깨닫는 의식 속에 있는지입니다. 인식하는 대상 속에 "나"가 있나요? 그다음엔 "나"가 자신의 정신에서 형성된 것, 이를테면 생각, 믿음, 반응 같은 것 안에 있는지 한번 살펴보세요. "나"는 하나의 확고한 개체로서 생각 속에 존재하나요? 마지막으로 "나"가 의식적인 자각에 있는지를 살펴볼 차례입니다. "나"는 내가 존재한다는 자각 안에 있나요? 스스로에게 질문해 보세요. 만약 "나"가 거기에 없다면 어디에 있지요? 처음부터 자기 자신을 찾지 못했더라도 무서워하거나 혼란스러워할 필요는 없습니다. 자신의 공성을 깨달으면 마치 소중한 것을 잃어버린 것 같은 느낌이 들기도 합니다. 그러나 공성의 지혜와 상대적 진리를 함께 깊이 이해하게 되면, 영적 균형을 찾고 진정한 평정심을 얻을 수 있게 됩니다.

7장.   모래에서 진주를 만들어 내기

진실로 무장해 있을 때 세상은 우리에게 굴껍질처럼 단단한 보호막이 돼 줍니다! 단순한 연체류가 아니라 진주가 들어앉을 귀중한 보금자리가 되지요. 여러분은 이 놀라운 통찰의 세계가 제공하는 것을 경험할 현실의 문에 들어섰습니다. 누구에게도 행복은 거저 주어지지 않는다는 것. 행복은 삶에 실천을 더하고 이를 통해 긍정적인 변화를 만들어 냄으로써 이루어지는 것임을 여러분은 곧 알게 될 것입니다. 진정한 마음 수행은 수동적인 게 아닙니다. 우리가 일상에서 매일같이 마주치는 장애물에 적용할 수 있도록 정신적으로 가꾸어 내야 하는 것이지요. 마치 굴이 모래의 자극으로 진주를 만드는 것처럼 말입니다. 이와 비슷한 목표를 두고 만들어진 영적 수행이 많다는 것을 언급할 필요가 있을 듯합니다. 예를 들어, 일부 불교 전통에서는 이 목표를 위해 염불이나 헌신적인 수행(devotional practices)을 합니다. 그러나 제가 이 책의 각

장을 마무리할 때마다, 그리고 책의 끝부분에서 가르쳐 드리는 수행의 유형은 사유 훈련(contemplative practices)입니다. 사유 훈련은 고대로부터 여러 철학적, 인문학적, 종교적 전통의 중심에 있어 왔습니다. 기독교, 유대교, 힌두교, 이슬람교, 토속신앙 및 기타 전통들에는 모두 잘 발달된 사유 훈련법이 있습니다. 또한 마음챙김 운동 내의 비종교적 명상 수행들도 있는데, 이는 주로 자신의 내면을 차분히 진정시키는 데 초점을 맞춥니다. 이 책에서 여러분께 권하는 마음 수행은 반드시 종교적이어야만 할 수 있는 것도 아니고 또한 단순히 마음의 평화를 얻거나 스트레스에서 벗어나기 위해서만 하는 것도 아닙니다. 이 수행들이 물론 티베트 불교의 모든 계보에서 내려오는 핵심적인 마음 수행의 일종이기는 하지만, 이 책의 내용은 비종교인들을 위한 것입니다. 고통에서 벗어나고 싶은 분들, 확고하고 지속적인 행복을 원하는 모든 분들을 위한 것이지요. 이 훈련은 마음과 가슴을 유익한 것으로 향하게 인도함으로써 가능합니다. 하지만 마음을 훈련하기에 앞서 여러분은 수행의 장애물들에 늘 깨어 있을 수 있는 여러분 스스로의 능력을 믿으셔야 합니다. 굴이 모래를 이용해 진주를 만드는 것처럼 여러분도 장애물을 활용하세요. 성공적인 수행을 위해 인내심, 끈기 그리고 과정을 지속하려는 결심으로 여러분의 기운을 끌어올리세요.

기쁨을 찾는 마음 훈련 가이드

외부의 장애물

무언가를 이루고자 한다면 누구나 거쳐야 할 관문이 있습니다. 여기서 중요한 것은, 장애물이 우리의 길을 막는 것이 아니라 더 나은 길을 가리키고 있음을 아는 일입니다. 실제 마음 수행을 위해서는 장애물을 수행의 수단으로 활용해야 합니다. 그런 관점에서 보면, 장애물은 우리에게 무척 도움이 됩니다. 우리가 수행에 활용할 수 있는 장애물은 세 가지 정도 유형이 있습니다. 분명 여러분 대부분이 하실 수 있을 겁니다. 첫 번째는 외부의 장애물입니다. 이는 스마트폰처럼 우리 외부에서 나타나는 장애물입니다. 외부의 장애물은 시간을 건설적으로 사용하는 대신 습관적으로 소셜 미디어 피드를 확인하거나 좋아하는 드라마를 몰아 보는 것처럼 단순합니다. 이 경우 우리의 수행은 전원 버튼을 눌러 끄는 것입니다.

전원 버튼이 없는 장애물들도 있습니다. 학교, 가족, 친구들, 또는 직장에는 끌 수 있는 버튼이 없습니다. 제 학생 중 하나가 패션 디자이너인데요, 모델이나 패션 업계 전문가들과 교류를 많이 해야 하는 일을 하고 있지요. 그러다 보니 그 업무 환경에서 마음 수행을 하는 것은 참 어려운 일입니다. 지혜롭기보다 유행에 맞는 옷을 입고 그렇게 행동해야 하는 업계이니 말입니다. 패션은 창의적 표현이 되기도 하지만 이 산업은 사람들로 하여금 다른 사람의 외모를 비평하고 판단하도록 부추기는 탐진치(GAS)가 많은 생활 방식을 조장합니다. 비교는 진정한 행복을 찾는 데 방해가 됩니다. 비교는 분열을 일으키고 우리의 주의를 바깥으로 향하게 하지요. 그렇게 되면 우리는 우리 자신의 외모와 사회적 지위가 다른 사람과 비교해서 어떻게 보이는지를 생각하는 데 온통 시간을 빼앗기게 됩니다. 여러분이 옷을 새로 사서 3일 연속 입는다면 어떤 기분이 들까요? 한 번 이상 똑같은 옷을 입는 것이 불편하게 느껴지시나요? 아마도 여러분은 남들이 자신을 안 좋게 볼까봐 걱정되는 마음에 똑같은 옷을 계속해서 입지 않을 겁니다. 세련되게 보여야 한다는 사회적 압박이 있기 때문이지요. 프린스턴 대학교에서 진행한 연구에 따르면 사람들은 누군가의 능력을 그 사람이 입은 옷만으로 아주 빠르게 판단하는 경향이 있다고 합니다. 더 비싸 보이는 옷을 입은 사람들은 "덜 좋은" 옷차림의 사람들보다 더 유능하다고 여겨진다는 말이지요. 이 연구를 접하고 나니 비구 스님이나 비구니 스님의 능력 평가는 어떨지 궁금해집니다. 불교 수행자들에게는 선택의 여지가 없습니다. 저희는 머리를 깎고 매일 같은 검소한 옷을 입습니다. 불교의 스님들은 단순한 생활 방식을 택한 사람들입니다. 저희는 머리를 깎고 검약한 옷을 입는 것으로 부처님의 발자취를 따르고 깨달음을 추구하며 타인을 돕고자 헌신합니다. 이는 사람들을 진정한 행복으로부터 멀어지게 하는 세속적 집착을 포기한다는 상징이기도 합니다. 저희는

기쁨을 찾는 마음 훈련 가이드

이 삶이 좋습니다. 게다가 헤어 스타일이 엉망이라 신경 쓰이는 날이 없습니다!

수도자가 아니라면, 전날 입었던 것과 다른 멋진 옷을 입어야 하는 주위로부터의 압박을 쉽게 느낍니다. 이는 경쟁적인 사회에서 더욱 심화될 수 있습니다. 이러한 유형의 외부 장애물은 우리가 의식적으로 인식하고 해결해 나가야 하는 것입니다. 가장 좋은 방법은, 우리 내면의 성장과 변화를 지지하는 사람들을 찾는 겁니다. 그렇지 않다면, 이 장애물을 극복하기 위해 매우 확고한 자기 신념이 필요합니다. 어떤 경우든, 외부적인 것에 대한 집착을 내려놓고 자신의 내면으로 초점을 옮기는 것은 자신에 대한 앎과 내면의 힘을 생성하기 위해 필요한 일이며, 또한 우리가 진정으로 행복하기 위해 반드시 수행해야 하는 것입니다.

내면의 장애물

장애물에 장점이 있다면, 그것은 우리가 스스로 나아질 수 있는 훌륭한 기회를 제공한다는 것입니다. 장애물을 제거하는 수행법은 이 장의 끝부분에서 배우게 되실 겁니다. 그에 앞서 지금은 우선 두 번째 장애물인 내면의 장애물을 생각해 보도록 합시다. 내면의 장애물은 우리가 신체적으로 불편함을 느낄 때 발생합니다.

건강과 안녕에 관련된 문제로 고심할 때 생기는 불편한 감정들이 마음을 훈련하는 데 방해가 될 수 있습니다. 이러한 장애물이 있을 때는, 우리 스스로가 균형 잡히고 건강한 생활 방식으로 살고 있는지 평가해 보는 것이 필요합니다. 만약 그렇지 않다면 자신에 대한 자비로운 마음을 내고 스스로를 돌보는 일을 시작하세요. 그리고 마음을 훈련할 때는 자신의 신체적 한계 내에서 수행해야 합니다. 내면의 장애물들을 다루고 수행하는 일이 여전히 어렵게 느껴진다면 상황에 따라 전문적인 자격을 갖춘 선생님이나 의사를 찾아가세요.

이러한 내면의 장애를 겪은 사람의 일화가 있습니다. 내적으로는 어려움이 있지만 마음 수행을 하고 싶었던 사람이 수행을 도와줄 선생님을 찾아갔다고 합니다. 수련을 하고 싶은 마음은 굴뚝같은데도 늘 어찌할 수 없는 피로감이 방해가 되었습니다. 상황을 진단해 보니 그가 마음 수행 전에 밥을 너무 많이 먹는다는 것을 알게 되었죠. 몸이 음식을 소화시키는 데 너무 많은 에너지를 소비하고 있었으므로 가르침이나 수행, 또는 다른 어떤 것에도 집중하기 어려웠던 겁니다. 선생님은 이 사람의 딜레마를 보고, 그에게 이런 말을 해주었습니다. "너무 많이 먹지도, 너무 적게 먹지도 않는 사람이 훌륭히 수행할 수 있고 또 가장 행복할 수 있습니다." 이 가르침 덕분에 학생은 적절한 균형의 가치를 깨달았습니다. 이러한 수행을 시작할 때, 양극단 사이에서 균형 잡힌 생활을 하는 것이 매우 도움이 됩니다. 물론 이런 균형과는 관계없는 문제, 암에 걸렸다든지 신체적 장애와 같은 건강상의 문제로 고통받는 분들도 계실 겁니다. 마음 수행은 여러분을 괴롭게 하는 게 무엇이든 여러분을 도울 수 있습니다. 중요한 것은 자신의 한계를 존중하되 수행을 포기하지 않는 것입니다.

비밀스러운 장애물

마지막 장애물은 비밀스러운 장애물이라고 불립니다. 비밀스러운 장애물은 우리에게 워낙 깊이 뿌리박혀 있어서 알아차리지조차 못하는 부정적인 습관들 같은 것입니다. 이를테면 미루는 버릇(procrastination) 같은 거죠. 이 버릇은 모든 장애물 중 가장 나쁘고 교묘한 것 중 하나라고 할 수 있습니다. 이 단어의 라틴어 어원은 procastinatus인데, 여기서 pro는 앞으로, crastinus는 내일을 뜻합니다. 오늘 할 수 있는 것을 내일로 미룬다는 말입니다. 이러한 나쁜 습관을 발전시키는 데는 많은 요인들이 관여하겠지만, 결국은 집착으로 귀결됩니다. 소파에 집착하는 사람은 누워서 TV만 보는 사람이 될 수도 있습니다. 만약 그렇다면, 지금 있는 곳에서 수행을 시작할 수 있습니다. 완벽한 결과에 집착하는 사람이라면 시도하는 것조차 하지 않을 것이고, 순간적인 즐거움에 집착하는 사람이라면 별로 즐겁지 않은 일을 하지 않으려 할 것입니다. 재미에 집착한다면 만족스러운 재미를 추구하며 이것저것 하느라 시간을 다 빼앗기겠죠. 안전함에 집착한다면, 두려운 일은 내일로 미루게 될 것이고요. 그렇게 했을 때 우리에게 내일은 과연 올까요?

집착에 대한 간단한 예로 겁 많은 코끼리 이야기를 해드릴까 합니다. 숲에서 자유롭고 행복하게 살아가는 하얀색 어린 코끼리 한 마리가 있었습니다. 어느 날 왕이 숲길을 지나가다가 이 특별한 짐승을 보고서, 이 코끼리를 잡고 싶다는 생각을 도무지 뿌리칠 수 없었죠. 왕은 코끼리를 우리에 가두고 길이 들 때까지 몸을 찌를 것을 명령했습니다. 자신이 그 위에 올라탈 수 있을 때까지요. 자신을 찔러 대는 소리가 너무 무서워 겁에 질린 이 온순한 코끼리는 우리를 부수고 숲으로 도망쳤습니다. 왕의 병사들은 코끼리를 찾지 못했지만, 코끼리는 계속해서 아주 조그만 소리에도 공포에 떨었습니다. 몇 주 동안, 나뭇잎이 바스락거리는 소리, 바람 소리, 심지어 그 조그마한 딱정벌레 소리에도 코끼리는 겁에 질려 도망을 갔습니다. 이를 본 부엉이는 안쓰러워하며 코끼리를 도와주기로 마음먹었습니다. 부엉이는 코끼리에게 날아와서 말했습니다. "두려워하지 말아요. 저는 작은 새일 뿐, 당신을 해치고자 하는 의도 같은 건 없어요. 저를 비롯한 나무들, 바람, 혹은 딱정벌레들 모두 두려워할 필요가 없어요. 당신은 이 근방에서 가장 커다란 짐승이에요. 왕의 병사들이 여기 없는데도, 당신이 만든

기쁨을 찾는 마음 훈련 가이드

두려움이 당신을 통제하고 있어요. 당신은 안전에 대한 지나친 집착에서 벗어날 수 있어요. 그러려면 두려움에 맞서도록 마음을 훈련해야 해요." 코끼리는 부엉이에게 감사를 표하고 그날 이후로 자신의 두려움을 통제하는 훈련을 시작했습니다. 소리가 들려올 때마다, 두려워하지 말라고 스스로를 다잡았습니다. 안전하기 위해 무조건 도망가는 것을 멈추고 그 대신 소리가 어디서 나는지를 조사하기 시작했습니다. 시간이 지나면서, 코끼리는 점점 두려움을 극복할 수 있었습니다.

수행을 지속하기 위해 건강하지 못한 습관들을 깨뜨리려면, 장애물의 원인을 이해하는 것이 우선되어야 합니다. 그리고 그것은 우리가 어디에서 막혀 있는지를 알게 해줄 간단한 질문으로 시작할 수 있습니다. 여러분은 무엇에 집착하고 계신가요?

습관 깨기

「캘빈과 홉스」(Calvin and his best friend Hobbes)라는 만화가 있습니다. 상상력이 풍부한 어린 소년과 그의 가장 친한 친구인 장난감 호랑이 홉스에 관한 이야기입니다. 소년은 자신의 인형 호랑이가 진짜라고 상상합니다. 한 에피소드에서 소년과 부모님이 하루 종일 외출을 하는 일이 있었습니다. 이 먹성 좋은 호랑이에게 먹이를 줄 사람이 아무도 없게 된 거죠. 자신에게 너무 집착하고 있는 소년은 집에 돌아오면서 자신의 신변에 대해 생각하기 시작합니다. "부모님이 집에 먼저 들어가면 난 안전할 거야. 그치만 내가 먼저 집에 들어가면, 배고픈 호랑이가 나를 덮쳐서 먹어 버릴 거야!"라고 추측하지요. 저는 이 이야기를 세라 제에 다니는 한 어린 학생에게 들려준 적이 있습니다. 그 학생은 먹는 것에 집착하고 있었습니다. 그 가상의 호랑이처럼요! 저는 그에게 만화를 보여 주며 물었습니다. "이렇게까지 간식이 먹고 싶었던 적이 있나요?" 그가 그렇다고 하기에, 어떤 종류의 음식에 대해 상상하는지를 물었습니다. 그는 자주 맛있는 간식들을 다양하게 이것저것 먹는 것을 상상한다고 했습니다. 이것이 우리의 마음이 작동하는 방식입니다. 무언가를 떠올리고, 반복적으로 행동하게 되면 무의식적으로도 같은 것을 반복적으로 생각하고 행동하게 됩니다.

마음 훈련(mind training)도 마찬가지입니다. 계속 수행을 하게 되면, 결국 그것이 건강한 습관이 됩니다. 따라서 마음을 강화하기 위해 건전한 쪽으로 마음을 이끄는 습관을 만들어야 합니다. 마음 훈련은 단순히 마음을 비우고 조용히 앉아 있는 일이 아닙니다. 마음 수행은 장애물을 극복하고, 건강한 정신적 습관을 발전시키며, 긍정적인 정신 상태로 이끄는 감정적 힘을 훈련하는 일입니다. 마음 훈련에서 중요한 것은 회피의 습관을 발전시키지 않는 것입니다. 이를 방지하기 위해, 조금씩 조금씩 수행할 필요

기쁨을 찾는 마음 훈련 가이드

가 있지만, 절대로 멈추지는 마세요. 이 책의 끝에는 일련의 마음 수행법들이 있습니다. 한 달 동안 그것들을 꼭 실행하겠다고 굳게 다짐해 보십시오. 수행이 잘 된다면 그대로 계속해 나가세요. 여러분과 타인 모두에게 도움이 되는 삶을 살아가는 데 있어 앞서 말한 세 가지 장애물이 그 길을 막지 않도록요.

참을성 기르기

마음 훈련은 인내를 필요로 하는 일입니다. 대부분의 사람들은 삶에서 힘들게 노력하기보다는 즉각적인 결과를 원합니다. 이 수행은 마라톤 훈련과도 같습니다. 처음에는 1km를 달리지만, 점차 체력을 키워 42km를 달릴 수 있게 될 겁니다. 그리고 훈련은 지속적으로 이루어져야 합니다. 그래야만 42km를 달릴 때 중간에 뻗어 버리지 않겠지요. 결과는 즉각적으로 나오지 않는다는 당연한 사실을 받아들여야 합니다. 지름길만을 찾으려 한다면 우리는 점점 조급해질 것입니다. 더 중요한 것은, 지름길을 찾는 것이 열심히 일할 수 있는 우리의 능력을 약화시킨다는 점입니다. 시간을 절약하는 세상에 살고 있다는 것이 우리의 현실입니다. 21세기는 모든 것이 즉각적이고 빠른 세상입니다. 즉석 라면, 즉석 오트밀, 냉동 밀키트, 인스턴트 커피, 패스트푸드, 모든 게 빠르고 즉시 이루어지죠. 하지만 즉석 진주 같은 건 없습니다. 행복이라는 진주를 원한다면, 오래 참고 기다리며 인내해야 합니다.

인내심

인내라는 건 어려움과 고통을 견딜 수 있는 능력을 포함합니다. 작은 고통을 만나자마자 바로 포기해 버리는 사람들이 있습니다. 문제에 직면하는 순간 백기를 던지고 싶어 하는 이런 사람들은 세상이 행복하고 결점 없는 곳이라는 잘못된 생각을 가지고 있습니다. 하지만 우리가 천국에 사는 건 아니죠. 만약 이곳이 천국이라면, 치과에 가는 것이 그렇게 아프고, 화장지를 구할 수 없게 되는 일이 있겠습니까? 오히려, 인생은 모험을 더 닮았습니다! 비록 너무 견디기 어려운 것 같고, 희망을 잃어버릴 것 같고, 수행을 멈춰 버리게 하는 문제를 만났더라도 결코 수행을 멈추지 마십시오. 세상에는 많은 고통과 어려움이 있다는 것을 받아들이고 긍정적인 마음을 가지려는 노력을 계속함으로써 그 안에서 평온을 찾으세요. 문제를 해결하려는 태도를 취하고 어려움을 피하지 마십시오. 발생하는 문제들을 최대한 다룰 수 있도록 수행을 활용하세요. 정신적으로 도전에 직면하고 마음 수행을 사용하겠다는 준비가 되어 있을 때 우리가 경험하는 고통은 약해질 수밖에 없습니다. 기

기쁨을 찾는 마음 훈련 가이드

꺼이 장애물에 직면하고 어려움을 감수하는 일은 그래서 필요합니다. 인생의 피할 수 없는 도전들은 우리로 하여금 마음 수행 기술을 사용하고 결심을 굳혀 주는 기회를 제공합니다. 수행은 인내심와 일관성을 키우는 것으로도 충분합니다. 결과에 너무 신경쓸 필요는 없습니다.

그런 한편, 기대치를 너무 높게 잡는 경우가 생기기도 하겠지요. 이는 조급함으로 이어져서 결국 수행을 포기하게 될지도 모릅니다. 인내심을 가지십시오. 거북이처럼 천천히 꾸준히 노력하세요. 결과를 원한다면 열심히 하셔야 합니다. 높이 세워 둔 기대에서 벗어나 인내심을 가지고 실질적인 노력에 집중하세요. 즉각적으로 진주가 나오길 바라는 여러분 자신의 욕구와 충동을 바라보십시오. 예를 들어, 서점에 간다고 해봅시다. "하룻밤에 부자 되는 법!"이라는 제목의 책과 "10년 안에 부자되는 법!"이라는 제목의 책이 있다면 여러분은 어떤 책을 고르시겠습니까? 저라면 하룻밤에 부자가 되는 법을 알려 주는 책을 고를 것 같습니다! 다른 모든 사람들처럼, 제 마음도 본능적으로 충동적이고 이기적이니까요. 이것이 바로 사람들이 당첨 확률이 매우 낮음에도 복권을 사는 이유 중 하나입니다. 버지니아 공대의 통계학 교수인 J. P. 모건(J. P. Morgan)은 억만장자가 될 수 있는 로또에 당첨될 확률을 우리가 이해하기 쉽게 설명해 준 바 있습니다. 자, 로또용지를 작성하고 구매하는 데 1분이 걸린다고 가정해 보죠. 쉼 없이 매 분마다 이것을 한다면, 가능한 모든 조합을 다 작성하는 데 575년이 걸릴 것입니다. 이제 여러분이 당첨 조합을 가질 확률을 생각해 보세요. 하룻밤에 부자가 될 확률이 지극히 적다는 것을 알면서도 많은 사람들이 여전히 도전합니다. 다행히도 복권 구매 수익금의 상당 부분은 노인 지원 단체, 노숙자 쉼터, 공립학교 등 가치 있는 곳에 쓰입니다. 하지만 수익을 내고 싶다면, 전통적인 방식으로 돈을 모으는 편이 더 낫습니다. 얼마나 많이 모을 수 있을지는 누가 알겠습니까? 이를 명심하고, 수행도 이와 비슷하다고 생각하시면 됩니다. 현실에 발을 딛고 단계적으로 수행하세요. 수행의 결과는 하룻밤에 나오지 않고, 시간이 걸립니다. 인내심과 끈기를 가지고 수행한다면, 얼마나 많은 통찰을 얻을 수 있을지 누가 알겠습니까?

저는 일찌감치 인내의 가치를 배웠습니다. 제가 아직 어렸을 때, 나이 지긋한 스님께 이렇게 물었던 적이 있습니다. "부처님의 깨달음을 얻는 데 얼마나 걸릴까요?" 그분은 이렇게 대답하셨습니다. "아마 백만 년은 걸릴 겁니다." 엄청난 시간에 놀라고 당황한 저는 속으로 생각했습니다. "음, 이건 내게 맞는 일이 아닌 것 같은데? 시간이 걸려도 너무 오래 걸리잖아!" 그 나이 드신 스님께서 제게 인내심의 미덕을 가르치려 했다는 것을 이제는 압니다. 인내심을 가지고 열심히 할 수 있다면, 결과는 자연스럽게 따라올 것입니다. 그분의 격려에 무척 감사할 따름입니다. 같은 마음을 가진 사람들의 지지를 받는 것은 정말 큰 행운입니다.

우리 주변 사람들은 인내심을 키우는 데 도움이 되기도 하지만 방해가 되기도 합니다. 빠른 결과를 원하면서 열심히 하지는 않으려는 마음이 급한 사람들과 함께라면 그건 분명 우리에게 영향을 미칩니다. 지지해 주는 분위기가 중요하다는 것을 알고 여러분 곁에 열심히 노력하는 사람들을 둔다면, 당연히 인내력을 키우는 데 도움이 되겠지요. 만약 같은 마음을 가진 사람들을 찾을 수 없다면, 스스로에 대한 강한 믿음에 의지해야 할 것입니다. 자신에 대한 강한 믿음을 키워야 하는 건 이 때문입니다. 물론 몹시 어려운 일이지요. 어려움을 헤쳐 나갈 수 있는 스스로의 능력을 의심하게 되거나, 삶에 대해 불안해하고 자기 내면의 나침반을 더 이상 신뢰하지 못하게 되는 일도 있습니다. 마음 훈련(mind training)을 통해 스스로에 대한 신뢰를 쌓아 가세요.

맛있는 차 한잔처럼

마음 훈련을 통해 자신에 대한 믿음을 계발하는 것은 맛있는 차를 만드는 능력을 기르는 것과 같습니다. 우선 필요한 것은 동기를 일으키는 것입니다. 맛있는 차를 즐기고 싶다는 욕구가 있어야 하니까요. 욕구를 갖는 것은 이런 상황에서 효과적입니다. 무언가 긍정적인 쪽으로 방향을 돌릴 수 있게 되면 말이지요. 동기 부여는 이런 방식으로 스스로 할 수 있습니다. 그런 다음 할 일은 여러분이 훌륭한 차를 만드는 법을 배울 수 있는 사람이라는 생각을 하는 겁니다. 온전히 이걸 다 믿지 않더라도 적어도 스스로 할 수 있다고 말함으로써 자신을 격려해야 합니다. 이제 차를 만들어 보겠다는 마음이 들면 물을 끓이고 찻잎을 재어 일정 시간 동안 우린 다음 그에 맞는 그릇에 담습니다. 이 다음 단계가 무척 중요한데요. 바로, 결과에 집착하지 않는 것입니다. 차 맛이 나쁘다고 하더라도 낙담하지 말고 자신의 실수를 분석한 다음 다른 방법으로 다시 접근하는 겁니다. 잎을 우리는 물의 온도를 달리 하거나 찻잎의 양을 바꿔 볼 수 있겠죠. 올바른 결과가 나올 때까지 계속 시도하세요. 여러분은 지금 맛있는 차를 만드는 방법을 익히고 있습니다. 발전을 하려면 결과를 분석하는 일이 중요합니다. 오류를 수정하고, 다음번 결과가 점점 좋아지면 더 나아지고 싶다는 열정도 생기겠지요. 이런 식의 발전과 스스로 나아지고자 하는 것에는 비슷한 면이 있습니다. 먼저 나아지고 싶다는 욕구가 있어야 하고, 그다음 자신에 대해 알아야 합니다. 자신에 대해 알기 위해서는 진리에 대한 귀중한 앎, 마음의 본성, 그것을 훈련하는 방법이 필요합니다. 이것을 가지고 시작하면 됩니다. 마음 훈련을 연습하면서는 마음이 어떻게 작동하는지, 나아지기 위해서는 무엇이 필요한지 살펴봅니다. 마음 훈련을 하면서도 개선이 되는 것 같지

기쁨을 찾는 마음 훈련 가이드

않다면 무엇을 잘못하고 있는지 분석하고 다른 방법으로 접근합니다. 포기하지 말고, 결과에 대한 집착에는 거리를 두세요. 맛있는 차를 만들기 위해 다양한 재료와 절차에 대해 인지하고 있어야 하는 것처럼 자신의 생각과 말, 행동에 대해서도 나아지기 위해 무엇을 바꿔야 하는지 주의를 기울이고 있어야 합니다.

여러분은 인생이라는 학교에서 스승이자 곧 학생입니다. 차 만드는 방법을 따라 마음을 훈련하면 여러분은 인간으로서 성숙해지고 자신의 생각과 행동에 대한 확고한 믿음을 갖게 될 것입니다. 적절한 마음가짐—열려 있고 나아지고자 하는 마음—을 갖추지 않는 한 어떤 수행도 원하는 결과를 가져오지 못할 겁니다. 이런 열려 있음은 우리 개개인에게 주어진 놀라운 마법입니다. 진정으로 마음이 가는 곳을 바꾸고자 할 때, 우리는 삶에 대한 건강한 접근 방식을 성공적으로 채택할 수 있습니다. 모든 사람에게는 잘 살 수 있는 능력이 이미 있습니다. 자신의 삶에서 변화를 만드는 것은 서원에 달려 있습니다. 나아지길 바라는 진실된 바람 말입니다. 우리에게 필요한 건 서원과 그것을 끌어낼 결단력입니다. 본래 자신은 자기 스스로를 돕는 수밖에 없기 때문이지요. 여러분은 여러분 자신의 영웅입니다. 그러니 용기를 가지고 문제에 맞서십시오. 여러분의 골치 아픈 문제들에 주의를 기울인다면, 분명 문제의 원인을 정확하게 식별하고 해결할 수 있을 것입니다.

마음 훈련에 어려움을 겪을 때, 문제의 본질을 고려한 후 원인을 파악하려고 노력해 보세요. 한번 곰곰이 생각해 보면, 아마 우리에게 닥친 어려움을 정면돌파하기보다는 불평하고 거부하는 방식으로 반응해 왔을 가능성이 더 높을 겁니다. 이런 식의 반응은 우리에게 하등 도움되는 것이 없지만, 우리의 마음이 오랜 시간 부정성으로 힘들었던 역사가 있기 때문에 아무리 마음 훈련을 한다고 해도 갑자기 이 방향을 바꾼다는 것은 매우 어려운 일이겠지요!

어떤 사람이 수행자에게 가서 마음 훈련에 도움이 되는 수행을 알려 달라고 했다고 가정해 보지요. 수행자는 말합니다. "수행하는 건 쉽습니다. 앉아서 눈을 감고 자비심을 일으키는 데 집중하기만 하면 됩니다. 하지만 무엇을 하시든지 원숭이만은 생각하시면 안 됩니다!" 이 말을 듣고 즉각적으로 나온 반응은 "아, 그거 쉽네요"였습니다. 그런 다음 집에 가서 연습을 합니다. 편하게 앉아서 그 조언대로 마음을 집중해 봅니다. 처음 1, 2분간은 잘 되는가 싶더니 마음은 금세 원숭이에게로 가 버립니다. 그런 다음엔 이제 온통 원숭이 생각뿐이지요. 자비에 대한 집중은 어디로 가 버렸을까요?

이것은 사회 심리학자 대니얼 웨그너(Daniel Wegner)의 유명한 사고 억제 실험과 같은 것입니다. 웨그너는 피실험자들에게 5분 동안 의식의 흐름을 말로 표현해 볼 것을 요청했습니다. 그런 다음, 사람들은 흰 곰을 생각하지 말라는 지시받았습니다. 만약 흰 곰을 생각하게 될 경우 종을 울려야 했죠. 말할 것도 없이, 사람들은 종을 많이도 울렸습니다! 흰 곰에 대한 생각을 도무지 억제할 수 없었던 것이죠. 흰 곰에 대해 생각해도 괜찮다는 말을 들은 또 다른 그룹은 종을 그렇게 많이 울리지 않았다고 합니다. 이는 우리의 마음이 얼마나 다루기 까다로운지를 보여 줍니다. 수행은 어려운 일이기 때문에 스스로 인내할 필요가 있습니다. 그렇지 않으면, 여러분은 그저 생각을 억누르느라 시간을 다 보내야 할지도 모릅니다. 마음을 훈련하는 것은 생각을 억제하는 것이 아닌 생각을 강화하는 일입니다. 진실하고 건전한 것에 주의를 기울이도록 선택하는 일입니다. 여러분은 자비나 연민에 마음 쓰는 법을 배우는 동시에 원숭이나 곰처럼 도움이 되지 않는 생각을 버리는 법을 배웁니다. 이것이 중요한 이유는 여러분이 자기 신념을 쌓는 데 도움이 될 뿐만 아니라 행복하게 사는 데, 필수적인 지혜로운 마음과 따뜻한 가슴을 키우는 데에도 도움이 되기 때문입니다.

진정한 행복은 내면에서 옵니다

여기까지 읽으셨다면 이제는 다음의 것들을 아실 겁니다. 영원한 건 아무것도 없다는 것, GAS, 즉 탐진치가 큰 문제라는 것, 서원은 필수적이라는 것, 우리는 이 세상에 함께하는 존재들이라는 것,

그리고 그 무엇도 보여지는 그대로가 아니라는 것들을 말입니다. 마음 훈련(mind training)에 있어서 장애물을 극복하고, 자신의 능력을 믿으며, 거기에 여러분의 인내와 결단을 사용하셔야 합니다. 이 모든 말들은 그러나 실천하지 않는다면 아무 소용 없는 것들이지요. 이것은 살아 있는 지식이자 살아 있는 수행의 일부로, 행복하게 사는 데 필수적인 것들입니다! 흔히 사람들은 음악을 듣고, 영화를 보고, 인터넷을 하고, 소셜 미디어 피드를 스크롤하면서 자신의 바깥에서 행복을 찾으려고 합니다. 그러나 제 경험상, 자기 이해와 마음 훈련이 주는 행복은 그에 비할 수 없이 뛰어납니다. 저는 음악을 듣거나 영화를 보는 것에 시간을 보내지 않고, 일상의 지출도 최소한이지만 아주 행복합니다!

　　디지털 시대에 행복을 찾는 것은 더더욱 어려운 일임을 압니다. 승가 대학에서 학생들을 가르칠 때 보니, 스마트 기기를 손에서 놓지 못하게 습관이 되어 버린 학생들이 적지 않았습니다. 세라 제 승원 대학은 미국의 한 사립대학과 교환학생 프로그램을 진행하는데요, 이 과정을 준비하면서 커리큘럼 만드는 일을 도와주던 미국 교수 중 한 명이 말하길, 미국 학생들이 음식과 숙소에 대해서는 크게 상관하지 않아도 테크놀로지에 있어서는 절대 그렇지 않다고 하더군요. 미국 교수는 학생들에게 인터넷은 필수일 것이라고 했습니다. 인터넷이 "그들의 피에 흐르기" 때문이라면서요. 이는 대부분의 젊은 세대에게 해당되는 것 같습니다. 한번

기쁨을 찾는 마음 훈련 가이드

은 인도에서 안거(安居)를 진행하는데, 참가자 중 한 명이 한 시간 수행 동안 전화기를 무음으로 해서 옆에 두었습니다. 그러나 결국 참지 못하고 놓친 문자나 전화는 없는지 확인하느라 수행에 집중하는 게 불가능했음을 고백한 적이 있습니다.

이 디지털 시대에 사람들이 일이나 가족, 친구들과 연락하기 위해 휴대폰에 의존한다는 것을 저도 충분히 이해합니다. 이런 것에 대해 뭐라 할 필요는 없지요. 하지만 사람들이 휴대폰에 중독되는 건 확실히 문제가 됩니다. 애널리스트 징징 장(Jingjing Jiang)이 주도한 2018년 퓨(Pew) 리서치 센터의 조사에 따르면 미국 청소년의 약 55%가 자신이 스마트폰에 중독되었다고 생각한다고 합니다. 심지어 청소년 중 35%는 운전 중에 휴대폰을 사용하고, 45%는 휴대폰이 자신이 가진 것 중 가장 귀중한 물건이라고 믿으며 48%는 배터리가 20% 미만으로 떨어질 때 불안을 느낍니다. 이는 휴대폰이 더 이상 단순한 통신 도구가 아니라 강박이 되었음을 보여 줍니다. 자신에게 만족을 가져다줄 것이라는 생각에 집착하게 되는 것이죠. 인터넷, 소셜 미디어, 밈과 같은 것들이 분명 중독에 영향을 미칠 것입니다. 그러나 외부적인 것에 행복을 의존하는 사람들이라면 결코 이러한 기기를 통해 만족을 찾는 것은 불가능합니다.

진정한 행복은 내면에서 일어납니다. 우리가 진실을 받아들이고 이 진실에 건강한 방식으로 반응하도록 마음을 훈련할 때

말이죠. 이러한 훈련은 초인이 되는 것을 의미하지 않습니다. 더 나은 방향으로 변화할 수 있는 자신의 능력을 믿는 만큼 자신을 신뢰한다는 의미입니다. 이 상호 의존하는 그물망 속에서 어떻게 기능하는지를 알게 된다면 그때 우리에게 자신감이 생깁니다. 우리는 진정하고 진실된 행복을 원합니다. 모두가 그렇지요! 세상 전부가 우리를 보호하는 굴껍질이라고 해도 실제로 진주를 만들어야 하는 건 우리 자신입니다. 자신의 기쁨을 만들어 내는 일에 책임이 있는 사람은 바로 우리 자신입니다. 그렇게 우리는 주변에도 좋은 영향을 끼칠 수 있을 겁니다. 마음 훈련은 문제와 비효율적인 습관과 경향을 극복할 수 있게 돕는 도구입니다. 또한 행복으로 가는 길이지요. 이는 외부 환경과는 관계가 없고, 우리의 내적 자유와 순수성의 문제입니다. 우리 마음에 길이 나 있는 문제적 경향과 조건화를 극복하는 방법입니다.

문제를 진주로 변화시키기

부정적인 경향성은 그 빈도를 줄이고 궁극적으로는 그것들을 초월해야 합니다. 내적 문제를 극복할 방법을 찾을 때까지, 이 부정성은 항상 우리 옆에서 문제들을 일으켜 고통에 빠지게 만들기 때문이지요. 이는 제가 만들어 낸 말이 아니라, 영원한 진리입니다.

기쁨을 찾는 마음 훈련 가이드

제가 이 말씀을 드리는 건 여러분이 수행을 통해 행복과 진정한 자유를 발견하도록 돕기 위함입니다. 부정적인 경향을 어떻게 극복할지, 단순히 머리로 이해하는 것만으로는 충분치 않습니다. 가르침을 이론적으로 아무리 잘 이해했다 하더라도, 삶에 적용하지 않으면 아무런 도움이 되지 않습니다. 꿰지 않고 그냥 쌓아 둔 구슬에 불과하지요. 꼭 광범위한 지식을 가질 필요는 없습니다. 그저 올바르게 수행하는 방법만 알아도 이로부터 많은 것을 얻을 수 있습니다. 제아무리 심오한 철학적 주제라 하더라도 자기 삶에 적용하는 방법을 모른다면, 핵심을 놓치는 것입니다. 배운 것은 마음뿐만 아니라 가슴을 훈련하는 데도 사용해야 합니다. 친절한 가슴과 지혜로운 마음은 서로 연결되어 있습니다. 둘은 한 팀이거든요! 그렇기 때문에 우리의 마음과 가슴은 서로가 서로에게 중요한 영향을 미칩니다. 의학계가 우울증과 심혈관 질환에 대한 연관관계를 연구한 것은 아마도 이런 이유에서일 겁니다. 마음과 가슴은 새의 두 날개와 같습니다. 한쪽 날개만으로는 날 수 없습니다. 두 날개가 함께 움직일 때라야 우리는 비상할 수 있습니다.

마음과 가슴을 다루는 것은 우리 스스로 해야 하는 일입니다. 누구도 대신해 줄 수 없는 일이죠. 지금이야말로 수행을 약속하고 실천할 때입니다. 수행 목표를 정했다면, 그것을 달성하기 위해 결단력 있게 마음먹고 노력해야 합니다. 가고자 하는 게 어디인지도 모르거나 계속해서 수행을 미루기만 한다면 우리는 어디에도 닿을 수 없습니다. 내적 변화는 마침내 행동하기로 결정할 때 비로소 시작됩니다. 자신에게 지나치게 엄격할 필요는 없습니다. 우리도 결국 한 사람의 인간일 뿐이니까요. 본질적으로, 수행에 참여하는 데 옳고 그른 방법은 없습니다. 중요한 것은 노력을 한다는 그 자체입니다. 완벽하게 해야 한다는 생각을 내려놓으세요. 그냥 계속하기만 하면 됩니다. 오히려 필요한 건, 수행이 깊어질수록 그 수행이 자신에게 도움이 되는지 아닌지를 살펴보는 겁니다. 차 만드는 방법을 떠올려 보십시오. 주기적으로 부정적인 경향이 감소했는지 아닌지를 성찰해 보십시오. 효과가 있다고 생각하면 그대로 나아가면 됩니다! 무엇보다 중요한 것은 이 방법들을 사용하여 좋은 결과를 얻고 수행을 하는 겁니다. 진실로 노력하고 있다면, 자신의 삶과 주변 사람들의 삶이 다 좋아질 겁니다. 만족스러운 결과를 통 얻지 못하고 있다면, 다른 방법을 고려할 때입니다.

지금부터, 제가 여러분께 알려 드린 지식과 마음 훈련법들을 여러분을 아프게 한 병을 고치기 위한 약이라고 생각하세요. 일단 적은 양부터 복용하기 시작해서 그게 어떤 변화를 가져오는지를 성찰하는 시간을 가지세요. 개선되고 있음이 느껴진다면 평소와 같은 양으로 복용하면 될 겁니다. 이 책에서 배우는 마음 훈련 기술을 여러분을 괴롭히는 것에 대한 해독제로 사용하십시오. 사용할 수 있는 기회가 있을 때마다 사용하세요. 이런 습관이 형

기쁨을 찾는 마음 훈련 가이드

성되고 나면, 문제가 보이자마자 바로 올바른 해독제를 쓰게 될 겁니다. 그리고 수행하는 좋은 습관이 만들어진 연후에는 잘 진행되는지 검토하기 위해 자기 자신에게 다짐을 하는 것이 중요합니다. 자신의 세계가 나아지고 있는지 성찰하는 시간을 마련하세요. 무엇보다, 수행을 통해 여러분이 더 건강하고 행복해지는 것이 중요합니다.

모래가 굴을 자극하면, 굴은 그에 대한 반응으로 아름다운 진주를 만들어 냅니다. 변화는 어려움을 통해 만들어집니다. 우리의 일상에는 극복해야 할 문제가 많지만 이 문제들 때문에 고통받을 필요는 없습니다. 고난을 두려워할 필요가 없는 이유는 그것이 우리를 성장시키고 배우게 하는 수단이 되기 때문입니다. 장애물을 만나면, 마음을 통제하는 연습을 할 기회로 삼아 보세요. 진실을 알고 마음을 훈련하는 것이 강력한 치유제입니다. 소중한 통찰력, 자기 믿음, 희망, 인내심 그리고 강한 의지력이 있다면 세상은 여러분에게 진주를 품은 굴이 될 것입니다. 문제를 진주로 변화시키는 것은 전적으로 여러분에게 달려 있습니다.

성찰

사냥꾼을 피해 달아나던 지친 여우 한 마리가 나무꾼을 만났습니다. 나무꾼은 이제 막 나무를 베려던 참이었지요. 목숨에 위협을 느낀 여우는 나무꾼에게 숨을 곳을 찾게 해 달라고 간청했습니다. 나무꾼은 누구를 돕는 성격이 아니었지만, 계속 애원하는 여우를 어쩌지 못하고 근처 오두막에 이 애처로운 생명을 숨겨 주기로 했습니다. 나무꾼이 오두막 문을 열자 여우는 재빨리 안으로 들어가 숨었고, 그는 밖에 남았죠. 얼마 지나지 않아 한 무리의 사냥꾼들이 잔뜩 흥분한 사냥개들과 함께 나무꾼이 있는 곳으로 왔습니다. "안녕하시오. 혹시 이곳으로 여우 한 마리가 지나가는 것을 못 보셨소?" 사냥꾼 중 한 명이 물었지요. 나무꾼은 "아니요, 여우 같은 거 절대 못 봤습죠!"라고 소리치면서도 손짓으로는 자신의 집을 열심히 가리켰습니다. 사냥꾼들은 그 기이한 몸짓과 그의 말이 연관이 있다고는 미처 생각지 못한 채 감사 인사를 하고 갈 길을 갔습니다. 사냥꾼들이 사라지고 나자 여우는 열린 문을 향해 냅다 달렸습니다. 나무꾼이 "이봐, 내가 네 목숨을 구해줬는데 인사도 하지 않을 셈이야?" 하고 묻자 여우가 돌아서서 단호히 대답했습니다. "감사했을 수도 있죠. 하지만 당신의 행동이 말보다 더 크게 말해 줘서 저는 당신의 진심을 알게 됐거든요." 그 말을 남기고 여우는 숲의 그림자 속으로 달아났습니다.

기쁨을 찾는 마음 훈련 가이드

자고로 말과 행동은 일치해야 합니다. 어떠한 철학적 또는 종교적 교리를 뒷받침하는 입장이나 관점은 언어유희와도 비슷합니다. 철학적 관점은 본질적으로 매우 높이 평가되는 진리나 통찰력을 찾는 것이지만 영적 지혜란 것은 온전히 말에만 기반을 두기에 불완전합니다. 물론, 수행을 잘해 나가기 위해서는 철학적인 부분도 잘 알아야 합니다. 그러나 어떤 개념을 깊이 분석함으로써 지혜를 찾을 수도 있지만 명상이나 마음 훈련을 통해 지혜에 이르기도 합니다. 만물에 대한 진리를 발견하지 않고서 신념이 생길 수는 없으므로 분석과 명상은 모두 필수적입니다. 그럼에도 진실을 찾기 위한 모든 설명과 토론은 단지 말로 하는 게임과도 같습니다. 말에 사로잡히지 말아야 합니다. 모든 분석과 조사에는 한계를 두어야 하며, 그렇지 않으면 진보는 없습니다. 그렇기 때문에 일단 사물의 진실을 깨닫게 되면, 이 통찰력을 당신의 삶에 적용함으로써 말을 행동으로 옮겨야 하는 것이지요.

여러분이 배운 것과 수행, 그리고 그것이 우리 삶에서 얼마나 잘 작동하는지의 관계를 탐구하는 일은 중요한 일입니다. 간단히 말하자면, 지식과 수행 사이의 적절한 균형을 고려해야 하며, 배운 것을 일상생활에 활용하는 것을 최우선으로 해야 합니다. 장애물들을 생각해 보세요. 장애물이 가치 있는 까닭은 말을 넘어 행동의 영역으로 나아가는 데 도움이 되는 출발점이 될 수 있기 때문입니다. 제 불교 전통에는 인도의 성자 아티샤(Atisha)로부터 전해진 "마음 훈련의 일곱 가지 요점"이라는 훌륭한 마음 훈련 명상법이 있습니다. 후대의 스승들은 이러한 요점들을 수행자가 지혜와 자비를 끌어내기 위해 사유하는 일련의 심오한 슬로건으로 확장했습니다. 이 슬로건에서 제안하는 유용한 방식 중 하나는 가장 큰 장애물부터 먼저 처리하라는 것입니다. 이번 장에서 우리는 외부의 장애물, 내면의 장애물, 비밀스러운 장애물에 대해 논했습니다. 이 중 어느 것이 우리의 긍정적 변화를 가로막는 가장 큰 장애물인지를 한번 생각해 보십시오. 때로는 하나 이상이기도 하지만, 가장 명백한 것부터 시작해 보시길 권합니다. 정직하게 대면하시고, 장애를 부정하는 데 빠지지 마시기 바랍니다.

　　가장 큰 장애물을 찾았다면 그 근원이 되는 원인을 생각해 보세요. 그리고 그 장애물과 관련해 자신에게는 어떤 책임이 있는지를 자문해 보세요. 그것이 집착, 자기 자신만 소중히 여기는 마음, 또는 탐진치(GAS)와 관련이 있습니까? 무엇을 바꿔야 하고 왜 그래야 하는지 이해한 후, 그것을 수행에 통합해 보세요. 가장 큰 장애물이 무엇인지에 따라, 우리가 하는 수행은 특정 대상에 정신을 집중하며 마음을 안정시키는 선정 명상(calm abiding meditation, 사마타)처럼 기본적인 호흡법이 될 수도 있고, 또는 통찰을 얻기 위해 특정 주제를 모든 각도에서 탐구하며 깊이 고려하는 정신적 참여가 더욱 요구되는 분석 명상(analytical meditation, 위파사나)이 될 수도 있습니다. 이 두 가지 유형의 명상을 함께 사용하는 것도

기쁨을 찾는 마음 훈련 가이드

도움이 됩니다. 선정 명상은 분석 전에 마음을 준비시키는 데 도움이 됩니다. 그렇게 하면 산만함이 덜해지고 더 큰 통찰력을 얻을 수 있습니다. 장애물이 무엇인지 작은 장애물부터 목표를 잡아 관리하도록 하고 합리적으로 달성할 수 있다고 생각하는 시간을 적어 진행 상황을 추적해 보세요. 달력에 연습하는 시간을 적어 가며 매일의 진행 상황을 기록해 보십시오. 다음은 세 가지 장애물을 사용한 예시입니다.

> **외부의 장애물** 영적 지원이 부족해 수행을 저해하는 환경이 곧 외부적 장애물입니다. 자기 믿음은 영적 여정에서 우리가 지속할 수 있도록 결단력을 끌어내는 데 도움이 됩니다. 여러분의 목표는 매일 눈뜨고 나서 10분 동안 분석 명상을 하는 것입니다. 이 상호 의존적인 세상에서 스스로의 가치를 분석함으로써 단단한 자기 믿음을 구축하는 데 집중하도록 합니다. OO주 안에 이것을 습관으로 만들겠다고 다짐해 보십시오.

> **내부의 장애물** 불안으로 인해 숙면을 취하지 못하는 수면 습관이 곧 내부적 장애물입니다. 여러분의 목표는 잠들기 전 10분 동안 사마타, 즉 선정 명상을 수행하는 것입니다. 호흡을 초점으로 삼으십시오. 마음이 방황한다면 다시 호

흡으로 돌아와 호흡을 셉니다. OO주 안에 이것을 습관으로 만들겠다고 다짐해 보십시오.

비밀스러운 장애물 내일로 일을 미루는 습관이 곧 비밀스러운 장애물입니다. 여러분의 목표는 5분 동안 호흡에 집중하고 5분 동안 무상에 대한 분석 명상을 하는 것입니다. OO주 안에 이것을 습관으로 만들겠다고 다짐해 보십시오.

습관은 자동적으로 생겨나는 행위입니다. 『영국 일반진료 저널』(*The British Journal of General Practice*)의 연구에 따르면, 습관은 이미 우리가 하고 있는 것과 결합할 때 쉽게 형성될 수 있습니다. 좋은 습관 형성의 예는 아침에 일어나자마자 명상을 하는 것입니다. 눈을 뜨는 것이 곧 명상을 하라는 신호가 되고, 같은 맥락에서 이 같은 행동을 일관되게 반복하면 됩니다. 습관을 형성하는 데 21일이 걸린다는 믿음이 있습니다만 이는 사람마다 다릅니다. 연구에 따르면 습관을 형성하는 데 걸리는 평균 시간은 66일입니다. 최소 10주 동안 계속 연습을 하라고 하는 것은 이런 이유에서입니다. 지난 한 주 동안 견고하고 건강한 습관을 만드는 데 성공했다는 것을 알게 된다면 이는 정말로 축하할 일입니다!

8장. 마음의 둥지와 생각의 휴식

앞에서도 말씀드린 바처럼 어렸을 때 저는 여러 가지 요인으로 인해 조류공포증, 즉 새에 대해 합리적으로 설명되지 않는 두려움을 갖게 되었습니다. 일반적으로 이는 어린 시절 실제 새나 상상 속에서 새와의 부정적인 만남에서 비롯됩니다. 깃털 달린 생명과의 불쾌한 조우 이후 이러한 공포증이 생긴 분들을 꽤 많이 만났습니다. 사람들로 하여금 가장 큰 공포를 유발하는 주범이 비둘기와 갈매기라는 것을 알고 계셨나요? 비둘기와 바닷가의 갈매기에게 먹이 주는 것을 좋아하는 사람이 적지 않은데, 그러다 예기치 않게 새들에게 쪼이고 나면 이런 무해한 즐거움이 불쾌한 경험으로 바뀌기도 한다는 것은 놀랄 일이 아닙니다.

비정상적일 정도의 두려움은 종종 정상적인 생활을 하다가 겪는 사건에서 비롯됩니다. 정말 많은 사람들이 불안을 유발하는 공포증으로 고통받고 있습니다. 영국에서만 하더라도 약 천만

명 정도의 사람들이 공포증을 가지고 있는 것으로 추정된다고 하지요. 그런데 이러한 두려움은 어디서 오는 걸까요? 새에 대한 저의 불안은 제 마음속에 생각으로서 존재합니다. 문제를 일으키는 것은 새 자체가 아니라 생각이라는 것을 아는 것이 좋습니다. 새가 실제로 날아와 저를 공격하지는 않을 테니까요! 생각해 보면, 생각이란 것은 이 깃털 달린 친구와 같습니다. 의식 속에서 생각은 야생의 새처럼 날아다닙니다. 생각은 우리의 인식이라는 하늘을 나는 새인 것이죠. 여러분의 마음은 새들이 이 나무에서 저 나무로 날아다니는 것을 지켜보듯이 생각이 이 주제에서 저 주제로 날아다니는 것을 지켜봅니다. 하지만 둥지를 지으면, 문제를 일으키는 생각들을 쉬게 할 수 있습니다. 새집이 아니라 마음이 쉴 수 있는 집을 짓는다고 할까요? 그렇게 마음을 훈련해 보세요.

점차적으로 마음속 두려움을 다루고 나서 저는 이제 새에 대한 두려움이 90% 정도는 사라졌다고 말씀드릴 수 있을 것 같습니다. 좋은 소식이지요. 이것이 가능한 이유는 우리가 강력한 마음을 지배할 수 있기 때문입니다. 우리가 "마음"(mind)이라고 부르는 이것은 파괴될 수 없는 무한한 에너지입니다. 마음은 단절되지 않고 끊임없이 다양한 변화를 겪는 연속체입니다. 이는 고무적인 소식입니다. 왜냐하면 우리가 두려움을 비롯한 다른 어떤 것에도 갇혀 있지 않다는 것을 의미하니까요. 여러분은 마음 훈련을 통해 긍정적인 변화를 일으킬 수 있습니다. 마음은 본질적으로 멈

기쁨을 찾는 마음 훈련 가이드

출 수 없고 무한합니다. 그것은 모든 경험의 근원이며 행복과 고통의 기반입니다. 우리는 따라서, 오직 마음을 훈련함으로써만 평화와 행복을 얻을 수 있습니다. 그리고 마음 훈련이 생각으로부터 마음을 비우는 명상 수행이겠거니 생각하는 분들이 계실 수 있는데, 결코 그렇지 않습니다. 마음 훈련은 변화를 일으킬 수 있는 건전한 생각에 집중해서 이러한 생각이 자동적으로 이루어질 때까지 마음을 훈련하는 방법입니다.

무엇을 훈련하고 있나요?

마음을 훈련함으로써, 우리는 우리를 무겁게 만드는 생각들을 내려놓을 수 있습니다. 하지만 생각을 내려놓기 전에 먼저 우리의 마음을 찾을 수 있어야 합니다. 마음 수행의 위대한 스승과 자신의 마음을 찾은 제자에 대한 일화를 하나 들려 드리고자 합니다. 마음 훈련을 하고자 하는 한 사람이 마음 훈련에 대해 가르침을 받고자 하는 마음으로 위대한 스승을 찾았습니다. 스승은 처음에는 이를 무시했지만 이 제자는 자신의 굳은 다짐을 보여 주기 위해 허리까지 쌓인 눈 속에서 계속 기다렸지요. 스승은 그가 다만 경솔하고 자기중심적인 사람이라고 생각했습니다. 그러나 그는 마음 훈련을 배우고자 하는 자신의 진정한 열망을 보여 드리고자 스승에게 자신의 팔을 바치겠다고까지 했습니다. 배움에 대한 헌신을 본 스승은 마침내 가르침을 수락했습니다. 그러자 제자가 물었습니다. "스승님, 저는 불안한 생각들에 압도되어 기쁨을 느낄 수 없습니다. 제 마음을 달랠 수 있게 도와주시겠습니까?" 문제를 간파한 스승은 제자에게 물었습니다. "네 마음을 나에게 줄 수 있느냐? 내게 너의 마음을 준다면 내 그것을 달래 주도록 하겠다." 제자는 자신의 마음을 열심히 찾기 시작했습니다. 하지만 찾을 수 없었죠. 당황하여 스승에게 말했습니다. "찾으려고 해보았지만, 제 마음을 어디에서도 찾을 수 없습니다." 스승은 의미심장하게 대답했지요. "보았느냐? 내가 네 마음을 달래 주었느니라." 스승은 마음의 진실, 즉 그것의 본원적이고 공한 본질, 또는 무자성을 보게 해주었던 것입니다. 물질들이 그러하듯 모든 것은 그 입자들이 분해되고 나면 사라집니다. 생각도 마찬가지입니다. 분별하며 마음을 찾으려 하면 그것은 거기에 없습니다. 마음은 손에 잡히는 실체가 아니기 때문에 객관화될 수 없습니다. 마음의 정신적 에너지는 알아차림, 명징함 그리고 앎이라는 본성을 가지고 있습니다. 그렇다면 여러분이 훈련하고 있는 그것은 무엇일까요?

좀 더 선명하게 설명을 드리겠습니다. 비록 우리가 마음을 찾을 수는 없다 해도, 그것이 우리 자신이 마음의 에너지에 영향을 미칠 수 없다는 의미는 아닙니다. 생각, 선택, 그리고 감정들이 함께 작용한 결과로 이 에너지의 힘에 영향을 미치게 됩니다. 분

기쁨을 찾는 마음 훈련 가이드

석적 마음 훈련은 부정적인 생각들에 집착하지 않고, 건전한 생각들로 주의를 돌리며, 더 적절한 선택들을 하고, 결과적으로 더 나은 감정들을 경험하도록 돕습니다. 그뿐만이 아닙니다. 우리의 정신적 에너지는 물리적 세계, 우리의 물리적 신체에 영향을 미칩니다. 우리의 물리적 형태를 구성하는 입자들과 마음의 에너지는 긴밀하게 연결되어 있어서 마음을 훈련하게 되면 뇌와 신체의 건강에 직접적인 영향을 미치며, 심지어 주변의 상호 연결된 세계에도 영향을 미칩니다. 이후에 이것들에 대해 좀 더 살펴보게 되겠지만, 그전에 우리는 우리 마음이 가던 길에서 어떻게 그리 멀리 벗어나게 되었는지를 살펴야 합니다.

내면 세계를 탐구할 때, 부정적인 감정은 그다지도 쉽게 느끼면서 마음은 찾을 수 없다는 것이 이상하지 않나요? 우리를 고통스럽게 하는 것은 인식 내부에 있지만 그것은 정신적 에너지 자체가 아니라 부정적인 것에 대한 습관적인 집착입니다. 이러한 모든 부정적인 감정의 근본 원인을 밝히는 것이 중요하지요. 내면의 탐구를 시작할 때, 여러분은 자신이 집착하고 있는 이 감정들이 나 자신으로부터 오는 것인지 물어보시나요? 여기서 "나 자신"은 누구인가요? 이런 질문은 우리가 진정으로 누구이며, 어떻게 부정 편향을 발전시켰는지에 대한 진실에 더 가까이 다가가게 합니다. 탐색을 할 적에 우리는 평생에 걸쳐 자신이 지금과 같은 특정한 '나'라는 사람이 되는 데 영향을 미친 많은 요인들이 있다는 것을 알게 됩니다. 지금의 우리는 다양한 기억들에 의해 뿌리 깊이 조건화되어 있지요. 그럼으로써 우리는 자아를 구축하는 데 외부 세계가 어떻게 영향을 미쳤는지를 깨닫게 됩니다. 제 경우에는 "린포체"라는 칭호가 제 자아 개념에 영향을 미쳤습니다. 마찬가지로 여러분도 세상에서의 조우들로 인해 특정한 것들을 믿게 되셨을 수 있습니다. 상대적 자아를 형성하는 데는 많은 원인과 조건들이 있습니다. 이러한 작은 자아는 무상하고 변화 가능합니다. 더 깊이 성찰할수록, 자아 개념을 더 많이 지워 낼수록, 여러분은 마음으로부터 비효율적인 각인들을 더 많이 지워 내게 됩니다. 그러면 마치 지혜의 빛이 켜지는 것과도 같아서 진실을 볼 수 있게 되지요. '나'는 모든 사람과 모든 것과의 연결의 결과라는 진실을 말입니다. 이로써 우리는 자신의 무아성을 인식하고 부정적인 감정에 대한 집착으로부터 어느 정도 해방을 경험하게 됩니다.

우리는 스스로 알고 있는 것보다 더 강합니다! 오래된 자아 개념을 깨뜨리는 순간부터, 우리는 주변 세계와 어떻게 서로 연결되어 있는지에 대한 진실을 목격합니다. 무아성을 경험하게 되면 주변의 모든 것과의 관계가 변화하는데, 이는 무엇보다도 자신과의 관계가 변화하기 때문입니다. 주변 환경은 물리적으로 동일하게 보일 테지만 일단 자신이 모든 것의 일부라는 것을 진정으로 깨닫게 되면, 이기적이고 부정적인 반추를 멈출 수 있지요. 유한한 자아를 내려놓고 진실의 더 깊은 지혜를 받아들일 때, 우리

기쁨을 찾는 마음 훈련 가이드

는 놀랍도록 무한한 어떤 것과 연결되어 있음을 느낍니다. 바다의 파도처럼, 파도가 겪는 모든 변화를 겪음에도 우리 자신이 광활하고 강력한 바다로 이루어져 있다는 것을 부인할 수 없습니다.

상호 연결된 존재로서의 자신의 무한한 본성을 완전히 인식하게 되었을 때 스스로에 대한 믿음이 얼마나 커질지, 여러분은 상상할 수 있으십니까? 모든 것과의 연결을 이해하는 것이 우리의 고통을 없애는 데 매우 중요한 까닭은 바로 이 때문입니다. 물론 이 이해가 우리의 자기중심적 집착의 문제를 보는 데 도움이 되기는 하지만, 이러한 깨달음만으로 실용적인 변화를 만들어 낼 수는 없습니다. 어떤 긍정적 변화가 정신적으로 뿌리를 내리려면, 건강하고 잘 기능하는 습관을 들이도록 마음을 훈련해야 할 것입니다. 이는 특별히, 어렵고 힘든 시기에 중요합니다. 이러한 방식으로 마음을 수행하는 것은 시간과 인내가 필요한 일입니다. 그러나 지속적으로 훈련을 해나가시기만 한다면 놀라운 경험을 하시게 될 것입니다.

마음을 훈련시키고 뇌를 변화시키세요

수십 년 동안 신경과학자들은 인간의 뇌는 특정 방식으로 작동하도록 태어나고, 뇌가 완전히 형성된 후에는 변하지 않는다고 주장했습니다. 다행히도, 인간의 뇌가 변하지 않는다는 개념에 대한 이해는 후에 완전히 방향이 바뀌었습니다. 신경과학자들이 뇌의 신경가소성(neuroplasticity), 즉 뇌의 변화할 수 있는 능력을 연구하면서, 뇌가 얼마나 재구성될 수 있는지를 발견한 것입니다. 점점 더 많은 연구에서 다양한 메시지와 정신 활동이 뇌의 기능과 구조를 어떻게 변화시키는지를 분석하고 있습니다. 기술을 학습하고, 결정을 내리고, 행동을 하는 이 모든 게 뇌를 변화시킵니다. 여기서 주목할 점은 우리의 생각만으로도 뇌가 달라진다는 겁니다. 마음의 방향을 잡는 일은 우리 뇌를 변화시키고, 우리가 살고자 하는 방향에 도움이 되는 방식으로 신경회로의 배선을 바꿉니다.

마음을 훈련할 때 뇌가 더 나은 방향으로 변한다는 사실을 알고 계셨나요? 인지적인 문제의 원인과 해결책이 모두 우리 내면에 있기 때문에, 뇌의 신경회로를 재배선하는 것은 곧 우리의 책임입니다. 하버드 의과대학의 신경과학자 알바로 파스쿠알-레오네(Alvaro Pascual-Leone)의 실험은 뇌가 스스로를 재구성할 수 있는 능력에 대한 증거를 뒷받침합니다. 그는 연구 참가자들에게 5일 동안 피아노를 연주하도록 하고 경두개자기자극(TMS) 검사를 통해 운동피질을 측정했습니다. 여기서 발견한 것은 각 참가자의 반복적인 손가락 움직임이 뇌의 운동피질 주변 영역의 물리적 구조에 영향을 미쳤다는 사실이었지요. 그런 다음 다른 그룹의 자원자들에게 같은 피아노 연습을 하되, 마음속으로만 하도록 했습

기쁨을 찾는 마음 훈련 가이드

니다. 이번에도 첫 번째 그룹과 같은 방식으로 운동피질을 측정했습니다. 두 그룹의 참가자들을 분석한 결과, 마음속으로만 피아노를 연습한 그룹과 물리적으로 연습을 한 사람들 모두 동일한 운동피질 결과를 보였습니다. 이는 반복적으로 마음을 이끌어 감으로써 뇌의 구조 자체를 변화시킬 수 있다는 것을 보여 줍니다.

세계적인 과학 저널리스트인 샤론 베글리(Sharon Begley)는 뇌를 변화시키는 마음의 능력에 대해 쓴 바 있습니다. 그녀의 저서 『달라이 라마, 마음이 뇌에게 묻다』(*Train Your Mind, Change Your Brain*)에서 베글리는 불교의 마음챙김 기법과 같은 마음 훈련을 통해 뇌를 향상시키는 데 있어 마음이 가진 강력한 영향력을 탐구합니다. 마음 훈련을 실천하는 사람들을 대상으로 한 연구와 최첨단 기술을 통해, 신경과학자들은 이제 마음의 에너지의 방향성이 뇌의 물리적 구조에 미치는 영향을 조사할 수 있습니다. 최근까지도 마음 훈련 실천을 통해 우리의 뇌가 긍정적인 변화를 겪는다는 것을 증명하는 연구 결과가 상당히 많이 나오고 있습니다. 오랫동안 마음 훈련을 해온 불교 수행자들을 대상으로 많은 신경 실험이 진행되어 왔고, 지금도 계속되고 있습니다. 연구자들은 경두개 자기자극술, 뇌전도, 전산화 단층 촬영, MRI 스캔과 같은 기술을 사용하여 데이터를 수집합니다. 베글리는 위스콘신-매디슨 대학의 신경과학자 리처드 데이비드슨(Richard Davidson)과 같은 이러한 분야의 선구자들을 소개합니다. 데이비드슨은 불교 승려들의 좌측 전전두피질—만족감과 행복감에 관련된 뇌 영역—의 뇌 활동에 대해 연구를 했습니다. 스님들이 자비에 대해 명상할 때 MRI를 사용하여 뇌에서 무슨 일이 일어나는지를 본 것이지요. 이러한 명상에 대해 경험이 더 많은 수행자들은 감정과 사고 중추 사이의 더 강한 연결을 보일 뿐 아니라 좌측 전전두피질과 우측 전전두피질—부정적인 기분과 관련된 영역—이 이전에는 볼 수 없었던 방식으로 작동했습니다. 데이비드슨에 따르면 이는 행복이 마음을 훈련함으로써 발전시킬 수 있는 정신적 기술임을 시사합니다.

더 많은 연구를 통해 우리는 행복과 관련된 뇌 영역이 이상적인 마음(mind)을 훈련하는 것과 더불어 가슴(heart)을 변화시킬 의도를 가지고 훈련하는 명상가들에게서 훨씬 더 발달되고 활성화되어 있음을 다시금 확인할 수 있었습니다. 이런 방식의 지혜와 자비에 대한 훈련은 자기 집착적 성향에 도전하면서 우리의 상호 연결성을 활용해 따뜻한 가슴으로 나아가도록 책임감 있는 정신 활동을 촉진합니다. 삶에서 행복을 원하는 우리에게 이는 은행에 쌓인 돈보다 더 가치가 있습니다! 이 소박하고 겸손한 명상가들은 현대사회에서 주는 물질적 안락함과 사치를 누리는 부자는 아닙니다만, 기쁨에 있어서만큼은 억만장자입니다. 이들은 마음의 힘을 활용해 가장 좋고 긍정적인 방식으로 자신들의 뇌에 영향을 미친 사람들입니다.

마음 훈련이 뇌를 얼마나 많이 바꿔 놓을 수 있는지는 알

기쁨을 찾는 마음 훈련 가이드

면 알수록 놀랍습니다. 이는 행복과 관련된 새로운 신경 회로를 만들어 냅니다. 과학자들은 인간이 지속적인 연습을 통해 신경가소성을 더 나은 방향으로 극적으로 변화시킬 수 있음을 알아내고 있습니다. 생각의 회로를 재배선하고, 새로운 뉴런을 생성하며, 뇌의 구조와 크기를 모두 변화시킬 수 있는 겁니다. 명상적 수행은 내면의 성장, 뇌 건강 그리고 개인적 발전을 도모합니다. 게다가 나이 제한도 없습니다. 9세든 90세이든 뇌는 계속 적응합니다. 수년간 깊은 상처를 남긴 고난을 겪은 분이라면, 이 책의 마음 훈련 수행법으로 뇌를 재구성할 수 있습니다. 트라우마, 질병 그리고 모든 종류의 장애에 대처하고 회복하는 데 도움을 받을 수 있지요. 이런 관점이 의미하는 바는, 행복한 삶을 추구하는 우리 스스로는 더 이상 과거에 종속된 사람이 아니라는 것, 나아가 유전자 코드에 종속된 사람이 아니라는 것입니다. 감정과 생각이 우리를 지배하도록 두기보다는 그 생각과 감정을 통제할 수 있는 힘을 기를 능력이 우리에겐 있습니다. 마음의 에너지를 훈련할 때, 우리는 타고난 내적 능력을 강화하게 됩니다.

마음의 힘

제가 목격한 가장 놀라운 마음의 힘 중 하나는 바로 미래를 예측하는 힘입니다. 30대 시절 저는 세라 제 승원 대학에서 학생들을 가르치고 있었는데, 미국과 영국 연구자들로 구성된 팀이 주도하는 과학 실험에 자원하여 참여한 적이 있습니다. 이 분석가들은 마음 훈련(mind training)에 능숙한 불교 스님들을 찾고 있었습니다. 먼저 저는 15분 동안 저희 전통의 명상법을 수행하도록 요청을 받았습니다. 그 후, 컴퓨터 화면으로 네 개의 사진을 보여 주는 실험이었지요. 하지만 사진을 보기에 앞서 저더러 어떤 사진을 보게 될지 예측을 해보라고 하더군요. 제가 예측을 말하고 나면, 컴퓨터는 무작위로 하나의 사진을 선택했습니다. 그 과정은 완전히 무작위였기 때문에, 컴퓨터가 어떤 사진을 선택할지는 아무도 몰랐습니다. 컴퓨터가 고르기도 전에 그것이 어떤 선택을 할지 예측하는 것이었으니까요.

애초에 저는 이 모든 실험을 게임으로 여기고 있었습니다. 그다지 진지한 실험 같지 않았거든요. 그러다 연구자들이 참가자들을 두 그룹으로 나눈 것을 보았습니다. 한 그룹은 명상을 하지 않은 사람들로, 다른 그룹은 경험 많은 명상가들로 구성되었습니다. 이후 저는 경험 많은 명상가들이 명상 경험이 거의 없는 사람들보다 컴퓨터가 선택할 사진을 훨씬 더 자주 정확하게 맞혔다

　　　　　　　　기쁨을 찾는 마음 훈련 가이드

는 것을 알게 되었습니다. 저는 어떤 종류의 명상이 가장 좋은 결과를 얻는지 궁금해졌고, 그래서 저 나름대로 작은 과학적 조사를 해보기로 했습니다. 저는 참가자들에게 어떤 종류의 명상을 하는지 물었습니다. 탐문 결과, 자비 명상을 수행하는 사람들이 그렇지 않은 사람들보다 더 높은 예측률을 보인다는 것을 발견했습니다. 제가 있는 불교 전통에서 자비는 필수적인 영적 수행입니다. 그래서 이타적이고 자비로운 명상이 더 강력한 결과를 가져온다는 것은 제게 그다지 놀라운 일이 아니었습니다.

실험이 끝나고 함께 온 심리학자들에게 물었습니다. "마음이 미래를 알 수 있다는 것을 알아내셨나요?" 심리학자들은 확실히 마음에는 미래를 예측할 수 있는 힘이 있다고 대답했습니다. 이 실험은 다른 여러 장소에서 수행된 것이었고, 이들은 모든 사람에게 잠재된 마음의 힘을 찾고 있었습니다. 저는 경험을 통해 마음이란 건 시간과 비슷하다는 것을 배웠습니다. 둘 다 과거에서 미래로 이어지는 연속체이기 때문입니다. 따라서 마음이 시간을 앞서 가 미래의 사건을 인식하는 것은 충분히 가능해 보였지요. 이는 마음이 움직이는 것임을 믿게 만듭니다. 티베트 불교 전통에서, 우리는 마음이 두 부분으로 나뉜다는 것을 배웁니다. 즉 거친 마음과 미세한 마음이지요. 이 거친 마음은 신체에 의존합니다. 신체가 죽으면, 이 마음도 함께 간다고 믿습니다. 이 마음의 임무는 오감에서 받은 정보를 우리의 미세한 마음으로 전달하는 겁니다. 또한 우리는 미세한 마음에는 "나"라는 감각이 없고 미세한 마음은 세세생생을 거쳐 이동한다고 믿습니다. 이는 개인적인 업의 정보(karmic information)가 저장되는 곳인데요, 어떤 사람들은 이를 영혼(soul)이라고 부르기도 합니다. 우리의 마음 전체는 신체와 상호 의존적인 관계에 있습니다. 신체란 것은 마음이 기능하는 그릇이기 때문이지요. 우리는 명상적 수행을 통해 미세한 마음에 접근할 수 있는데요, 저는 이 마음이 어디로 가든지 미세한 풍(風) 에너지가 동반된다는 것을 배웠습니다. 이 미세한 에너지는 우리의 신체와 마음을 연결하는 다리가 되어 줍니다. 어쩌면 우리의 마음이 신체를 치유하는 것은 이 연결통로를 통해서일 것입니다.

마음과 신체

마음은 신체에 영향을 미치고, 결과적으로 건강에까지 영향을 미칩니다. 비숍 대학의 에린 새켈(Erin Shackell)과 리오넬 스탠딩(Lionel Standing)은 정신적 훈련만으로도 근력을 만들어 낼 수 있음을 보여 주는 연구를 수행한 바 있습니다. 이 연구에서 두 사람은 마음속으로 훈련한 참가자들이 24%의 신체적 근력 증가를, 신체적으로 훈련한 사람들이 28%의 근력 증가를 보였으며, 대조군은 아무런 변화가 없었다는 것을 발견했습니다. 수행에서 필수적인 원칙은 바로 이것입니다. 말하자면 정신이 물질을 지배한다는 것이지요. 그러나 만약 여러분의 마음이 비관적이라면 신체에는 어떤 일이 일어나게 될까요? 삶은 넘어야 할 어려움으로 가득하기 때문에 이에 압도되거나 부정적인 마음을 먹게 되기도 합니다. 이런 과도한 부정적 에너지는 신체의 건강을 해칩니다. 우리가 비관주의에 대항할 수 있는 긍정적인 정신 상태를 만들기 위해 마음을 훈련해야 하는 이유 중 하나가 바로 이것입니다. 할 수 있을 때마다 부정적인 에너지를 줄이기 위한 마음 훈련을 하세요. 여러분 건강에 도움이 될 것입니다.

우리 마음은 가장 좋은 방식으로 신체에 영향을 미칠 수 있습니다. 마음에는 신체의 치유를 돕는 힘이 있습니다. 저는 지금 여러분께 당장 먹던 약을 중단하고 오로지 마음 훈련만 하라고 조언하는 것이 아닙니다. 그건 어리석은 일일 테니까요. 제가 드리는 말씀은, 신체를 치유하고 질병을 예방하는 데 도움이 되는 마음의 힘에 대한 긍정적인 증거가 많아진다는 것입니다. 이러한 지식으로 여러분의 수행을 격려하고 싶습니다. 스탠포드 의과대학 병원 연구자들은 의료계가 환자의 마음가짐이 치유에 있어 중요하다는 것을 의료계에서 고려해 주기를 촉구하고 있습니다. 스탠포드 연구 센터에서 30년 이상 진행된 신경생물학 연구는 위약효과(placebo)가 회복을 가져올 수 있는 뇌 영역을 활성화한다는 것을 보여 줍니다. 다시 말해, 설탕 알약과 같이 실제적이지 않은 치료법이라 하더라도 어떤 상황에서는 실제 치료만큼 효과적이라는 것이 밝혀진 셈이지요. 이 연구는 우리의 마음가짐과 기대가 치료의 실제 효과에 영향을 미친다는 것을 입증합니다.

스트레스가 우리 삶에서 가치 있는 부분이라고 생각한다고 해봅시다. 스탠포드 조교수 알리아 크럼(Alia Crum)이 수행한 연구에 따르면, 스트레스에 대한 이러한 긍정적인 정신적 태도는 좀 더 나은 건강 상태로 이어집니다. 이렇게 낙관적으로 스트레스에 접근하게 되면 건강, 정서적 웰빙, 그리고 업무 생산성으로까지 이어지지요. 스탠포드의 건강 심리학자이자 자비와 이타심 연구 교육 센터(CCARE) 프로그램 개발자인 켈리 맥고니걸(Kelly McGonigal)은 스트레스의 이점을 이해하는 것을 사명으로 삼았습니다. 여기서 제공하는 스트레스에 대한 조언은 우선 스트레스가 배움과 성장의 기회를 제공한다는 것입니다. 이는 자연스러운 생물학적 반응이며, 뇌가 재배선되고 스트레스 요인을 더 잘 다루는 법을 배우면서 스트레스에 대한 면역을 만드는 데 도움이 된다는 것이지요. 스트레스를 감사히 여기는 일은 가치 있는 일입니다. 스트레스가 자신에게 도움이 되고, 스스로 그것을 다룰 수 있으며, 모든 사람이 직면해야 하는 것임을 아는 것이 도움이 된다는 것이지요. 위약 효과가 보여 주는 것처럼, 우리의 긍정적인 마음가짐만으로도 건강한 결과를 만들어낼 수 있습니다. 이와 반대로, 연구는 또한 부정적인 마음가짐이 예상치 못한 부작용을 낳는 노시보(nocebo) 효과[1]를 유발할 수 있다는 연구도 있습니다. 주사가 아플 것이라고 들은 환자들이 통증을 더 심하게 느끼거나, 문제가 없다가 약물의 부작용을 알게 된 후 갑자기 그 부작용을 경험하는 것 등을 그 예로 들 수 있습니다. 위약 효과와 노시보 효과는 우리 마음속 생각의 유형과 그것이 건강에 미치는 영향 사이의 명확한 연관성을 보여 줍니다.

위약 효과는 조 머천트(Jo Marchant)의 책 『기적의 치유력』 (*Cure: A Journey into the Science of Mind Over Body*)에서 흥미로운 전환을 보여 줍니다. 유전학과 미생물학 박사 학위를 가진 머천트는 우리 마음이 다른 사람의 마음가짐에 어떻게 영향을 받는지에 대한 연구를 보여 줍니다. 그 실험 중 하나에서, 세 그룹으로 나뉜 과민성 대장증후군 환자 262명에게 각각 다른 치료를 경험하게 했습니다. 첫 번째 그룹은 치료를 받지 않았고 두 번째 그룹은 무신경하고 심드렁한 의료진으로부터 가짜 약임을 아는 상태로 약을 받았습니다. 마지막으로 세 번째 그룹은 따뜻하게 관심을 기울여 주는 의료진에게 알면서도 가짜 약을 받았습니다. 세 그룹 중 어느 그룹이 가장 좋은 결과를 보였을까요? 바로, 마지막 그룹이었다는 것은 이제 여러분께 놀라운 결과가 아닐 겁니다. 이는 우리의 마

---

1   약물에 대한 불신이 실제로 부정적인 결과로 이어지는 것.

음가짐이 자신뿐만 아니라 주변 사람들에게도 영향을 미칠 수 있다는 것을 잘 보여 줍니다.

마음과 물

우리의 마음가짐이 과연 물에 영향을 미칠 수 있을까요? 일본의 연구자 에모토 마사루와 같은 사람은 그럴 수 있다고 믿습니다. 그는 물을 향해 감정을 담아 말을 하면 우리가 갖는 특정 정신 상태에 따라 물의 결정 형성에 영향을 미친다고 주장합니다. 이는 심지어 원격으로도 일어날 수 있는 일입니다. 『과학 탐구 저널』(Journal for Scientific Exploration)에 따르면, 노에틱 과학연구소 (Institute of Noetic Sciences)는 마음의 의도가 원격으로 물 결정에 미치는 영향에 대한 삼중은폐 복제 실험을 수행했습니다. 오스트리아와 독일에서 1,900명의 사람들에게 캘리포니아의 특정 실험실에 있는 물 그릇을 향해 감사의 기도를 하라고 요청했습니다. 긍정적인 의도를 받은 물 그릇들은 수천 마일 떨어진 곳에서 전자기적으로 차폐된 방 안에 보관되었습니다. 실험 이후 얼려진 물은 이에 대한 아무런 정보가 없는 2,500명의 참가자들이 조사했습니다. 참가자들은 이전에 어떤 조건하에서 이루어진 실험인지 전혀 알지 못한 채였습니다. 다른 물 그릇들은 근접 및 원거리 대조

군으로 사용되었습니다. 결과적으로 감사의 기도를 받은 물이 그렇지 않은 물보다 미적으로 더 아름다운 결정을 만들어 냈음이 밝혀졌습니다. 한 사람의 마음이 물에 얼마나 많은 영향을 미치는지 알고 싶은 마음에 저도 호기심 많은 제자 중 한 명에게 비슷한 실험을 하도록 했습니다. 그는 여러 개의 물 그릇을 두고서 한 그릇 옆에서는 40일 동안 매일 만트라를 염송했고, 다른 그릇들에는 그러지 않았습니다. 그러고는 시간이 지나면서 물 그릇들이 어떻게 변하는지를 기록하기 위해 사진을 찍었지요. 만트라를 외워 준 물은 계속 맑았지만, 다른 그릇의 물은 탁해지면서 색이 변하기 시작했습니다.

저는 또 다른 어린 학생과 이 비슷한 실험을 수행하기로 했습니다. 우리는 물컵 두 잔을 준비했고, 저는 그에게 성난 마음으로 한쪽의 물컵에는 소리를 지르고 다른 컵의 물에는 그 반대로 할 것을 지시했습니다. 학생은 아직 아홉 살에 불과했기 때문에, 그의 집중력은 아직 짧았습니다. 금세 지루해져 버린 나머지 실험은 2~3일 정도밖에 진행되지 못한 채 물을 버리게 되었지요! 아마 우리는 그 실험의 결과를 절대 알 수 없을 것입니다. 이는 우리가 어떤 결과를 경험하려면 먼저 주의를 집중할 수 있어야 한다는 것을 보여 줍니다. 이것은 저에게 큰 궁금증을 남겼습니다. 우리의 몸 대부분이 물로 이루어져 있기 때문에 우리가 어떻게 마음먹느냐, 우리가 어떤 말을 하기로 선택하느냐에 따라 우리 자신과 주변에 영향을 미칠 수 있는 것일까요?

현실을 변화시키기

과학적 연구 결과들은 말이 우리 자신과 주변 사람들에게 깊이 영향을 미친다는 것을 확인시켜 줍니다. 말에는 에너지와 의미가 있기 때문에, 말은 그저 말일 뿐 실제로 힘을 가지고 있지 않다고 생각하는 것은 잘못입니다. 우리가 마음을 챙기면서 말을 선택할 때, 그것이 속으로 하는 말이든 밖으로 내뱉는 대화이든지 간에 우리에겐 자신과 다른 사람들에게 더 나은 영향을 미칠 수 있는 힘이 있다는 것을 알아야 합니다. 긍정적인 말은 뇌의 전전두엽을 강화하고 신체적, 정서적 스트레스에 대한 회복탄력성을 끌어올립니다. 신경과학자 앤드류 뉴버그(Andrew Newberg)와 커뮤니케이션 전문가 마크 월드먼(Mark Waldman)이 함께 쓴 책 『왜 생각처럼 대화가 되지 않을까?』(*Words Can Change Your Brain*)는 말이 지닌 힘을 확인해줍니다. 이 두 전문가는 단 한 마디의 말이 정서적, 신체적 스트레스를 조절하는 유전자 발현에 영향을 미칠 수 있다는 증거를 제시합니다. 그들은 또한 생각이 현실을 인식하는 방식을 바꿀 수 있음을 확인시켜 줍니다. 마음속에 긍정적인 관점을 유지하는 일은 우리 뇌에 도움이 될 뿐 아니라 동기 부여까지 해주는

기쁨을 찾는 마음 훈련 가이드

겁니다. 그래서 저는 종종 제자들에게 "강인하고 행복하게 살라!" 는 단순하고 긍정적인 확언을 마음속에 간직하라고 말해줍니다. 마음 훈련의 힘을 믿거든요. 집중해서 하는 명상적이며 분석적인 마음 훈련은 내면의 대화를 마스터하기 위해 마음의 힘을 사용합니다. 이렇게 하는 것은 여러분이 긍정적이고 건전한 생각을 하도록 격려하며, 이로써 행복이 돌아옵니다.

　　　마음 훈련을 하는 수행자들은 가장 불편하고 스트레스받는 상황에서도 행복할 수 있습니다. 오래전 연세가 60세인 동료 수행자를 방문한 적이 있습니다. 치명적인 질병의 말기 단계에 계셨는데 그 병에는 치료법이 없었습니다. 그분이 계신 곳으로 가서 찾아 뵐 때 저는 그분이 분명 신경질적이실 거라 생각했습니다. 병증이 심각했고 오랫동안 음식도 드시지 못했기 때문이지요. 그러나 예상과 달리, 그분은 전혀 신경질적이지 않으셨습니다. 화를 내기는커녕 감사함을 느끼고 계셨지요. "제 나이 60까지 살 수 있었단 사실이 너무나 감사하고 행복합니다. 저보다 일찍 죽는 사람이 얼마나 많습니까. 저는 그저 이렇게 오래 산 것이 기쁠 따름입니다"라고 말씀하셨습니다. 심각한 질병으로 고통받으며 배고픔에 시달리고 죽음을 목전에 둔 채 여러 불편함을 겪으면서도 그분은 여전히 긍정적인 면을 보고 계셨습니다. 마음이 훈련되어 있으면, 문제를 초월하여 우리 삶에서 감사할 일이 많다는 것을 볼 수 있는 힘이 생깁니다. 마음을 훈련하면, 감사의 원천을 열어두고 그것과 함께 오는 기쁨을 만끽할 수 있습니다.

　우리가 하는 선택이 삶에 어떤 영향을 미치는지 배우면서 마음 훈련을 할 것인지 말 것인지에 대한 질문이 생기게 됩니다. 만약 훈련을 한다면, 앞서 언급했던 강화된 내적 능력을 얻게 될 뿐만 아니라, 좋은 결정을 내리는 힘도 기를 수 있습니다. 신경 가소성 과학에 따르면, 마음은 중추 처리 센터의 일부를 형성할 수 있어서 우리 삶에 영향을 미치는 선택에 긍정적인 영향을 줄 수 있습니다. 화난사범대학교 심리학과와 경제학과에서 『프론티어스 인 사이콜로지』(Frontiers in Psychology) 저널에 발표한 연구에 따르면, 마음 훈련을 통해 감정을 조절하고, 공감력을 키우며, 인지 통제와 관련된 뇌 활동을 조절할 수 있다고 합니다. 이는 곧 윤리적 의사결정 능력의 향상으로 이어지는데, 사회적인 영역이거나 개인적인 의사 결정이나 다 적용됩니다. 즉, 마음 훈련은 윤리 훈련이기도 하다는 말입니다. 이 훈련은 거짓말, 도둑질, 상처 주는 말, 잔인한 말을 사용하지 않도록 돕습니다. 이 훈련이 마음(mind)뿐만 아니라 가슴(heart)까지 포함하는 일이라면 더더욱 그렇겠지요. 명상은 우리를 더 곧바로 보게[直觀] 하며, 결과적으로 우리가 건강하고, 정직하며, 현명한 선택을 하는 것을 훨씬 쉽게 만듭니다.

　직관력을 발전시킨 한 수행자의 이야기가 떠오릅니다. 아름다운 결혼식을 하고 싶어 한 젊은 여성이 있었지요. 멋진 예식에 대한 꿈 때문에 결혼을 결심했습니다. 믿을 수 없이 아름다운 결혼식이었습니다. 하지만 그로부터 단 3개월 후, 또 다른 종류의 법적 절차가 이어졌으니, 바로 이혼이었죠! 우울해하며 자신의 잘못된 결정을 한탄하던 그녀는 마음 훈련 선생님을 찾아가는 것이 최선의 선택이라고 생각했습니다. 몇 달간의 마음 훈련 후, 어느 날 그녀는 걷기 명상을 하라는 말을 들었습니다. 그녀가 마음챙김하며 발걸음의 움직임에 주의를 기울여 보도를 따라 걷고 있을 때, 작은 내면의 목소리가 속삭였습니다. "더 이상 한 걸음도 떼지 말아요." 여성은 이 소리를 듣고 즉시 걸음을 멈췄고, 그때 커다란 바위가 바로 그녀 앞으로 떨어졌습니다. 이 목소리는 어떻게 이 상황을 알고 딱 맞힐 수 있었는지 너무나 놀라운 일이었습니다. 여자는 "당신은 누구죠?"라고 물었고, 내면의 목소리는 부드럽게 대답했습니다. "나는 당신의 직관입니다." 그러자 여자는 화를 내며 대꾸했습니다. "내가 결혼할 때는 어디 있었던 거예요?" 분명히, 그녀는 마음 훈련을 하는 동안 분별력이라는 "신통한 능력"을 발전시켰습니다. 그녀가 더 일찍 이런 능력을 기르기 위한 훈련을 시작했더라면 좋았겠지요. 하지만 우리 대부분에게 다 그런 것처럼, 장애물은 늘 길을 막는 법입니다.

인내와 시간

일단 장애물을 극복하고 나면, 우리는 강화된 내적 능력을 얻게 됩니다. 마음을 훈련할 때, 이 연습을 하면 할수록 더 강해질 것입니다. 모든 게 서로 연결된 광대한 우주에서 자신의 자리를 믿으세요. 의심이 든다면, 여러분이 굉장한 전체의 일부이며, 그 안에서 중요한 역할을 맡고 있다는 점을 기억하세요. 컴퓨터의 비유를 떠올려 보세요. 하드웨어 부품이 하나라도 빠지면 작동하지 않을 겁니다. 그리고 우리는 곧 전체의 일부이므로 결과적으로 어떤 것이든 우리가 자신을 개선하기 위해 하는 일은 주변을 개선하는 데에도 도움이 됩니다. 이것이 진실이며, 모든 것이 모든 것에 상호 의존한다는 이 진실을 믿어야 합니다. 그러니 부디, 장애물을 만나더라도 계속 나아가고, 여러분의 수행을 활용하여 그것을 극복하시기 바랍니다.

톨스토이는 『전쟁과 평화』에 이렇게 썼습니다. "인내는 기다림이다. 수동적 기다림은 아니다. 그것은 게으름일 테다. 하지만 힘이 들고 더뎌질 때도 계속 나아가는 것—그것이 인내다. 가장 강력한 두 전사는 바로 인내와 시간이다." 참 유용한 말입니다. 여러분의 진전과 한계에 대해 인내심을 가지되 포기하지 마세요. 배변 훈련이 필요한 어린 아이나 강아지, 새끼 고양이에게 하듯이 인내심을 가지세요. 새끼 고양이가 화장실 밖에서 실수를 했다고

해서 고양이를 해치지는 않습니다. 그렇죠? 익숙해지는 과정에 시간을 좀 주세요. 때로는 시간이 없다고 생각합니다. 행복을 추구하는 과정에서 많은 사람들이 "바쁘다 바빠"를 입에 달고 살면서 고통받습니다. 그러나 사실 우리는 조금씩 시간을 낼 수 있습니다. 수행은 거의 어디서나 할 수 있으며, 가장 좋은 수행은 일상생활에서 하는 수행입니다. 우리는 생각만큼 바쁘지 않습니다. 일과 공부가 시간을 많이 차지할 수 있지만, 때로 우리는 바쁜 것과 개인적 가치를 혼동합니다. A형 워커홀릭[2]이라고 불리는 사람들의 행동이 미화되고 높은 지위의 상징으로 여겨져 왔지만, 이것이 우리에게 최선은 아닙니다. 예를 들어 이탈리아에서는 너무 바쁜 것을 매우 따분한 일로 여깁니다. 아마도 "로마는 하루아침에 이루어지지 않았다"는 말은 그래서 나오지 않았을까요? 그렇다 하더라도 이게 많은 사람들이 살아가는 방식이지만 말입니다.

　　많은 사람들이 학교, 직장, 가정 사이를 오가며 살아갑니다. 우리는 인터넷을 뒤지다가 게임을 하고, 그다음엔 동영상 시청과 소셜 미디어 피드 확인으로 넘어갑니다. 우리의 마음은 기쁨과 평온을 끊임없이 추구하면서 하나의 일에서 다른 일로 넘어가

2　Type-A Workaholic : 일의 덫에 빠지기 쉬운 성향(A타입)을 가진 사람들. 완벽주의자. 야망 있고 공격적이되 조급한 성향을 가진 사람들이 특히 워커홀릭이 될 가능성이 높다.

는 것에 사로잡혀 있습니다. 우리가 정말로 원하는 삶이 무엇인지 생각해 보시길 청합니다. 1년에 한 번 있는 휴가만을 기다리면서 이리 뛰고 저리 뛰는 삶을 원하시나요, 아니면 상황에 관계없이 견고하고 일관된 기쁨이 있는 삶을 원하시나요? 마음을 훈련하고 수행에서 배운 바를 적용하는 것이 우리의 소중한 시간을 훨씬 더 잘 활용하는 방법입니다. 그렇게 된다면 휴가 중이든 교통 체증 속에 있든 상관없이 우리 삶을 즐길 수 있습니다. 우리가 어디에 있든 존재의 기쁨을 누릴 수 있는 것이지요. 대부분의 사람이 깨어 있는 시간의 상당 부분을 보내는 직장이나 학교와 같은 곳에 있을 때도 마찬가지입니다.

지금까지 많은 연구와 이야기, 예시를 읽으셨습니다. 그런데 도대체 요점이 무엇일까요? 요약하자면, 우리는 스스로의 삶을 통제할 수 있다는 말입니다. 왜냐하면 그 통제는 모두 우리의 마음에 기반하기 때문입니다. 갈수록 과학자들은 불교 스님들이 마음에 대해 알고 있던 것에 점점 더 수긍하게 됩니다. 그들은 우리가 마음을 다스리고, 자신뿐 아니라 이 무한한 에너지 네트워크의 일부인 세상 모든 것에 도움이 되도록 마음을 사용할 수 있다는 것을 배웠습니다. 이를 위해서는 자신과 타인에 대한 제한된 관념을 극복하는 것이 좋습니다. 또한 마음(mind)을 길들이고 가슴(heart)을 다루는 것의 중요성을 이해하기 시작해야 합니다. 여러분은 가슴이 드러내는 것을 소중히 여겨야 하며, 이는 마음 훈련을 통해 이룰 수 있는 일입니다. 하지만 현실적이어야 하겠죠. 느리게 가더라도 아예 가지 않는 것보다 낫습니다. 자기 마음의 건강과 삶의 방향에 대해 책임을 지세요. 정기적인 마음 훈련을 통해 점차 여러분은 생각이 쉴 수 있는 둥지를 만들 수 있게 될 겁니다. 그렇게 두려움이 마음 주위를 날아다닐 때, 수행을 할 수 있습니다! 얼마 지나지 않아, 그 두려움은 날아가 버릴 것입니다.

성찰

유독 바람이 많이 불던 어느 날, 스승이 제자들에게 물었습니다. "저 나뭇가지들이 바람에 이리저리 흔들리는 것을 보아라. 무엇이 움직이고 있느냐? 바람이냐, 나뭇가지냐, 아니면 다른 무엇이냐?"

"당연히 바람이지요! 바람이 가지들을 움직이게 하고 있습니다"라고 한 열정적인 제자가 외쳤습니다. "아니요, 움직이는 건 나뭇가집니다. 바람이 움직이는 것은 눈으로 볼 수 없잖아요"라고 다른 제자가 반박했습니다.

격렬한 토론이 이어졌고, 제자들은 이런저런 답을 제시했습니다. 이것을 다 들은 후 스승은 말씀하셨습니다. "바람이 움직이는 것도, 나뭇가지가 움직이는 것도 아니다. 실제로 움직이고 있는 것은 다름 아닌 너희들 마음이니라."

마음은 본래 변덕스럽습니다. 관심사나 감정 등 여러 요인에 따라 자주 변하지요. 생각은 사소한 자극에도 쉽게 날아가 버립니다. 마음을 내려놓으려 할 때 잘 안 된다고 놀라거나 지나치게 걱정할 필요는 없습니다. 처음엔 다 그렇습니다. 천천히 주의력을 늘려 가 보세요.

집중력에 관해서 말하자면… 아, 금붕어를 보세요! 금붕어의 평균 집중력이 9초라는 걸 혹시 알고 계셨나요? 어떤 날은 금붕어처럼 주의력이 이곳저곳으로 튀어다니는 것 같은 기분이 들기도 합니다. 그러나 집중력을 끌어올리는 인간의 잠재력은 금붕어의 뇌와는 매우 다다는 것을 저는 발견했습니다. 제 경험으로 볼 때 같은 대상에 오랫동안 집중을 유지하는 것이 가능하지만, 연습이 필요합니다. 마음은 고도로 집중된 상태로 훈련시킬 수 있습니다. 처음부터 하나의 초점에 주의를 유지할 수 없다 하더라도 걱정할 필요 없습니다. 마음이 방황하고 있다는 것을 알아차릴 때마다 살짝 다시 초점으로 돌아오세요. 그리고 매일 이렇게 연습하세요!

단 몇 분이라도 시간이 있을 때마다 연습을 할 수 있습니다. 이런 종류의 명상은 어디서든 할 수 있습니다. 꼭 집에서 혼자 눈을 감고 가부좌를 틀고 앉을 필요는 없습니다. 마음을 안정시키

기쁨을 찾는 마음 훈련 가이드

고, 꾸준한 알아차림을 유도하며, 집중력을 강화하기 위해 한 가지에 계속해서 다시 집중하는 마음챙김 명상은 마음으로 하는 활동이므로 꼭 앉아 있을 필요는 없습니다. 걸으면서, 일하면서, 요리하면서, 또는 누워서도 연습할 수 있습니다. 물론 누운 자세를 가장 좋은 자세라고 할 수는 없지만 도무지 시간이 없어서 그것밖에 안 되는 상황일 수도 있으니까요. 그렇다면 밤에 침대에 누워서 호흡에 집중하는 연습을 하는 것이 최선일 수 있습니다. 다만 누운 자세라도 예민하게 집중을 유지해야 하며, 잠들지 않도록 노력해야 합니다. 마음이 너무 산만하다면, 내면의 목소리나 필요하다면 외부 목소리로 초점을 맞춰 보는 것도 한 방법입니다. 천천히 1부터 25까지 반복해서 세어 보세요. 이것을 5분이나 10분 동안 하세요. 숙달되면 사과와 같은 물체를 시각화하고 그것에 집중할 수 있습니다. 하루 종일 편안하게 할 수 있는 만큼, 현재 하고 있는 일을 초점 삼아 연습해 보세요. 9초 이상 집중할 수 있다면, 금붕어보다 훨씬 더 잘하고 계신 겁니다!

9장. 배려하고 나누기

마음 훈련(mind training)을 하는 데는 가슴 훈련(heart training)이 포함됩니다. 달라이 라마께서는 말씀하셨죠. "다른 사람이 행복하기를 바란다면 자비를 실천하세요. 여러분 자신이 행복하기를 바란다면 자비를 실천하세요." 우리가 살고 있는 사회는 더 좋은 집과 더 비싼 자동차가 좋은 삶에 필요한 것이라고 믿게 만듭니다. 혹은 최신 유행하는 옷, 첨단 기기, 맛있는 음식, 또는 더 높은 급여가 우리를 행복하게 하는 것이라 세뇌를 당하기도 합니다. 사회의 일반적인 기준들은 우리로 하여금 더 많이 소비할수록 더 행복해진다는 것을 믿도록 합니다. 블랙 프라이데이 같은 세일 행사는 그래서 위험한 겁니다. 그러나 실상 얼마나 많이 소비하느냐는 그다지 중요한 게 아닙니다. 물건으로는 결코 우리 내면의 공허함을 채울 수 없습니다. 몹시 더운 날 아이스크림을 먹으면서 잠깐 만족감을 느낄 수 있겠지만, 유제품을 소화하지 못하는 사람이라면 그 즐거움은 더 찰나적인 것이 되겠죠. 이런 유의 즐거움은 우리가 구하려는 것이 아닙니다. 물질적인 세계에서는 지속적인 기쁨을 찾을 수 없습니다. 하버드 의과대학의 제시카 세러타니(Jessica Cerretani)가 감정의 과학에 대해 수행한 연구에 따르면, 행복은 여러 요인과 관련이 있습니다. 일부 요인은 마치 진화처럼 우리가 쉽게 통제할 수 없는 것들입니다. 예를 들어, 인간이 비관주의적인 성향을 갖게 되는 건 부분적으로 생존 본능 때문입니다. 하지만 통제할 수 있는 다른 요인들도 있습니다. 행복보다 슬픔을 연구하는 것이 더 유리하다는 이유로 이 주제에 대한 데이터가 더 적긴 하지만, 연구자들은 기쁨이 부분적으로 건강한 관계에서 비롯된다는 것을 발견한 바 있습니다. 보살펴 주는 어머니나 친구와의 따뜻한 정서적인 관계는 우리의 슬픔을 기쁨으로 변화시킬 수 있습니다.

감정은 전염됩니다. 하버드 의과대학의 의료사회학 및 의학과 교수인 니컬러스 크리스타키스(Nicholas Christakis)는 사회적 네트워크 내에서의 감정 전염에 대한 연구를 했습니다. 그의 연구는 감정이 공동체를 통해 퍼진다는 것을 시사합니다. 마음을 훈련하는 사람들에게 이는 지극히 좋은 소식입니다! 마음 훈련은 긍정적인 영향을 전파하는 능력을 강화합니다. 자기 고착(self-fixation)이나 자기 동정(self-pity) 같은 것들을 없애고 자기 외부의 다른 사람들을 고려하도록 마음을 훈련시킵니다. 삶에서 진정한 만족

기쁨을 찾는 마음 훈련 가이드

을 얻고 싶다면 다른 사람들에게 관심을 기울이는 것이 필수입니다. 우리가 느끼는 기쁨과 주변 세계의 정신적, 감정적 성향 사이에는 깊은 연관성이 있습니다. 가족 중 한 사람이 불만족스러워하면, 그 불만족은 다른 사람에게 쉽게 전염됩니다. 그런데 한 사람이 행복하다면… 말하지 않아도 아시겠죠. 사회 집단 내의 정신적, 감정적 성향은 전염되는 것이기 때문에 우리는 강인하게 살아갈 필요가 있습니다. 부정적인 영향으로부터 마음을 지킬 수 있어야 하니까요. 이를 위한 가장 좋은 방법 중 하나는 연민심을 키우는 것입니다. 고통을 겪는 것이 나 하나만이 아니라는 것을 깊이 이해하도록 마음을 훈련합니다. 어려움을 겪는 데에 있어서 예외는 없습니다.

피할 수 없는 것을 다루는 훈련

어린 자녀를 병으로 잃은 후, 엄청난 고난과 절망을 겪고 슬픔에 잠긴 한 어머니가 있었습니다. 자식을 너무나 사랑했기에, 그 상실은 극심한 충격이었지요. 깊은 절망에 빠진 어머니는 자신의 아이를 다시 살려 줄 수 있을 거라고 믿으며 누군가를 찾아갔습니다. "제발요! 제 아이가 최근에 세상을 떠났습니다. 부디 제 아이를 살려 주십시오!" 어머니는 간청했지요. 눈에 넣어도 아프지 않을 아이를 잃은 어미의 슬픔을 느낀 그 사람은 친절히 대답했습니다. "네, 그러겠습니다. 지금까지 죽음을 한 번도 경험하지 않은 누군가의 집에서 겨자씨를 가져오신다면 당신의 소중한 아이를 다시 살려 드리겠습니다." 희망으로 가득 찬 이 어머니는 먼 곳까지 다 찾아다녔지만 무용한 일이었습니다. 자신이 만난 많고 많은 사람 중 사랑하는 이를 잃어 보지 않은 이는 없었습니다. 하여, 그녀는 긴 여정 끝에 마침내 깨닫게 되었죠. 그런 겨자씨는 존재하지 않는다는 것을요. 모든 사람이 비슷한 어려움을 겪는다는 것을 이제 완전히 이해하게 된 것입니다.

뉴스는 우리에게 모든 사람이 어려움을 겪는다는 것을 끊임없이 생각하게 합니다. 하지만 그런 비극을 보는 것만으로 고통을 느낄 수 있다는 것을 알고 계신지요.『국제행동의학저널』(International Journal of Behavior Medicine)의 연구에 따르면, 뉴스는 우리에게 좋지 않습니다. 아틸라 사보(Attila Szabo)와 케이티 홉킨슨(Katey L. Hopkinson)은 뉴스 시청이 부정적 감정을 지속적으로 유발하며, 이는 직접적인 심리적 개입을 통해서만 변화될 수 있음을 연구를 통해 밝혀 낸 바 있습니다. 실험은 두 그룹의 사람들에게 15분 동안 무작위로 뉴스를 시청하게 합니다. 시청 이후 모든 참가자들은 불안과 기분 장애(TMD)를 경험했으며, 긍정적 정서가 감소했습니다. 한 그룹은 점진적 이완 운동에 참여함으로써 이러한 부정적 결과에서 벗어났지만 대조군은 그 후 강의에 참석했

기쁨을 찾는 마음 훈련 가이드

음에도, 아무런 도움을 받지 못했습니다. 비극적 사건이 헤드라인을 지배하는 와중에 감정은 전염성이 있으므로 부정성이 시청자에게 전달되는 것은 당연한 일인 것이죠.

　　다른 사람들의 비극에 대한 많은 뉴스가 우리에게 그토록 강한 영향을 미치는데, 우리는 왜 여전히 자신을 다른 사람들과 분리된 것으로 인식할까요? 뉴스를 보지 않더라도, 아픈 직장 동료나 고통을 겪는 사람을 만나면 우리의 마음도 힘들어집니다. 그들과의 정신적, 감정적 연결을 어떻게 부인할 수 있을까요? 모든 존재가 하나로 연결되어 있음을 깊이 이해한다면, 우리가 세상에 미치는 영향도 생각해 볼 수 있습니다. 마음 훈련은 이러한 질문들에 답하는 데 도움이 됩니다. 마음을 훈련하는 데 있어 큰 부분을 차지하는 것은 일상생활의 일부인 피할 수 없는 정신적·감정적 문제들을 다루는 데 필요한 통찰력을 강화하는 것입니다. 이러한 종류의 마음 훈련을 할 때, 우리는 지혜와 자비 모두를 발전시킬 수 있습니다. 둘 중 하나만으로는 충분하지 않습니다. 감정(정서) 지능을 키우려면 둘 다 필요하기 때문입니다. 제가 따르는 불교 전통에서는, 진리의 지혜를 향해 마음 훈련을 할 때 우리의 가슴(heart)을 향하도록 합니다. 우리는 지혜롭게, 집중하여 분석적으로 사유하는 훈련을 통해 세상과 건강하게 관계를 맺을 수 있습니다. 이러한 마음 훈련을 정기적으로 실천하면 우리는 일상의 문제들을 견디고, 그것들을 기쁨으로 변환시킬 수 있게 됩니다.

예기치 못한 선물

다른 사람들을 배려하도록 훈련된 마음이 어떻게 작용하는지를 여행 중에 경험한 사건이 있었습니다. 네팔에서 티베트로 돌아가는 비행기를 타기 위해 공항에 있을 때였지요. 다른 모든 사람들처럼 저도 보안 검색대를 통과해야 했습니다. 보안요원 중 한 명이 제 수하물에서 아주 좋은 스위스 군용 칼을 발견했습니다. 그는 제가 그 칼을 가져갈 수는 있지만, 수하물 체크인 구역으로 돌아가서 양식을 작성하고 다른 곳으로 가야 한다고 했습니다. 과정이 너무 길고 복잡했습니다. 애초에 그 칼이 어떻게 제 가방에 들어갔는지도 몰랐던 터라 저는 보안요원에게 그 칼을 선물했습니다. 그 사람이라면 더 유용히 쓸 수 있을 것 같았거든요. 예상치도 못한 유용한 선물을 받고서 그의 얼굴은 환히 빛났습니다.

비행이 끝나고 도착해서 어머니께 전화를 드렸습니다. 어머니는 수하물 가방에 몰래 넣어 둔 선물을 보았느냐고 자못 흥분하셔서 물으셨습니다. 그제서야 어머니가 말씀하시는 것이 그 스위스 군용 칼이라는 것을 알아차렸지요. 어머니의 선물을 남에게 준 것이 마음에 걸렸지만, 저는 감사의 마음을 표하고 그런 좋은 선물에 얼마를 쓰셨는지 여쭈어 보았습니다. 어머니는 스위스 돈으로 50프랑, 즉 네팔 돈으로 수천 루피를 쓰셨다고 하셨습니다! 이는 어머니께 아주 큰돈이었습니다. 어머니와 통화를 하는 처음

몇 분 동안은 그렇게 많이 고심해서 골라 주신 비싼 선물을 남에게 줘 버린 것을 후회했습니다. 그러나 이내 저의 훈련된 마음은 빠르게 이 일의 긍정적인 측면을 생각하기 시작했습니다. 보안요원이 그토록 좋은 선물을 받고 행복에 빛나던 모습을 떠올렸습니다. 그리고 그가 어떤 스님으로부터 이렇게 예상치 못한 것을 받았다고 가족과 친구들에게 이야기할 것을 생각했습니다. 그들이 함께 얼마나 기뻐할지 상상했습니다. 그 보안요원을 생각하자 기쁜 마음이 들었습니다. 그리고 이렇게 생각할수록 기분이 더 좋아졌습니다. 지금도 이 경험을 돌아보면 좋은 감정이 듭니다. 이렇게, 마음이 가슴을 향하면 선의를 일으키고, 그에 따라 기쁨을 느끼게 됩니다.

공감적 이해

마음 훈련의 큰 부분은 살아 있는 한 모두가 고난과 상실을 겪는다는 냉정한 사실을 받아들이는 것입니다. 저는 스위스 군용 칼을 잃었을지 모르지만, 저의 마음은 잃지 않았습니다. 가장 큰 상실은, 배려하는 마음을 잃는 것입니다. 자신이 느끼는 고통이 다른 모든 사람들이 견디는 것과 같은 고통이라는 것을 생각하지 않는다면, 우리는 친절함과 연민을 잃을 수 있습니다. 자신의 고통을 안다는 것은 곧 다른 이들의 고통을 안다는 것임을 기억하세요. 이는 특히 힘든 시기를 보낼 때 더 어려워집니다. 강한 연민의 마음을 아직 일으키기 전이라면, 고통에 대처할 내면의 도구가 부족한 까닭에 자신을 동정하거나 비난하는 마음에 기대게 되기 때문입니다. 힘들 때, 자신이 피해자라고 느끼는 것은 심각한 탐진치(GAS)를 유발하며, 이는 다른 이들의 고통을 보지 못하게 할 수 있습니다. 그렇기 때문에 여러분 자신과 주변의 모든 사람이 같은 배를 타고 함께 폭풍우 치는 바다를 항해하고 있다는 걸 이해해야 합니다. 여러분의 행복은 이것을 이해하는 데 달려 있다는 것을 아는 것이 중요합니다. 불행은 우리 안에 'GAS'를 차게 만들지만, 통찰력과 그것이 제공하는 진실이 성장할 때, 우리는 공감적 이해 안에서 성장할 수 있습니다.

　　마음을 훈련한다는 것은 가슴을 훈련하는 것을 의미합니다. 우리가 함께하는 존재라는 이 소중한 앎에 대한 깊은 인식을 발전시키는 것은 모두를 향한 우리의 사랑, 친절, 연민을 만들어냅니다. 이러한 하나됨의 진리에 대한 습관적 사고가 만들어지면, 삶의 어려움들을 마주할 용기를 불러일으킬 수 있게 됩니다. 이는 여러분의 자신감을 키우고 다른 이들에게 긍정적인 영향을 미치는 의미 있는 행동을 하도록 촉구합니다. 그러니까 제가 연민이라고 말할 때, 그것은 단순히 누군가의 고통을 느끼는 것만을 뜻하는 것이 아닙니다. 물론 이 또한 포함되는 것이기는 하지만요. 제가 말하는 것은 단순한 공감이 아닙니다. 겉으로 보이는 것 너머 우리 모두가 고통받는 존재라는 것을 진정으로 인식하는 것입니다. 연민은 배려하고 나누는 의지적인 행동입니다. 그것은 누군가를 민감하게 대하고 그들의 상황에 따라 그들이 가장 필요로 하는 바로 그것이 되어 주기로 하는 진심 어린 선택입니다.

코로나19 팬데믹이 절정에 달했을 때, 사람들은 격리 중인 다른 이들의 기운을 북돋우기 위해 발코니에서 노래를 불렀습니다. 이는 우리의 배려하려는 성향을 보여 주는 강력한 증거 중 하나입니다. 지친 의료진들을 향해 보여 준 군중의 격려는 우리의 타고난 연민을 증거합니다. 만약 이러한 행동들의 가치를 보기 어렵다면, 여러분은 배려하는 마음을 잃어버린 것일지 모릅니다. 공감적 이해 없이 우리 마음은 불안정하고 과민해질 수 있습니다. 다른 이들과의 진정한 연결을 완전히 이해하지 못하고 오직 혼자서만 어려움을 마주하고 있다고 느낄 수 있죠. 자신만을 생각하는 것은 정신적 불안정을 야기하여, 환경의 작은 변화 하나에도 감정적으로 혼란스러워지고, 일희일비하게 됩니다. 이런 종류의 불안정이나 지속적인 변화 상태를 소위 "감정의 롤러코스터"라고 부릅니다. 마음과 가슴은 가깝습니다. 우리 자신과 타인처럼 말이죠. 여러분의 마음은 가슴에 영향을 미치고, 그 반대도 마찬가지입니다.

삶에서 사랑과 연민이 부족할 때, 우리는 엄청난 정신적 어려움과 고통스러운 괴로움을 경험합니다. 아동과 유아 방치가 미치는 지속적인 영향에 대한 심리학적, 의학적 연구가 상당히 많이 있습니다. 기본적인 욕구가 충족되더라도, 애정이 부족한 아기들은 더 높은 사망률을 보입니다. 방치에서 살아남은 아기들은 사회적으로 위축되고, 충동을 조절하는 능력이 낮으며, 감정 조절의 문제를 겪고, 대처 능력이 떨어집니다. 게다가 낮은 자존감, 분노 발작, 자기 학대, 낮은 학업 성취도와 같은 것들로 평생을 고통받습니다. 여기에서 우리는 배려와 나눔이 얼마나 강력할 수 있는지 알 수 있습니다. 이번 장의 배려와 나눔을 연습하면서, 여러분은 가족이든, 지역사회든, 친구든, 다른 누구든 간에 주변 사람들의 고통에 대해 생각하는 일을 시작할 수 있을 겁니다. 꾸준히 하다 보면 연민이 점점 커져서 결국에는 사랑의 감정을 느끼게 될 것입니다. 이러한 연결을 이해한다 하더라도 많은 사람들은 연민을 훈련하는 방법을 모릅니다. 이런 수행은 명상이나 마음 훈련이 단순히 자기 마음만 편하자고 조용히 앉아 있는 것이 아니라는 것을 알게 합니다.

자비에는 지혜가 필요합니다

자비 명상으로 세간의 이목을 끌던 사람이 있었습니다. 어느 작은 시골 마을에 자비 명상을 집중적으로 하는 명상가가 방문 중이라는 소문이 퍼졌습니다. 이 사람은 며칠 동안 마을 광장에서 눈을 감고 가부좌를 틀고 앉아 있었는데, 어느 날 호기심 많은 구경꾼이 질문을 했습니다. "자비 명상에 이토록 집중하셨으니, 만약 아이패드가 두 개 있다면 필요한 사람에게 하나를 주시겠습니까?" 명상가는 대답했습니다. "네, 물론이지요." 다른 사람도 물었습니다. "컴퓨터가 두 대 있다면, 하나를 나누어 주시겠습니까?" 명상가는 또다시 전과 비슷한 대답을 했습니다. "네, 두말할 것도 없이요!" 이 명상가에 대해 여전히 궁금해하던 구경꾼이 물었습니다. "스마트폰이 두 대 있으면요? 그것도 마찬가지인가요?" 명상가는 즉시 대답했습니다. "스마트폰이요? 아니요, 그건 나눠 드리지 않을 거예요." 갑작스럽게 인색해진 명상가에게 놀라 마을 사람이 물었습니다. "아이패드와 컴퓨터는 기꺼이 하나씩 나누어 주겠다고 하셨잖아요. 보통 그것들이 훨씬 더 비싸다고요! 그런데 왜 스마트폰은 필요한 사람에게 나눠 주지 않으시겠다는 거죠?" 명상가가 대답했습니다. "음, 그건 제가 실제로 아이패드나 컴퓨터를 가지고 있지 않기 때문입니다. 하지만 스마트폰은 여러 대 있거든요." 분명, 자비를 실천하는 데는 여러 수준이 있는 것 같습니다.

이 명상가가 지금까지 실천보다는 이론에만 집중했던 건 명백해 보이지요. 하지만 우리는 어디서라도 시작해야 합니다. 먼저, 가장 기본이 되는 수준, 그러니까 우리 마음의 수준에서 연습을 시작해야 합니다.

처음 연민심 훈련은 온전히 정신적 차원에서 이루어집니다. 마음 훈련이 현실화되는 것은 필요한 사람에게 주기 위해 가슴(heart)을 사용할 때입니다. 이러한 높은 수준에 도달하면, 분석적 추론과 비판적 사고 능력을 활용하여 우리의 관대함이 유용한 것인지 아닌지를 평가하는 것이 필수적입니다. 지성을 온전히 쓰지 않고 오로지 가슴으로 실천만 하는 것에는 상당한 위험이 따릅니다. 현실적 상황을 고려하는 것이 중요합니다. 먼저 분석을 하지 않고 누군가, 혹은 무언가를 완전히 신뢰해서는 안 됩니다. 저는 세라 제 대학에서 가르치면서 지혜 없는 자비의 위험성을 알게 되었습니다.

한번은 승원에 거지 한 사람이 와서는 자기 어머니가 병원에 계시다며 치료비 지원이 필요하다고 말했습니다. 어찌나 안됐던지, 그의 말이 사실인지 따져 보지도 않은 채였습니다. 자세한 내용을 확인하지도 않고서 저는 일단 300루피를 주고 나중에 더 도와주겠다고 했습니다. 어서 빨리 병원에 계신 어머니께 이 돈을 가지고 가고, 거기서 영수증을 가지고 오면 계속 재정적 지원을 해주겠다고 약속했지요. 그는 자신의 이름과 주소를 남기고

기쁨을 찾는 마음 훈련 가이드

떠났습니다. 한두 시간쯤 지나자 이에 대한 의심이 문득 올라오기 시작했습니다. 다른 이에게 그가 준 정보가 사실인지 알아보라고 했지요. 한 시간 후, 전화를 받고 제가 속았다는 것과 그 사람이 준 이름과 주소는 존재하지 않는다는 것을 확인했습니다. 그는 잘 알려진 사기꾼이라고 하더군요.

그때 저는 "내가 어떻게 이렇게 쉽게 속아 버린 거지?" 의아할 정도였습니다. 모든 일에 신중하게 접근해야 하는 건 이런 이유 때문입니다. 비록 사기를 당하긴 했지만 저는 "아, 이 사람은 나에게 진정한 교훈을 준 사람이구나" 생각했습니다. 지혜와 자비의 중요성에 대한 가르침을 수년간 공부하면서도 깨닫지 못했던 근본적인 것을 이 경험을 통해 진정으로 배웠습니다. 진정한 분별력은 단순히 친절한 가슴뿐 아니라 현명한 마음도 함께 사용하는 것에서 나온다는 것을요. 만약 가슴이 가는 대로만 판단하게 되면, 지적이고 균형 잡힌 건강한 선택을 할 수 없습니다. 그래서 실제 경험이 그토록 소중한 것이지요. 그것은 우리로 하여금 정신적 훈련을 넘어설 수 있게 해줍니다. 저는 그 사기꾼을 감사히 여깁니다. 몇 달 후, 어딘가에서 그를 우연히 만났습니다. 저는 그에게 많은 것을 가르쳐 줘서 고맙다고 말했습니다. 보셨다시피, 자비를 실천하는 데 있어 지성을 사용하는 것이 매우 중요합니다.

자비는 어느 정도 이성적 분석에 의존하는 면이 있습니다. 그래서 분석적이고 명상적인 마음 훈련에 가슴 훈련(heart training)

이 포함됩니다. 여러분에겐 지적인 가슴이 필요한 겁니다! 만약 앞에 있는 사람의 정직성이 의심스럽다면, 꼭 자선을 베풀지 않아도 괜찮습니다. 돈을 주느냐, 주지 않느냐는 우리 수행과는 관계가 없습니다. 우리가 더 높은 수행 단계에 도달하게 되면 적절한 도움을 주는 것은 자연스럽게 이루어집니다. 그때는 이런 모든 이성적 분석도 필요 없게 되겠지요. 직관적으로 필요한 것을 망설임 없이 줄 수 있게 될 테니까요. 말씀드리건대, 이것은 매우 높은 수준의 성취입니다. 그리고 주의하실 것이 있습니다. 지혜와 자비를 통합하는 단계에 도달하기 전에는 후회하는 일이 생길 수 있습니다. 제가 사기꾼에게 돈을 줬을 때처럼요. "아, 속았구나! 이렇게 내가 어리석게 관대하지 말았어야 했는데!" 하고 생각할 수 있습니다. 이로 인해 수행을 포기할 수도 있는데요, 초기 단계에서는 바깥으로 드러나는 행동을 하기보다는 마음속에 자비심을 일으키는 것이 더 중요합니다. 그렇지 않으면, 갈등이나 오해가 일어나, 마음으로 이해한 것들이 방해를 받게 될 수 있습니다.

저희 아버지도 전에 이런 것으로 많이 고생을 하신 바 있습니다. 예전에는 어머니와 자주 다투셨는데, 자비 수행을 시작하신 이후로는 방어적이 되거나, 침묵하거나, 반박하는 대신 어머니의 관점을 이해하기 위해 어머니의 말에 주의를 기울이려고 노력하십니다. 어머니께 말씀할 기회를 드리는 거지요. 그 결과, 두 분의 다툼은 이제 빨리 끝납니다. 자비는 다른 사람을 이해하기 위

기쁨을 찾는 마음 훈련 가이드

해 시간과 노력을 들이는 것에서 시작됩니다. 진정으로 경청하는 것입니다. 공동체의 구성원, 사랑하는 사람들, 친구들과 함께 시작하세요. 여러분 주변의 세상에 주의를 기울이도록 훈련해야 합니다. 다른 사람들을 생각하고, 경청하고, 이해하도록 마음을 훈련하세요.

나눔과 돌봄

누군가를 진정으로 배려하기 위해선 그 사람의 입장을 이해하려 노력해야 합니다. 주의 깊게 듣고 고려하는 것이 매우 중요합니다. 제가 승원에서 가르칠 때의 일이 생각납니다. 한 십대 학생이 갑자기 평소답지 않게 딴생각을 하고 공부에도 소홀해졌습니다. 처음엔 수업에 집중하지 않더니 이내 수업을 완전히 빠지기 시작했지요. 무슨 일이 있는 거냐고 물어보아도 학생은 뚱하게 묵묵부답이었습니다. 처음에는 으레 찾아오는 청소년기의 불안감이겠거니 여기고 그 학생을 진정으로 괴롭히는 것이 무엇인지 알아보지 않았습니다. 그의 불량한 태도와 좋지 않은 학업 성과에 대해 나무라기만 했지요. 이것은 그 학생과 더 멀어지는 결과를 낳았습니다. 저는 이제 걱정이 되기 시작해 주변에 사정을 알아보았습니다. 일주일 정도 지나 동료로부터 그가 그토록 우울해한 이유가 어머니에 대한 걱정 때문임을 알게 되었습니다. 최근 집에 방문했을 때 아버지가 어머니를 무지막지하게 폭행하는 것을 목격한 후, 그 잔상에 시달리고 있노라고 고백했다더군요. 어찌나 심각한 상황이었는지, 학생의 어머니는 신장에 손상을 입을 정도였습니다.

다친 어머니의 신변에 대한 걱정 때문에 그가 학업은 물론 어떤 것에도 집중하지 못했다는 것을 그제야 깨달았습니다. 그의 사정을 듣고 난 후, 저는 연민심을 가지고 그에게 다시 다가갔습니다. 따로 불러서 어머니가 걱정되는 것이냐고 조심스럽게 물어보았습니다. 진심 어린 관심과 염려에 학생은 눈물을 터뜨렸습니다. 그 순간부터 그는 자신의 고통스러운 감정을 저와 나누었고, 이는 저로 하여금 그를 아끼는 마음이 더 커지게 만들었습니다. 저는 이러한 나눔과 돌봄의 상호 작용에서 많은 것을 배웠습니다. 이는 제가 연민으로 이해한다는 것의 중요성을 더욱 깊이 파악하는 데 도움이 되었습니다. 연민은 고통받는 사람들에게만 도움이 되는 것이 아닙니다. 그것은 또한 여러분에게 감정적으로 성숙하고 마음을 강화할 수 있는 소중한 기회를 제공합니다. 다른 사람을 돕는 것이 여러분을 돕는 것이지요.

친절과 자비

연민은 항상 우리의 상호 연결성이라는 가장 깊은 진실을 다룹니다. 그것은 우리 인간 정신을 고양시키지요. 극심한 고난의 시기에도 자비가 행해졌던 역사적 증거가 있습니다. 빅터 프랭클의 책 『죽음의 수용소에서』(*Man's Search for Meaning*)는 나치 독일의 강제수용소 내의 끔찍한 고통 속에서도 돌봄과 친절의 가치가 있었음을 강조합니다. 그는 강제수용소에서 살아남은 사람들이 그곳에서 다른 이들을 위로하는 걸 택한 자비로운 이들이었음을 기억한다고 썼습니다. 그들은 굶주림에 직면해 있으면서도 마지막 빵 한 조각을 나눠 준 사람들을 기억했습니다. 이러한 따뜻한 마음을 가진 사람들이 보여 준 자기희생은 자비가 언제든지 우리가 선택할 수 있는 것임을 확인시켜 줍니다. 그것은 인류의 마음에 남아 시간을 초월해 우리에게 울림을 줍니다. 빅터 프랭클은 이렇게 썼습니다. "우리에게서 모든 것을 빼앗더라도 한 가지만큼은 빼앗을 수 없다. 그것은 마지막 인간의 자유이다. 어떤 상황에서도 자신의 태도를 선택하고, 자신의 길을 선택할 자유." 강제수용소 생존자였던 빅터 프랭클은 인류의 영웅적 본성을 목격했습니다. 그는 우리가 무관심을 극복하고, 현명한 선택을 하며, 짜증을 참고, 심각한 스트레스 상황에서도 선택의 자유를 지킬 수 있는 능력을 보았습니다. 어려운 상황에서도 우리에게는 자신의 개인적인 어려움을 넘어서 다른 사람을 진심으로 배려할 수 있는 선택권이 주어집니다. 자신의 목숨이 직접적으로 위협받는 상황에 처한 사람들이 이 정도의 친절과 자비를 실천할 수 있다면, 분명 여러분도 할 수 있습니다!

　　우리는 종종 연민을 세계 반대편의 재난 피해자들을 위해 느껴야 하는 것이라고 생각하곤 합니다. 그런데 사실, 우리의 따뜻한 마음이 가장 필요한 사람들은 바로 우리 앞에 있습니다. 바로 우리 가족, 친구들, 동료들, 그리고 이웃들이죠. 타인에 대한 배려는 그들의 문제와 관점을 이해하기 위해 경청하는 것에서 시작됩니다. 만약 같은 상황에 있는 사람들이라면 서로를 이해하기 쉽겠지요. 하지만 우리는 서로 전혀 다른 관점과 환경을 가진 존재들입니다. 그런 만큼 다른 사람을 진정으로 공감하는 것은 실제로 엄청나게 어려운 일입니다. 더군다나, 여러분의 마음이 여러분이 이해하고자 하는 사람과 정반대일 때는 특히 그렇습니다. 그럼에도 연민은 항상 누군가의 고통의 깊이를 이해하는 것에서 시작됩니다. 가장 가까운 사람들부터 시작해 보세요.

　　얼마 전 일인데요, 제가 사는 곳에서 휘발유 부족 사태가 생겼습니다. 제 동생과 저는 연료가 필요해서 주유소에 갔고, 거기서 4시간을 줄을 서서 기다려야 했습니다. 마침내 주유기 앞에 섰을 때, 직원은 우리에게 겨우 15리터 정도의 휘발유만 줬습니다. 주유를 마치고 아직도 기다리고 있는 다른 사람들을 보면서 제가 말했습니다. "고작 이만큼의 기름을 받으려고 이렇게 오래 기다려야 하니 무척 힘드시겠습니다." 그 사람은 대답했죠. "아이구, 아니에요. 지금은 그래도 훨씬 나아요! 예전에는 10시간을 기다려야 했거든요!" 이는 같은 상황에 처해 있더라도 사람들은 서로 다른 관점, 때로는 상반되기까지 한 시각을 가질 수 있음을 보여 줍니다. 사람마다 관점이 서로 다른 것은 일반적인 일입니다. 그러니 다른 이들을 공감하고 이해하도록 노력을 기울여 보세요.

우리는 대체로 자기중심적이고 자아를 보호하려는 경향이 있기 때문에, 다른 사람의 말을 듣는 게 쉽지만은 않습니다. 특히 누군가가의 비판을 들을 때는 더욱 그렇지요. 우리는 비판에 본능적으로 혐오와 방어적인 태도로 반응합니다. 하지만 듣기를 거부하는 것은 상황을 더욱 어렵게 만들 뿐이지요. 단순히 사람들이 하는 말을 듣는 게 문제가 아니라, 그것이 자신에 대한 비판인 경우에도 그들이 전달하는 내용을 이해했음을 기꺼이 인정해야 합니다. 연민심으로 이해해 보려는 수행을 더 많이 할수록 우리 내면의 힘은 더 강해지고, 껄끄럽게 느껴지는 사람들에게도 마음을 확장할 수 있게 됩니다. 단순히 관심을 갖는 것이 아니라, 그들의 짐을 함께 나누는 것입니다. 그들이 원하지 않는 조언을 하는 것이 아니라, 여러분의 시간과 관심을 나누고, 그들의 고민을 함께 짊어지는 것입니다. 힘들어하는 사람들이 있다면, 그들과 함께 힘들어하면서 더 깊이 이해하려고 노력해 보세요. 이해를 하게 되면, 연민심이 우리로 하여금 타인의 고통을 덜어 주고 싶게 만듭니다. 그리고 때가 되면, 두 사람은 함께 미소를 나눌 수 있겠지요.

세상과 하나 되기

우리는 우리를 둘러싼 세상과 관계를 맺고 살아갑니다. 이 말은, 우리의 행복이 우리 주변의 안녕에 달려 있다는 겁니다. 주변 사람들이 고통받을 때, 우리도 고통받습니다. 하지만 우리가 싫어하고 혐오하는 사람들까지 끌어안는 보편적 자비심을 일으키는 것은 결코 쉬운 일이 아닙니다! 만약 이게 쉬운 일이라면 뒤에 바짝 따라와서 경적을 울려 대는 운전자나, 무례하게 우리에게 손가락 욕을 하는 사람, 심지어 강도한테도 관심을 갖고 배려를 할 수 있을 테니까요. 처음에는 자비의 능력을 계발하기 위한 마음 훈련이 힘들게 느껴지실 겁니다. 그것이 바로 이 수행을 가장 가까운 사람들부터 시작해야 하는 이유입니다. 자기 자신, 가족, 반려동물, 그리고 이웃들에서부터 시작하세요. 돌봄과 나눔으로 마음을 돌리는 수행을 더 많이 할수록, 우리 내면의 힘이 더 강해져서 불쾌하게 여기는 사람들에게도 마음을 확장할 수 있게 됩니다.

　　수행을 하는 동안, 마음(mind)과 가슴(heart)의 연결을 의식하는 것이 매우 중요합니다. 마음(mind)을 제대로 훈련하기 위해서는 돌보고 나누는 가슴(heart)을 발전시켜야 합니다. 한번은 신문에서 사람의 운동 에너지로 작동하는 시계에 대한 기사를 본 적이 있습니다. 그걸 보고 저는 생각했지요. 우리 세상이 자비의 에너지로 작동한다면 어떨까 하고요. 그러면 이 세상이 얼마나 좋아질까요? 제 생각에 아마 세상은 모두에게 대단히 좋은 곳이 될 겁니다. 그러니 여러분은 다른 존재들을 소중히 여기도록 마음을 훈련해야 합니다. 이렇게 마음을 훈련할 때, 우리는 세상과의 일체성을 인정하고 신뢰하게 됩니다. 이러한 통찰력을 발견하면, 세상이 우리의 마음뿐 아니라 따뜻한 가슴의 온기까지도 반영하고 있음을 보게 될 겁니다.

현명한 마음과 친절한 가슴을 통해 변화해 나갈 때, 우리는 더 많은 행복감을 느낍니다. 그러면 우리 바로 옆에 있는 주변 사람들도 기쁨을 느끼게 되지요. 가까운 사람들이 기쁨을 느끼면, 공동체 전체가 이 행복을 반영하기 시작합니다. 믿기 어렵겠지만, 이렇게 계속해 나간다면 온 국민, 나아가 전 세계가 그렇게 될 것입니다. 우리는 우리 자신뿐 아니라 다른 사람 모두를 위해 고통을 없애고 진정한 기쁨을 키울 잠재력을 지니고 있습니다. 이를 위해서 우리는 의미 있는 삶의 방식을 가꿔야 하겠지요. 지혜와 자비를 통해 성장할 수 있도록이요. 그렇다면 이 변화를 위해 도움이 되는 방법들이 필요할 겁니다. 이해, 진실함, 희망, 단결, 현존

(presence), 친절, 일관성 등을 증진시킬 수 있는 검증된 방법이 필요하겠지요. 이 방법은 이 책의 마지막에 자세하게 설명되어 있습니다. 행복은 주어지는 것이 아니지만, 결단력과 마음 훈련 수행을 통해 여러분은 분명 지혜와 자비로 마음을 돌릴 수 있습니다. 여러분은 "강인하고 행복하게" 살 수 있습니다!

성찰

매년 가을, 산기슭에서 소와 함께 밭을 가는 농부가 있었습니다. 오후가 되면, 농부는 이 소들이 풀을 뜯고 휴식을 취할 수 있도록 멍에를 풀어 주었습니다. 그러던 어느 날 그가 손으로 땅을 가는 동안 소들이 사라져 버렸습니다. 주변을 샅샅이 살펴보았지만 귀중한 일손인 소들을 어디에서도 찾을 수 없었습니다. 농부는 소들을 잃어버렸다는 생각에 속이 상했습니다. 소를 찾기 위해 산속 깊이까지 들어간 농부는 화가 나고, 지치고, 배까지 고파서 나무 아래서 쉬어 가기로 했습니다. 그는 옆에 있는 틴두카 열매 몇 개를 발견하고는 배고픔에 허겁지겁 먹어치웠습니다. 그래도 배가 고팠던지라 그는 열매가 열린 나무를 찾아 나서기로 했지요. 그리 멀지 않은 곳에서 깊은 구덩이로 떨어지는 폭포수 절벽 옆에 뿌리를 내린 틴두카 나무를 보았습니다. 자세히 보니 나무 꼭대기에 열매 다발 큰 게 하나 매달려 있었습니다. 그는 자기가 충분히 힘이 세다고 자신하고, 나무 꼭대기까지 올라갔습니다. 하지만 나뭇가지가 부러지는 바람에 저 아래 깊은 물웅덩이로 떨어지고 말았습니다. 물 밖으로 나왔지만, 그는 빠져나갈 방법이 없다는 것을 깨달았습니다. 깊은 구덩이에 갇혀, 그는 절망의 눈물을 흘렸습니다. 밤이 되자, 배고픈 모기떼의 공격을 받아 그의 비참함은 더해갔습니다. 불쌍한 농부는 5일 동안 웅덩이 속에서 부서지고 썩어 떨어진 틴두카 열매 몇 개로 연명했습니다.

6일째 되는 날, 아름다운 원숭이가 열매를 따러 틴두카 나무를 찾았습니다. 그리고 발아래로 초췌해진 농부의 안타까운 상태를 보았습니다. 원숭이는 그에 대한 연민을 느꼈습니다. 자신 역시 결코 처하고 싶지 않은 상태였지요. "곤경에 처한 것 같네요, 선생님!" 원숭이가 외쳤습니다. "네, 원숭이 님, 보시는 대로입니다. 저는 소들을 찾다가 구덩이에 빠졌습니다. 곧 빠져나가지 못하면 굶어 죽을 것 같아요!" 농부가 너무나 딱했던 원숭이는 즉시 그가 먹을 수 있는 열매를 던져 주기 시작했습니다. "걱정하지 마세요!" 원숭이는 소리쳤지요. "반드시 빠져나갈 방법이 있을 거예요!" 많은 고민 끝에 원숭이가 찾은 해결책은, 바위 절벽을 타고 내려가서 그를 업고 올라오는 것이었습니다. 내려가서 보니, 그는 작은 원숭이보다 훨씬 무거웠습니다. 그럼에도 원숭이는 그를 등에 업었고, 천천히 위험한 절벽을 올랐습니다. 힘들고 고통스러운 등반이었습니다. 원숭이는 절벽을 오르며 지칠 대로 지쳤지만 포기하지 않았고, 반나절이 걸려서 그들은 정상에 도착했습니다. 완전히 지친 원숭이는 남자에게 자신이 눈을 붙이며 회복하는 동안 야생동물들로부터 자기를 지켜줄 수 있겠는지 물었습니다. 남자는 대답했지요. "네, 물론이죠. 꼭 보호해 드릴게요. 약속합니다. 저의 영웅을 위해서라면 뭐든지요. 원하는 만큼 쉬세요."

원숭이가 자는 동안, 농부는 사악한 생각이 들었습니다. "과일만 먹어서는 절대 산에서 빠져나갈 수 없을 거야. 체력을 유지하려면 고기를 먹어야 해." 깊이 잠든 원숭이를 보며, 원숭이 뼈에 얼마나 많은 고기가 붙어 있는지를 살폈지요. "이 원숭이의 생명은 내 생명만큼 중요하지는 않아. 나에게는 지켜야 할 농장과 나만 보고 있는 사람들이 있어." 농부는 이 마음씨 좋은 원숭이를 죽이기 위해 큰 돌을 집어 들어 머리를 향해 던졌습니다. 워낙 허약해진 상태였던지라 돌은 빗나가 원숭이의 두개골을 스쳤고, 이에 원숭이는 벌떡 일어났습니다. 자신을 공격한 동물을 찾으려 주위를 둘러보았지만 보이는 건 농부뿐이었죠. 처음에는 그가 자신을 해치려 했다는 생각에 완전히 말문이 막혔습니다. 그다음 그 충격은 깊은 슬픔으로 바뀌었습니다. 워낙에 따뜻한 마음을 가졌으니까요. "어떻게 이럴 수 있나요? 죽을 게 뻔한 당신을 구해 준 데다 당신은 나를 보호하겠다고 약속까지 했잖아요!" 농부는 자신의 악한 행동으로 인해 원숭이에게 해코지를 당할까 두려워 잠

기쁨을 찾는 마음 훈련 가이드

자코 서 있기만 했습니다. "당신은 나를 슬프게 했어요. 내가 당신을 구덩이에서 꺼내 줬지만 당신의 사악한 행동은 당신을 더 나쁜 구덩이로 굴러떨어지게 했군요. 잔혹함의 구덩이요!"

자신의 운명이 어찌 될지 알지 못한 채 두려워하며 서 있는 농부에게 원숭이가 말했습니다. "이리 오세요. 산 가장자리로 가서 마을로 가는 길을 알려 드리지요. 하지만 당신을 믿을 수 없으니 당신이 먼저 가야 합니다." 농부는 고결하고 의로운 원숭이에게 압도되어 할 말을 잃었습니다. 원숭이는 농부에게 마을로 가는 길을 알려 준 후, 마지막 한마디를 남겼습니다. "제게 교훈을 주셔서 감사합니다, 농부님. 저는 지금의 당신이 그 구덩이에 갇혔을 때보다 더 딱하다고 생각합니다. 저는 우리가 하는 일이 곧 우리 자신에게 돌아온다는 걸 알아요. 제가 행한 자비는 제게 돌아올 것이고, 당신의 이기적인 악행은 당신에게 돌아올 테지요."

고통받는 누군가를 만나고 그들의 고통을 느낄 때, 연민은 우리의 마음을 움직여 그들의 고통을 없애거나 줄여 주고 싶다는 마음이 들게 합니다. 누군가를 걱정하는 마음은 참으로 귀한 인간의 반응이지만, 진정한 연민은 자신을 돌보는 것에서도 비롯됩니다. 자신에 대해 책임을 지기 위해서는 머리와 가슴을 모두 사용하는 것이 중요합니다. 머리를 사용하지 않는 연민은 우리를 순진한 바보로 만들 수 있습니다. 배려에는 올바른 분별력이 있어야 합니다. 분별없는 친절은 우리를 큰 곤경에 빠뜨릴지도 모릅니다. 원숭이가 당한 것처럼요. 가슴(heart)을 움직일 때는 마음(mind)도 같이 작동해야 합니다. 자신과 타인의 이기적인 성향과 탐진치, 상호 의존성, 인과관계 등 모든 요소를 고려하세요. 지혜를 사용하여 올바른 행동을 분별해 낼 때, 때로는 엄격한 사랑이 더 자비로울 수 있다는 걸 알게 되기도 합니다. 지혜로운 마음을 가지세요! 그래야 무엇이 진정으로 최선인지 판단할 수 있습니다.

불상을 보면, 그 주위에 후광이 있습니다. 그 후광은 단순한 빛이 아니라 지혜로운 자비가 만들어 낸 긍정적인 에너지를 나타냅니다. 연민의 에너지는 강력할 뿐만 아니라 정신적, 육체적, 영적으로 우리 자신과 다른 이들에게 이롭습니다. 연민과 친절이 결합할 때, 그것은 스스로가 배려하는 사람이라는 믿음을 강하게 만듭니다. 자비로운 마음의 힘은 친절한 행동을 이끕니다. 연민은 우리가 내적으로 경험하는 것으로, 공감, 동정, 걱정 같은 특질을 가집니다. 연민은 타인을 향해 외부로 향하게 하거나 자신을 향해 내부로 향하게도 할 수 있습니다. 어느 쪽이든 그것은 고통을 덜어 주는 동기가 됩니다. 친절은 모든 사람이 알아차릴 수 있는 행동으로, 상냥함, 따뜻함, 애정, 장난스러움의 특질을 가지고 있습니다. 여기서 놀라운 점은, 타인을 향한 사랑과 연민을 발전시키고 행동으로 옮길 때, 여러분에게도 마찬가지로 사랑과 연민이 돌아온다는 겁니다. 어떤 상황에서도 자신에 대한 고려가 이루어져

기쁨을 찾는 마음 훈련 가이드

야 하는 것은 맞지만, 이기심에 눈이 멀지 않도록 주의하시기 바랍니다.

기억하시겠지만, 상점 선반에 진열되는 화장지와 연관된 사람은 정말 많습니다. 우리가 이 세상에 의존하고 있다는 중요성을 인식하지 못할 때, 모든 존재가 우리 자신의 존재에 없어서는 안 된다는 사실을 잊게 됩니다. 다른 이들이 우리에게 보내는 지지를 간과하게 됩니다. 이러한 진실에 대한 무지는 비판적인 태도로 이어집니다. 세상으로부터 자신을 분리하고 옳고 그름, 친구와 적 등의 구분을 만듦으로써 고통받게 되는 것이지요. 이렇게 분리해서 사고하게 되면 지혜로운 연민은 일어나지 않고 질투, 탐진치, 부정성, 고통스러운 감정으로 괴로워집니다.

연민의 부족에 대한 해독제가 있다면, 그것은 고통을 사유하는 것입니다. 이 사유 수행을 위해 반드시 따로 시간을 내야 할 필요는 없습니다. 이는 냉담함이라는 문제에 대한 해독제이므로, 무관심을 느끼는 순간이나 자기중심적 사고가 연민의 감정을 방해한다는 것을 발견하는 순간에 이 수행을 해야 합니다. 먼저 자신의 고통을 성찰하는 것으로 시작하세요. 무엇이 여러분의 고통을 야기하고 있나요? 그것은 어떤 느낌인가요? 무엇이 이 고통을 나아지게 할까요? 성찰로 하여금 이해와 배려의 감각을 불러일으키게 하세요. 그런 다음 가까운 사람, 예를 들어 가족, 반려동물, 친구의 고통에 대해 깊이 생각해 보세요. 그들도 비슷한 방식으로 고통을 겪나요? 무엇이 그들의 고통을 덜어 줄 수 있을까요? 가까운 사람이 겪는 고통을 이해하고 나면, 그다음엔 이웃으로, 그다음은 특별한 감정이 없는 중립적인 사람으로, 그다음은 격한 감정을 일으키는 원수로, 그다음엔 여러분이 속한 공동체 전체로, 마지막으로 세상으로 나아가세요. 여러분 자신보다 더 어려운 처지에 있는 세상의 사람들을 생각해 보세요. 만약 여러분이 특정 질병으로 고통받고 있다면, 같은 질병을 겪고 있지만 적절한 의료 서비스나 약품을 이용할 수 없는 사람들을 생각해 보세요. 공감과 이해의 동심원 안에 모든 존재를 넣을 수 있을 때까지 점차적으로 확장해 나가세요. 이런 방식의 성찰은 여러분 내면에 현명한 이해와 오래도록 지속되는 자비의 씨앗을 뿌립니다. 반복적으로 실천한다면, 이 씨앗들은 자라나 언젠가는 진정한 친절의 행동으로 꽃을 피우게 될 것입니다.

기쁨을 찾는 마음 훈련 가이드

10장.   효과적인 수행을 위한 예비 단계

햇살 좋은 어느 가을날, 큰 개미 군락은 여름 동안 저장해 둔 풍성한 곡식을 말리느라 분주히 움직이고 있었습니다. 배고픈 베짱이는 태양 아래 빛나는 엄청난 양의 먹이 더미를 보고는, 개미들에게 바이올린을 연주해 줄 테니 먹을 것을 좀 달라고 제안했습니다. 이에 대장 개미가 말했죠. "어째서 이런 교환이 필요하신가요, 음악가 베짱이님? 분명 나름대로 저장해 둔 식량이 있으실 텐데요." 베짱이는 대답했습니다. "아직이요, 하지만 그런 힘든 일을 할 시간은 충분합니다. 저는 이 따뜻한 여름 동안 바이올린을 연주하고 들꽃이 피어 있는 밭을 돌아다니는 게 더 중요하다고 생각했습니다. 겨울 대비용 식량은 조만간 모으기 시작할 거예요." 이 말에 개미는 너무 놀랐습니다. "뭐라고요? 겨울이 곧 오는데, 충분한 식량을 아직 저장해 두지 않았다고요? 이런 말씀 드리기 좀 뭣하지만 베짱이님, 겨우내 먹을 식량을 모으기엔 이제는 너무 늦었어요. 도대체 무슨 생각을 하신 거죠?" 베짱이는 초조해하면서 손을 비볐습니다. 개미 무리는 하던 일을 멈추고 안쓰러운 눈빛으로 베짱이를 바라보았습니다. "죄송합니다, 베짱이님. 우리는 우리가 먹을 식량밖에는 없어요." 이렇게 말하고 개미들은 겨울대비를 위한 식량 준비를 계속했고, 불안해진 베짱이는 막판 곡식 찾기에 나섰습니다.

마음 훈련을 미루지 마세요

내일의 책임은 오늘을 회피한다고 해서 도망칠 수 있는 게 아닙니다. 모쪼록 여러분이 베짱이처럼 꼭 필요한 일을 내일로 미루는 사람이 되지 않기를 바랍니다. 베짱이가 그랬던 것처럼 일이 힘들어 보여서, 하기 싫고 어려워 보여서 미룰 수 있습니다. 아니면 자신에게 그 큰 일을 할 능력이 없다고 느끼고 자신에 대한 의심이나 불안으로 주저앉아 있을 수도 있습니다. 그러나 마음 수행하는 일에 미루는 습관을 들이면, 행동하려는 의지보다 지연하고자 하는 의지가 더 강해질 것입니다. 안타깝게도 일을 많이 미루면 미룰수록 더 많은 스트레스를 느끼게 되고, 이로써 그 일에 대한 부정적인 연관성이 강화됩니다. 자신에게 도움이 되는 일을 미루는 것은 실제로는 자신을 해치는 결과를 낳습니다. 일을 미룸으로써

기쁨을 찾는 마음 훈련 가이드

얻는 단기적인 안도감은 참으로 교묘한데, 이는 곧 건강하지 못한 습관—망설이는 습관으로 이어지기 때문입니다.

　　미루는 습관을 깨는 데 그 일을 마음으로 재구성하는 것이 도움이 됩니다. 여러분이 피하고 있는 일의 긍정적인 측면을 고려해 보세요. 예를 들어, 비슷한 일을 했을 때 좋은 결과를 얻었던 때를 떠올려 보는 겁니다. 그리고, 흘려보낼 시간이 없다는 걸 스스로에게 상기시키세요. 겨울이 오고 있으니 지체해서는 안 됩니다. COVID-19 팬데믹과 같은 심각한 재난들이 생겼다 사라지지만, 이런 생명을 위협하는 일에는 귀중한 지혜가 있습니다. 우리의 삶은 짧고 언젠가는 끝날 것이라는 분명히 상기시켜 주니까요. 공부하지 않고 시험을 보듯 죽음을 맞아서는 안 될 것입니다. 지금이 바로 후회 없이 삶을 마무리하는 데 필요한 변화를 만들 때입니다. 살펴본 것처럼, 마음 수행은 그러한 변화를 만들고 삶의 스트레스와 어려움을 다루는 데 도움이 되는 강력한 도구입니다. 이장에서는 여러분의 마음 수행 훈련이 잘 진행되도록 도와주는 몇 가지 예비 정보를 다루려고 합니다.

수행은 좋은 동기에서 시작됩니다

여러분의 타고난 지혜와 자비를 신뢰하고 활용하는 데 도움이 되는 수행과 함께 준비가 시작됩니다. 이는 매우 중요합니다! 어떤 날은 마음 훈련이 잘되는가 하면 다른 날에는 전혀 집중이 안 되고 깊이 있는 사유가 어렵기도 할 것입니다. 이럴 땐 사유 훈련의 초점을 바꾸고 수행하려는 동기가 무엇인지 분석을 시작해야 합니다. 마음 훈련이 잘 되려면, 진심으로 우러나온 이타적인 의도가 있어야 합니다. 그렇기 때문에 마음 수행을 하기 전에, 우리의 의도를 좋은 방향으로 세팅하는 시간을 가져야 하는 것이죠. 수행을 위한 의도를 조정하는 것을 "동기 설정"이라고 합니다. 만약 동기가 자기 자신만 소중히 여기는 마음이나 탐진치(GAS)에 기반한다면, 자비로운 의도로 진화해야 합니다. 이는 일상생활에서 이루어지는 것과 비슷합니다. 양치질을 예로 들자면 우리는 치아를 잘 관리하겠다는 의도를 가지며 건강을 치아를 바랍니다. 좀 소홀해져서 이를 잘 닦지 않는다면, 치아를 잘 관리하겠다는 동기를 다시 한번 설정해야 하겠죠. 마음을 훈련할 때, 지혜로운 마음과 친절한 가슴을 계발하겠다는 동기는 수행의 결실을 맺기 위한 바탕이 됩니다. 그래서 저는 여러분이 제가 속한 전통에서 핵심적인 개념인 사무량심(四無量心)에 기반하여 동기를 세우시기를 권합니다. 이 네 가지 마음가짐은 수행자가 무수한 중생들을 위해 가지

기쁨을 찾는 마음 훈련 가이드

는 바람이기 때문에 무량(無量)합니다. 이러한 순수한 의도가 밖으로 향할 때, 사무량심은 지혜를 깊게 하고 마음을 열도록 돕습니다. 이 네 가지는 자무량심(慈無量心), 비무량심(悲無量心), 희무량심(喜無量心), 사무량심(捨無量心)입니다.

무량한 자애의 마음, 자무량심은 모든 중생이 예외 없이 진정으로 행복하기를 바라는 마음입니다. 자애는 자녀의 삶을 생각하는 어머니나 보호자의 순수한 바람과 비슷합니다. 그들은 자녀에게 가장 좋은 것을 해주려고 합니다. 자녀가 건강하고 기쁘기를 바라지요. 이 사랑은 무조건적이며, 열린 마음에서 비롯됩니다. 이런 마음은 흔히 우리가 가깝게 느끼는 사람들을 향합니다. 하지만 자무량심 수행은 여러분이 진정으로 마음 쓰는 영역을 넓혀서 존재하는 모든 중생을 향해 자애를 보내는 것입니다.

네 가지 무량심 중 두 번째인 연민의 마음, 비무량심은 다른 이들이 고통의 어려움을 겪지 않기를 바라는 진심 어린 바람입니다. 연민은 아픈 자녀를 둔 어머니나 보호자의 진심 어린 바람과 매우 비슷합니다. 그들은 순수하게 자녀의 고통에 공감하고 자녀가 질병과 고통에서 벗어나기를 희망합니다. 비무량심의 수행은 수행자가 다른 이의 고통을 줄이거나 덜어 주고자 하는 마음의 의도를 모든 중생을 향해 직접 보내는 것입니다. 이렇게 할 때, 여러분은 악한 감정을 억제할 수 있을 뿐만 아니라, 사람들을 소중히 여기는 능력을 만들어 낼 수 있습니다.

세 번째 무량심인 함께 기뻐하는 마음, 희무량심은 다른 이들의 행복에 대한 진정한 기쁨의 태도입니다. 이러한 유형의 태도는 자녀가 열심히 노력한 일에서 성공하는 것을 보는 어머니나 보호자의 큰 기쁨과 매우 비슷합니다. 자녀가 성공한 기쁨을 함께 나누면서 그 성공을 마치 자신의 것처럼 느낍니다. 다른 이의 행운에서 오는 행복을 나눌 수 있는 것은 이기적인 경향성을 없애고 질투심에 대항하는 데 도움이 됩니다. 희무량심은 여러분이 다른 존재들의 행운과 기쁨을 인식하고, 감사하며 나누는 것입니다.

마지막으로 평정한 마음, 사무량심은 혐오와 집착 또는 갈망 사이에서 균형 잡힌 태도를 갖는 것입니다. 이는 내적 평정의 태도이며, 성장한 자녀가 독립적으로 잘 살아갈 수 있는 성숙함과 능력을 보일 때 어머니나 보호자가 가지는 확신에 찬 느낌과 비슷합니다. 삶의 어려움을 다룰 수 있는 자녀의 숙련도에 대한 그들의 확신은 내적 평온과 감정적 안정으로 이어집니다. 그들은 자녀가 어려움을 극복할 수 있는 능력을 완전히 믿기 때문에, 홀로서기에 반감을 가지지 않으며 그들에게 집착할 필요성도 느끼지 않습니다. 사무량심은 수행자가 모든 중생이 이러한 종류의 흔들림 없는 내적 균형과 평온한 평정심을 경험하기를 바라는 것입니다.

기쁨을 찾는 마음 훈련 가이드

집중을 위한 선정

정신적인 마음 훈련에 있어 일단 여러분의 수행을 이끌어 갈 근본적인 동기를 해결하고 나면 이제 본격적으로 수행을 시작할 수 있습니다. 몇 분간 사마타(shamatha) 또는 선정 수행을 합니다. 이 명상 수행에서 여러분은 호흡, 소리 같은 한 가지에 집중하거나 사과와 같은 실제 대상이나 부처님의 이미지 같은 상상의 대상에 집중합니다. 이 집중 명상은 마음을 진정시키고 주의력을 온전히 끌어올리는 데 도움이 됩니다. 선정은 더 깊은 명상 수행의 지혜를 받아들이도록 마음을 준비시키는 데 도움이 되는 몸풀기 운동과 같습니다. 그러나 사마타를 마음 훈련과 혼동해서는 안 됩니다. 마음을 변화시키고 파괴될 수 없는 행복을 발전시키기 위해서는 단순히 무언가에 주의를 집중하는 것뿐 아니라 여러분이 받는 메시지와 통찰력 또한 깊이 흡수할 필요가 있습니다. 수행자가 사유 훈련에서 발견한 것들은 매일 적용할 수 있어야 하지만, 이는 수행자가 준비되었을 때만 가능한 일입니다. 괜히 서둘렀다가 수행에 해가 될 수 있으므로 무조건 성급하게 실천에 옮기기보다는 먼저 마음 수준에서 수련을 하십시오. 마음 훈련을 잘하기 위해서는 다음의 네 가지 중요한 단계를 잊지 마세요. 건강한 동기, 강한 집중력, 지혜로운 분석, 그리고 자비로운 행동입니다. 단, 과하지 않도록 주의하십시오. 속도를 조절하고 적절한 균형을 유지하세요.

연약한 발을 가진 소나처럼 되지 마세요.

너무 팽팽하지도, 너무 느슨하지도 않게

소나는 적절한 균형의 가치를 배운 부유한 사업가의 아들이었습니다. 매우 호화로운 생활 속에서 섬세하고 귀하게 자란 젊은이였습니다. 이 젊은 신사는 온종일 비파를 듣고 연주하며 시간을 보냈습니다. 소문에 따르면 그는 너무나 부유하고 호화로운 삶을 사는 까닭에 걸어다닐 필요조차 없었다고 합니다. 그 결과 그의 발바닥에는 털이 자라나기 시작했지요. 어느 날, 이 연약한 발을 가진 젊은이는 마을로 나갈 마음을 먹었습니다. 그렇게 돌아다니던 중, 그는 한 현자가 호화롭고 세속적인 것들에 집착하지 말아야 한다고 설파하는 것을 들었지요. 현자는 세속적 쾌락에 집착하지 않는 것이 행복으로 가는 방법이라고 주장했습니다. 소나는 행복해지고 싶은 마음에, 이 깨달은 자와 함께 집착하지 않는 수행을 위해 매일 수 마일을 걸었습니다. 자신의 행복을 위한 수행에 너무나 조급하고 열정적이었던 소나는 장거리를 걷느라 발이 곪고 물집이 생겼습니다. 그의 열렬한 욕망은 그로 하여금 오히려 세속적 편안함을 더욱 갈망하게 만들었지요. 그가 마음 훈련을 포기하려고 하던 바로 그때, 현자는 소나의 수행 문제에 대해 이야기했

기쁨을 찾는 마음 훈련 가이드

습니다. "당신이 비파 연주를 즐기는 음악가인 만큼, 당신께 묻고 싶은 게 있습니다. 비파가 딱 맞게 조율되었을 때 좋은 음악을 연주할 수 있었나요?"

소나가 대답했습니다. "오, 그럼요." 현자가 다시 물었습니다. "줄이 너무 팽팽하면 어떻게 되지요?" 소나가 답했습니다. "그러면 아예 연주를 할 수가 없습니다." 다시 현자가 물었습니다. "줄이 너무 느슨하면요?" 열정적인 학생이 대답했지요. "그런 상태에서도 연주는 할 수 없습니다."

현자가 결론 내렸습니다. "소나, 이것이 당신이 세속적 호화로움을 포기하는 것에서 행복을 경험하지 못한 이유를 이해하는 데 도움이 되길 바랍니다. 줄이 너무 느슨하거나 팽팽하면 곡조를 제대로 낼 수 없는 법입니다. 너무 애쓰지 마세요. 수행에 대해 편안한 마음을 갖되, 태만해지지는 마십시오." 다시 수행을 시도한 소나는 이번에는 좋은 결과를 얻었습니다.

적절한 균형을 유지하는 명상

수행하는 데 있어 자신을 과도하게 몰아붙이지 마세요. 그렇지 않으면 수행을 완전히 포기하게 될 위험이 있습니다. 관조적이거나 분석적인 명상에서도, 성찰은 적절한 균형을 지켜야 합니다. 진실을 탐구하는 것은 중요하지만, 일단 사물의 본질에 대한 확고한 통찰을 얻었다면, 탐구를 멈추고 배운 것을 실천에 옮기세요. 통찰력을 얻고 난 후에는 계속해서 요점을 검토하고 또 검토할 필요가 없습니다. 특히나 배운 것을 이미 적용하고 있다면요. 다음에 들려 드릴 이야기에 나오는 사람처럼 혼란에 빠지지 마시기 바랍니다.

벤은 조사와 탐구를 좋아하는 사람이었습니다. 모든 것에 항상 호기심이 많은 사람이었지요. 어느 날 벤은 사과 농장에서 사과 따는 일자리를 구했습니다. 일을 하러 갔을 때, 농장 주인은 그에게 작은 바구니 하나와 큰 바구니 하나를 주면서 큰 사과는 큰 바구니에, 작은 사과는 작은 바구니에 넣으라고 했습니다. 하루가 끝날 무렵 주인이 바구니를 확인하러 왔을 때 두 개 모두 완전히 비어 있는 것을 발견하고 크게 놀랐습니다. 주인은 화가 나서 따져 물었습니다. "내가 요구한 거라곤 큰 사과는 큰 바구니에, 작은 사과는 작은 바구니에 넣으라는 것뿐이었는데, 두 바구니 다 비어 있잖아요! 사과를 하나도 따지 않은 건가요?" 벤이 대답했습니다. "지시 사항은 완벽하게 이해했습니다. 큰 사과는 큰 바구니에, 작은 사과는 작은 바구니에 넣으라고 하셨죠. 거기엔 문제가 없습니다. 하지만 보세요, 중간 크기의 사과는 어떻게 해야 하죠? '이것들은 어떻게 하지?' 저는 하루 종일 그 질문을 자문자답했습니다!" 이것은 얼마나 많이 알아야 하는 것인지, 그 한계를 정하는

기쁨을 찾는 마음 훈련 가이드

문제에 대한 이야기입니다. 끝내 우리는 아무것도 얻지 못할 수도 있습니다. 벤처럼 말입니다. 탐구와 조사만 하고 실제로 적용할 여지가 없다면 시간만 허투루 보낼 위험이 있습니다. 다시 말하자면, 수행은 입으로만 하는 게 아니라 몸으로 하는 것입니다. 이러한 분석적 마음 훈련은 오랫동안 성공적으로 수행했을 때 강력한 변화를 일으키는 수행입니다. 동기를 설정하고, 선정으로 마음을 집중하고, 핵심을 완전히 분석한 다음, 그렇게 얻은 통찰력을 삶에 적용하세요. 자신에게 도전하고, 지성을 사용하고, 인내하며, 그렇게 하는 과정을 신뢰하세요. 지혜로운 마음과 친절한 가슴으로 길을 걸을 때, 그것은 여러분의 삶과 다른 이들의 삶에 큰 변화를 만들 것입니다.

성찰

옛날 옛적, 전생에서 부처님은 아기 메추라기로 태어났습니다. 작은 발, 작은 날개를 가지고 있었지요. 아직 걷거나 날 수도 없었습니다. 부모는 그를 안전하게 지키기 위해 따뜻한 둥지를 만들고 소중한 아기를 위해 열심히 먹이를 찾았습니다. 아직 아기이던 시절 부모는 항상 그를 따뜻하고, 안전하게 지키고 잘 먹이려 애썼습니다. 그러던 어느 날 숲에 불이 났습니다. 아기 메추라기의 부모를 제외한 모든 동물은 안전한 곳으로 대피했습니다. 그들은 아직 어린 새끼를 지키기 위해 숲에 남기로 선택한 것이었죠. 하지만 불이 가까워져 옴에 따라 그들도 불을 피해 날아갈 수밖에 없었습니다. 아기 메추라기는 너무나 외로웠습니다. 그는 주변의 산불이 통제 불능이 되는 것을 다만 지켜볼 뿐이었지요. 마음에 무력감이 가득 찼습니다. 그는 날 수도, 걸을 수도, 자신을 구하기 위해 아무것도 할 수 없었으니까요. 그때 그는 생각했지요. "내게 남은 것은 마음뿐이구나." 그래서 그는 자신의 마음을 사용하여, 자신을 늘 넉넉하게 먹이고 따뜻하게 해주고 지켜봐 주고 가능한 한 오래 함께 있어 주려고 목숨을 걸었던 배려심 깊은 부모를 떠올렸습니다. 그의 마음은 감사함으로 가득 찼고, 그는 자신이 사랑하는 부모에게 귀하고 좋은 일들이 있기를 기원했습니다. 그때 기적이 일어났습니다. 그의 소원이 자라기 시작한 것입니다. "여전히 미망의 불에 갇힌 모든 존재가 영원히 타오르는 고통의 불길에서 자유로워지기를"이라는 그의 생각은 자라고 자라, 세세생생을 거쳐 그가 부처가 될 때까지 이어졌습니다. 이 이야기의 요점은 건전한 동기가 세상을 구할 수 있다는 것입니다. 사무량심을 수행할 때, 여러분은 건전한 바람, 즉 고통이 끝나기를 바라는 희망을 만들어 냅니다. 정기적으로 수행하면, 이 순수한 동기는 시간이 지남에 따라 성장하고, 성숙하며, 여러분 자신을 포함한 무량한 존재들에게 무량한 이익을 가져다줄 것입니다.

기쁨을 찾는 마음 훈련 가이드

사무량심을 수행하려면 잠에서 깨어나 바로 앉되 편안하게 앉아서 몇 분 동안 선정 명상을 수행하세요. 호흡에 집중하며, 호흡을 온전히 스물다섯까지 세어 보세요. 첫 번째 무량심을 마음 속으로, 또는 원한다면 소리내어 말해 보세요. "나와 모든 존재들이 행복과 행복의 원인을 갖게 하소서." 잠시 자무량심을 숙고해 보세요. 사랑하는 어머니나 보호자가 자신들의 소중한 자녀를 위해 가지는 바람을 생각해 보세요. 자녀들이 세상에서 무조건적인 사랑을 받고 사람들에게 진정으로 받아들여지길 바라는 소망을요. 이 마음을 모든 중생과 자신에게 확장하세요. 두 번째 무량심을 암송하세요. "나와 모든 존재들이 고통과 고통의 원인에서 자유로워지기를 바랍니다." 잠시 동안 비무량심을 숙고해 보세요. 사랑하는 어머니나 보호자가 소중한 자녀의 건강을 위해 가지는 바람을 생각해 보세요. 아픈 자녀가 나아지기를 바라는 진심 어린 소망을요. 이 보살핌의 바람을 자신을 포함한 모든 중생에게 확장시켜 나가세요. 다음으로 세 번째 무량심을 암송하세요. "나와 모든 존재들이 고통 없는 최상의 행복과 떨어지지 않기를 바랍니다." 잠시 동안 희무량심을 숙고해 보세요. 사랑하는 어머니나 보호자가 소중한 자녀를 위해 가지는 바람을 생각해 보세요. 자녀의 성공과 행운의 기쁨을 함께 나누고 싶은 소망을요. 이 바람을 자신을 포함한 모든 중생에게 확장하고, 이 같은 기쁨을 자신을 포함한 모든 중생에게 확장하세요. 마지막으로, 네 번째 무량심을 암송하세요. "나와 모든 존재들이 집착과 혐오에서 벗어난 무한한 평정심 속에 머물게 하소서." 잠시 사무량심을 숙고해 보세요. 흔들림 없는 내적 평정으로 이어지는, 성장한 자녀가 삶의 어려움을 다룰 수 있는 능력에 대한 어머니나 보호자의 완전한 확신을 떠올려 보세요. 이 평정심에 대한 바람을 자신을 포함한 모든 중생에게 확장하세요. 하루를 사무량심의 마음으로 보내세요.

기쁨을 찾는 마음 훈련 가이드

11장. 수행 연습: 마음 훈련을 위한 지침

다음은 마음 훈련을 설정하기 위한 지침들입니다. 처음 시작할 때는 일주일에 두 번, 약 20분 이상의 시간을 따로 마련하여 수행을 하세요. 이 수행을 여러분이 이미 습관적으로 하고 있는 것과 연결하려고 노력해 보세요. 그러면 새로운 습관으로 굳히기 더 쉬워집니다. 이를테면 아침에 일어나자마자 한다거나 잠자리에 들기 전에 수행하는 것을 목표로 해볼 수 있겠지요.

가장 좋은 것은 수행할 조용한 공간을 찾는 것입니다. 똑바로 앉되, 편안하고 꼿꼿한 자세를 유지하세요. 비파의 줄처럼 몸과 마음, 그리고 수행 자체가 너무 팽팽하지도, 너무 느슨하지도 않게 유지해야 한다는 것을 기억하세요.

1. 건강한 동기 설정

자신과 모든 의식 있는 존재들의 무상함과 상호 의존성을 고려하면서 지혜로운 마음과 친절한 가슴의 계발을 최고의 목표로 삼으세요. 사무량심—자무량심(자애), 비무량심(연민), 희무량심(더불어 기뻐하는 마음), 사무량심(평정심)—을 기반으로 자신을 포함한 모든 중생을 위한 건전한 바람을 키워 내세요.

1. "나와 모든 존재들이 행복과 행복의 원인을 갖게 하소서."
2. "나와 모든 존재들이 고통과 고통의 원인으로부터 자유로워지게 하소서."
3. "나와 모든 존재들이 고통 없는 최상의 행복과 떨어지지 않게 하소서."
4. "나와 모든 존재들이 집착과 혐오로부터 벗어난 무한한 평정심에 머물게 하소서."

2. 집중력 기르기

평온한 마음으로 선정 명상을 짧게 진행하세요. 들숨과 날숨을 한 번의 온전한 호흡으로 세는데, 스물다섯까지 세고 이를 다시 반복합니다. 마음이 방황할 때는 부드럽게 다시 호흡으로 의식을 되돌리세요. 너무 산만할 때는 소리 내어 세는 것이 도움이 됩니다. 마음이 비교적 평온해질 때까지

기쁨을 찾는 마음 훈련 가이드

계속하세요. 5분 정도 하시는 것이 좋습니다.

3. 지혜로운 분석

다음 순서로 사유하는 마음 훈련(mind training)을 진행하시기 바랍니다.

1. 이 책의 다음 장에 나오는 8가지 요점 중 하나와 그에 대한 해설을 읽는 시간을 가지세요. 한 세션당 하나씩, 순차적으로 실천해 보세요.

2. 마음이 방황할 때는 부드럽게 다시 그 요점으로 마음을 되돌리세요.

3. 각 요점을 충분히 고려해 보세요. 숙고하는 시간은 전적으로 자신에게 달려 있지만, 10~15분 이상을 권장합니다.

– 이런 방식으로 생각하고 느끼는 것이 가져오는 정서적, 정신적 이점들을 생각해 보세요.

– 이런 방식으로 생각하거나 느끼지 않을 때의 단점들을 생각해 보세요.

4. 건강한 변화를 위해 필요한 통찰을 하는 자신의 마음을 믿고 마음에 귀를 기울이세요.

4. 자비로운 행동

배운 것을 일상에서 실천하며 적용해 보세요. 먼저 마음의 차원에서 수련하는 것을 잊지 마세요. 따뜻한 마음에서 우러나오는 행동은 수행이 성숙한 후에 자연히 따라올 것입니다. 이것은 매우 중요한 일입니다!

도움이 된다면, 배운 것들을 기록하는 명상 일지를 작성해 보세요.

기쁨을 찾는 마음 훈련 가이드

12장.   수행 연습: 지혜로운 마음과 자애로운 가슴을 위한 게송

다음에 보실 마음 훈련 게송은 티베트의 승려 게셰 랑리 탕파의 『마음을 다스리는 여덟 가지 게송』을 현대적으로 재해석한 것입니다. 원문은 티베트 불교에서 매우 잘 알려져 있는 내용입니다. 이 8가지 요점은 명상의 대상이 되며, 마음과 가슴에 지혜와 자비를 일으킴으로써 불행하고 이기적인 태도를 기쁨으로 변화시키는 강력한 변화의 방법을 제시합니다. 현대 사회는 타인을 희생시키면서까지 개인의 이익만을 추구하려는 경향이 매우 강합니다. 그런 까닭에 이 요점의 목적은 습관적인 자신에 대한 걱정(self-concern)을 줄이고 다른 의식 있는 존재들에 대한 관심을 높이기 위함입니다. 이전 장에서 제시된 지침들을 따라 이 핵심을 명상하고 일상생활에서도 이를 마음에 새기는 것이 중요합니다. 이 게송들을 즉시 행동으로 옮길 필요는 없습니다만 대신 마음의 차원에서 우선 이타적인 태도를 기르세요. 이 게송의 수행이 여러분에게 상처를 주지는 않겠지만, 비대해진 여러분의 자아를 다치게 할 수는 있습니다. 그렇기 때문에 수행에 불편함을 느낀다면, 그것은 오히려 잘 되고 있다는 신호입니다. 여러분 스스로가 자신의 행복을 가로막고 있기 때문에, 이것은 긍정적인 변화를 직접 경험할 수 있도록 자신이 가로막은 길에서 벗어나는 방법이 되어 줄 것입니다.

1. '모든' 중생은 우리에게 참 소중합니다. 우리는 그들을 통해 성숙하고 건강한 정신적, 정서적 성향을 기를 수 있기 때문입니다.

우리는 행복하고 고통에서 자유롭기를 원합니다. 하지만 어떻게 이를 이룰 수 있을까요? 역설적이게도, 자기 만족만을 추구할 때 이는 결코 이루어질 수 없습니다. 이 세상, 그리고 다른 의식 있는 존재들에게 의존하고 있는 우리는 끊임없이 관계 속에 있는 존재입니다. 의존관계라는 이러한 주요한 측면이 우리의 행복에도 영향을 미친다는 것은 당연하지 않나요? 이를 진정으로 이해하기 위해서는 먼저 사물의 본질에 대한 지혜를 길러야 합니다. 상호 의존성이라는 소중한 지혜를 떠올려 보세요. 모든 것에 대해 우리는 이 세상에 의존하고 있으며, 세상 또한 우리에게 의존하고 있음을 깨달아야 합니다. 나 자신, 자신이 원하는 것, 그리고 다른 이들이 우리를 위해 무엇을 해줄 수 있는지만 생각하는 관점에서 벗어나십시오. 누군가 우리에게 좋은 일을 해주면 우리는 그와 친구가 되고 만족해하지만, 나쁜 일을 하면 적이 되고 불만을 갖습니다. 그리고 이런 판단들로 우리는 감정의 롤러코스터를 탑니다. 우리는 언제나 즐거움과 불쾌함이 섞인 상황을 겪습니다. 그런 상황을 마음과 정신을 성숙시키고 강화하는 좋은 기회로 삼으세요. 모든 이를 우리의 친절을 받을 만한 가치가 있는 존재로 여기는 것이 필요합니다. 특히나 그 사람이 질투나 분노, 혹은 반감을 일으키는 존재라면 더더욱 그렇습니다. 이러한 괴로운 감정들은 모두 우리의 마음속에 있는 까닭에 우리는 어느 정도 이 감정들을 통제하는 법을 배울 수 있습니다. 다른 이들에 대해 이런 식으로 생각하도록 마음을 훈련하는 것은 어렵고 불편할 수 있는데, 이는 자기중심적인 본성을 거스르기 때문입니다. 하지만 바로 다른 사람들이 있기 때문에 우리는 정신적, 감정적 부정성을 기쁨으로 변환시킬 수 있습니다. 선의를 만들어 내면서 말이지요. 진정으로 따뜻한 마음을 지니고 친절하며 다른 이들에게 도움이 되고자 하는 이러한 의도, 혹은 동기는 행복의 원인이 됩니다. 다른 존재들이 소중한 이유는 바로 이 때문입니다. 그들을 통해 우리는 건강한 마음가짐과 크고 따뜻한 마음을 기를 수 있게 되는 것입니다.

2. 자기 자신이 소중하다는 착각에서 벗어나기 위해 자신을 다른 모든 의식 있는 존재들보다 아래에 있다고 생각하며 겸손해지십시오.

다른 사람들과 함께 있을 때, 우리는 자신을 타인과 비교하기 십상입니다. 누가 더 우위에 있나요? 자존심을 세우기 위해 지식을 뽐내고 성과와 모험담을 이야기하고 있지는 않나요? 이제 다른 이들이 우리 행복에 얼마나 중요한지 알았으니, 이기적인 성향에 빠지려는 유혹을 물리치실 수 있을 겁니다. 하지만 이기적인 본성을 거꾸로 뒤집어 건강하고 겸손한 삶의 방식을 채택하려면 끊임없는 자각과 지난한 노력이 필요합니다! 이는 이타적인 봉사를 하도록 훈련받은 스님들에게조차 어려운 일입니다. 한번은 두 고참 스님이 누가 더 지식이 많고 사람들을 더 잘 도울 수 있는지를 겨루고 있었습니다. 이 어리석은 다툼을 엿들은 한 젊은 스님이 말했지요. "경쟁심 없는 벌레가 스님들보다 더 지혜롭습니다!" 그 말 한마디에 다툼은 끝이 났습니다. 어떤 스님들은 오래 수행을 했다는 것에 자부심을 가지고, 다른 스님들과 나이와 수행 연수를 비교하기도 합니다.

여러분이 가장 강한 자부심을 갖는 게 어떤 부분인지를 고려하는 것은 그래서 중요합니다. 우리의 오만함과 우월감, 경쟁적 본성은 기쁨의 길로 나아가는 길을 방해합니다. 고통에서의 해방을 향해 나아가려면 모든 상호 작용을 정신적, 감정적으로 성숙해지는 기회로 삼으세요. 자신이 다른 의식 있는 존재들보다 아래에 있다고 상상하세요. 자신보다 어쩌면 더 순수하고 덜 무심한 벌레보다도 아래에 있다고 상상하세요. 처음에는 이렇게 생각하는 게 여러분의 자아를 멍들게 할 수 있습니다. 하지만 이것이 바로 우리가 원하는 바입니다. 우리에게 실제로 끔찍한 일이 일어나는 것이 아니라, 이는 다만 정신적 훈련일 뿐입니다. 우리의 조건화된 우월감이 도전받고 있는 것입니다. 다른 이보다 더 우월하지 않다는 생각을 할수록, 상처받을 자아는 점점 줄어듭니다. 겸손을 통해 점차 더 지혜로워질 것입니다. 다른 이들에 대해 더 자비로워지고, 결과적으로 더 건강한 성향을 얻게 될 것입니다.

3. 자기 자신만을 소중히 여기는 마음과 탐진치(GAS)를 항상 마음에서 살피세요. 탐진치를 만나는 순간 인식하고, 즉시 해독제를 사용하세요.

화가 나거나 질투가 날 때 어떤 기분이 드시나요? 그런 부정적이고 파괴적인 감정은 여러분과 다른 이들 모두를 동요시킵니다. 이런 부정적 감정은 파괴적인 결과를 초래할 수 있는 건전치 못한 정신적, 신체적, 언어적 행동을 부추깁니다. 스스로의 이기적인 본성과 탐진치를 경계하는 것은 반드시 필요합니다. 모든 파괴적인 감정 뒤에는 이기심, 즉 다른 무엇보다도 "나", "내가", "나의"라는 생각이 있습니다. 따라서 자신의 감정과 행동을 주의 깊게 살피고, 자기중심적인 생각이나 탐진치의 첫 징후가 보인다면 곧바로 해독제를 적용하세요. 이를테면 소셜 미디어를 보다가 친구들의 성취에 질투심이 든다면, 즉시 로그아웃하는 겁니다. 그렇게 하면 고통스러운 감정이 나중에 후회할 만한 행동이나 생각으로 이어지는 것을 막을 수 있습니다.

　　뉴스를 볼 때, 특정 정당이나 정치인에 대해 분노가 생긴다면, 뉴스를 끄세요. 정치는 사람들을 동요시키는 특유의 방식이 있습니다. 사람들은 정치인들이 제대로 된 생각을 하는 건지, 더 좋은 머리가 필요한 것은 아닌지 의문을 품습니다. 물론 이는 농담이지만, 정치인에 대해 우리가 느끼는 분노는 농담이 아닙니다. 동요되기 시작하는 순간, 즉시 주의를 다른 곳으로 돌리세요. 이기적인 생각들과 반응적인 감정들을 주의 깊게 지켜보세요. 약간의 짜증이라도 느껴진다면, 나무처럼 고요히 있으면서 호흡에 집중하는 것 외에는 아무 말도 행동도 하지 마세요. 그런 다음 해독제를 적용하세요. 해독제는 다음과 같습니다.

　　이기심: 자신이 다른 존재들보다 아래에 있다고 여기세요.
　　탐욕: 내게 부족한 것이 아닌, 내가 가진 것에 집중하세요.
　　분노: 주의를 호흡으로 돌리거나 하늘을 바라보세요. 내쉬

　　　　　　　　　　기쁨을 찾는 마음 훈련 가이드

는 숨과 함께, 모든 것을 받아들이는 드넓은 하늘로 마음에 일어나는 불편을 놓아 버린다고 상상하세요.

어리석음 또는 무지: 아무것도 영원히 지속되지 않으며, 모든 것은 변한다는 것을 상기하세요.

4. 잔인하거나 불행한 사람들을 만날 때, 강퍅해지는 마음과 약해지는 마음을 거부하세요. 그 대신 이렇게 고통받는 존재들을 우리의 자비를 절실히 필요로 하는 소중한 이들로 여기세요.

여러분은 불쾌한 사람들과의 만남을 피하시나요, 아니면 무시하시나요? 자신이 그 사람들보다는 낫다고 생각하시나요? 그들이 여러분의 관심을 받을 가치가 없다고 여기시나요? 노숙자 캠프나 길거리에서 돈을 구하는 사람을 볼 때 어떤 감정이 드시나요? 제가 느낀 바로 노숙자들은 집을 원하는 것 외에도, 존중과 친절로써 대우받기를 원합니다. 그들 또한 할 이야기가 있고, 누군가 그 이야기를 들어주길 원합니다. 이해와 연민이 절실히 필요한 이들임에도 많은 사람들이 노숙자들을 마치 보이지 않는 존재처럼 완전히 피하곤 하지요. 우리는 자신의 편안함만 생각하느라 부정적이고 고통으로 압도된 사람들을 피하는 경향이 있습니다. 물론 우리를 해칠지도 모르는 사람들을 피하는 게 현명한 일이기도 하지만 우리가 하는 행위는 단순히 그게 아닙니다. 이러한 회피적 태도는 기본적으로 우월감에서 비롯되며, 이는 시간이 지나면서 점점 우리 마음을 약화시킵니다. 불쾌한 사람들을 피할 때마다, 우리는 무감각해질 위험이 있습니다. 이 사람들이 태어날 때부터 이랬던 건 아니겠죠. 시간이 지나면서 사람들이 불쾌하다고 여기는 방식으로 행동할 수밖에 없게 되는 어려움과 비극을 겪었을 겁니다. 잔인하거나 부당하게 행동하는 사람들도 마찬가지입니다. 이러한 사람들은 우리의 성장에 있어 귀중한 존재입니다. 그들은 우리의 인내심을 시험하지요. 시험받지 않고서는 인내심이 될 수 없기 때문입니다. 그런 까닭에 어려운 사람들을 대하면서 마주하는 역경은 일종의 근력 훈련과도 같습니다. 그것은 우리 마음과 가슴의 근육을 단련할 기회를 제공해 주지요. 까다로운 사람들을 귀중한 보석처럼 가치 있게 여긴다면 우리는 그런 사람들을 만날 때 감사한 마음을 만들어 낼 수 있습니다. 아니면 적어도 그들을 그대로 받아들이게 될 수 있지요. 그 사람들은 우리에게 무료 헬스장이 되는 셈이니까요. 역경은 자기 심취에서 벗어나 내면의 회복력을 키우며 마음을 훈련하는 귀중한 기회입니다. 정기적으로 수행하게 되면 짜증 나는 마음을 배려하는 마음으로 변화시키는 평정심을 배우게 됩니다. 여러분이 다루고 있는 것이 마음이라는 것을 기억하세요. 언어적으로나 신체적으로는 관여하지 않아도 됩니다. 특히나 여러분이 위협을 느낄 때는 더더욱 그렇습니다.

기쁨을 찾는 마음 훈련 가이드

5. 부당한 대우에 반응하거나 기분이 상하지 않으면, 불친절한 방식으로 똑같이 대응하지 않게 됩니다. 마음속으로, 패배는 자신에게 승리는 그들에게 안기세요.

이것은 가장 중요한 요점 중 하나입니다. 또한 실천하기에 매우 어려운 것 중 하나이기도 하죠. 부당한 비판이나 모욕을 받을 때 즉각 방어적이 되어 싸우시나요, 아니면 그냥 회피하시나요? 이것은 일반적인 반응입니다. 사람들은 자기를 보호하는 성향이 있기 때문이지요. 하지만 이 수행은 자기에 대해 집착하는 마음을 건드립니다. 언어적 공격을 받으면서도 겸손을 유지하고, 싸움을 걸어오는 사람이 싸움에서 이기도록 내버려 두는 것입니다. 그렇게 하면, 당신은 똑같은 불친절한 행동 대신 평화를 선택하게 됩니다. 그러나 이것이 여러분이 남의 말에 휘둘리는 사람이 되어야 한다는 뜻이 아닙니다. 부당한 대우를 받아 실질적인 손실이 발생했다면, 정의를 구하는 것은 우리의 권리입니다. 일전에 제 학생 하나가 상당한 금액을 사기당한 적이 있습니다. 과연 그 손실을 감수해야 할지 소송을 제기해야 할지 저에게 묻더군요. 저는 이 수행은 마음으로 하는 것이라고 말해 주었습니다. 공격이 언어적인 것이 아니라 물리적인 것이라면, 자신을 보호하는 것이 더 현명하고 자비로운 것입니다. 패배를 받아들이는 것의 요점은 승리에 대한 우리의 집착을 꺾는 것입니다. 평생 이기기를 꿈꾸지만 정작 느끼는 건 실망의 쓰라림입니다. 우리는 여전히 멋진 차, 아름다운 집, 좋은 옷, 비싼 기기를 갖기를 꿈꿉니다. 하지만 여러분은 다른 사람들이 이런 좋은 것들을 얻으면 좋겠다고 자주 생각하시나요? 이 마음 훈련(mind training)은 당신에게 대단한 사람이 되는 것을 그만 두라고 합니다. 마음의 차원에서, 다른 사람은 성공하기를 바라고 여러분 자신은 성공에 대한 스트레스를 놓아 버리세요.

6. 희망을 품고 도움을 주었던 사람들의 배신을 지혜와 연민을 수행하는 수단으로 여기세요. 그들을 훌륭한 영적 스승으로 바라보세요.

친척, 친구, 동료처럼 우리가 도움을 준 사람들이 갑자기 배신을 하면 어떤 기분이 드시나요? 아마도 화가 나겠죠. 그 사람들이 여러분의 도움을 고마워하지 않는다고 생각하면서요. 신뢰했던 사람들이 우리의 친절을 부당하게 갚을 때는 고통스럽습니다. 사랑하는 상대일수록 더 아픈 일이 되지요. 대부분의 사람들은 이런 상황에 사랑을 거두어들이고 사랑을 상처 혹은 심지어 증오로 대체하는 식으로 반응합니다. 하지만 그렇게 하게 되면 중대한 실수를 하고 욕망에 기반한 사랑으로 돌아가게 됩니다.

제 승원 탕카르 데첸 최링에서도 자애와 연민을 무조건적

기쁨을 찾는 마음 훈련 가이드

으로 유지하는 것이 진정으로 어려운 일이라는 것을 절감합니다. 저희는 많은 고아들에게 주거, 숙박, 교육을 무상으로 제공합니다. 직원들과 저는 그들을 먹이고, 돌보고, 교육하고, 지원하고, 부모 역할을 하기 위해 쉬지 않고 일합니다. 매우 어려운 일이죠! 저희 팀원들은 자주 아픈 아이들을 돌보느라 밤을 꼬박 새우기도 합니다. 더러워진 시트를 갈아 주고, 구토물을 치우고, 그런 과정 속에서 아이들을 다독여 줍니다. 이 고아들은 비록 불운한 상황에 있지만, 일부 뛰어난 학생은 자신이 가는 길을 향해 열심히 노력하는 모습을 보여 줍니다. 저희는 이렇게 큰 열정을 보이는 학생들에게 기대를 걸지요. 그러나 때로 기대했던 고아들 중 한 명이 도망치기도 합니다. 그럼 당연히 충격과 당혹감을 경험합니다. 하지만 이런 순간에, 부정적으로 반응하지 않는 것이 중요합니다. 자애의 강도가 시험받고 있음을 인식하는 것이지요. 어떻게 이 시험을 통과할 수 있을까요? 부정성을 긍정성으로 변화시키는 것입니다. 여러분도 같은 상황에 처하면 이렇게 하셔야 합니다. 마음속으로 "배신자"를 지혜와 연민의 길을 따르려는 당신의 결심을 시험하는 훌륭한 영적 스승으로 인식하세요. 이렇게 생각하면, 그들이 여러분의 마음을 단단하게 하고 성숙해질 수 있도록 돕는 존재임을 알 수 있습니다. 그들은 여러분이 인내와 자비를 기르도록 돕습니다. 이 방편을 사용한다면 심지어 적들조차 여러분의 친구로 변화시킬 수 있게 됩니다.

7. 고통받는 존재들을 만날 때, 그들을 당신의 수행에 귀중한 존재로 여기세요. 그들의 고통을 흡수하고 그들을 해롭게 하는 것에 해독제를 준다고 상상하세요.

5장에서 통렌(주고받기) 수행을 소개해 드렸습니다. 이 시각화 연습은 여러분이 자기 집착적 생각에 빠지는 것을 멈추고 고통스럽고 비참한 존재들에 대한 연민을 일으키는 데 도움을 줍니다. 이 수행은 단지 명상할 때만 하는 것이 아닙니다. 가까이에 있든 멀리 있든, 일상생활에서 고통받는 이들을 만날 때마다 즉각적인 주고받기 수행을 적극적으로 할 수 있습니다. 예를 들어, 직장에서 아는 사람이 병으로 고생하고 있다는 소식을 들었다고 해봅시다. 그런 경우, 여러분은 그 사람의 바이러스를 가져와서 당신 안에서 변화시킨 다음, 치유에 도움이 되는 항체를 그 사람에게 돌려주는 것을 상상할 수 있습니다. 주의할 점은, 이 수행이 스스로의 자존감을 높이는 수단이 되지 않게 해야 한다는 겁니다. 구원자가 되려는 마음이 들면 안 됩니다. 이것은 마음으로 하는 연습이기 때문에, 실제로 누군가의 고통을 없애 주는 것이 아닙니다. 연민의 씨앗을 키우고 이기심을 제거하기 위해 그렇게 상상하는 것뿐이지요. 이 수행은 이기적 충동에 대한 집착을 완화시키고 마음이 성숙하도록 돕기 때문에 어느 정도 불편함이 야기되기는 합니다. 그러나 통렌을 더 잘할수록, 얻을 것은 더 많습니다. 수행

기쁨을 찾는 마음 훈련 가이드

의 성장통을 위로하기 위해 한마디 드리자면, 여러분이 실제로 그들의 고통을 흡수하는 것이 아니라는 점을 기억하세요. 여러분은 가슴(heart)을 키우기 위해 타인의 고통을 없애는 것을 시각화하고 있을 뿐입니다. 올바르게 행해질 때, 이 수행은 해로운 것이 아니라 힘을 기르는 것이 됩니다. 여러분이 아끼는 사람들부터 시작해 중립적으로 느끼는 사람들로 넘어가고, 그다음은 여러분이 싫어하는 의식있는 존재들에게 시도해 보세요. 저는 악어를 별로 좋아하지 않습니다만 이 통렌 수행은 제가 악어를 조금은 덜 싫어하게 만들었습니다.

8. 갈망하거나 혐오해서가 아니라 지혜의 자비를 기반으로 수행을 하세요. 자신의 마음이 만들어 낸 것들을 따로 떼어 놓고 좋고 나쁘다고 판단하고 집착하지 마세요. 그것들을 기쁨을 기르는 데 도움이 되는 환상으로 여기세요.

여러분이 지혜와 연민심을 발전시키기 위해 마음 수행을 하고 있는지, 아니면 좋은 것을 얻거나 싫어하는 것을 피하기 위한 이기적인 의도로 마음을 훈련하고 있는지 보시기 바랍니다. 이제 다들 아시겠지만 우리의 상호 의존성에 대한 소중한 지식은 모든 것이 연결되어 있음을 깨닫게 해줍니다. 그러므로 자신의 이익만을 추구하는 것은 바람직하지 않습니다. 세상과 책임감 있게 관계 맺음으로써 상호 연결성을 귀중하게 여기는 것이 아마도 가장 좋지 않을까요? 세상은 순간적인 경험에 불과합니다. 우리가 이 것을 아는 이유는, 영원히 지속되는 건 아무것도 없으며, 우리가 만나는 모든 건 마음을 통해 겪는 것임을 알기 때문입니다. 또한 우리는 탐진치, 깊이 뿌리박힌 기억들, 자기 기만, 자기 집착과 같은 것들이 부정적인 관점에 기여한다는 것을 알고 있습니다. 반면에 희망, 자기 믿음, 결단력, 진실에 대한 통찰력, 배려, 나눔은 긍정적인 관점을 만들어 냅니다. 우리는 모두가 이해할 수 있는 공통된 표현을 위해 사물에 이름을 붙였지만—우리가 다 "시계"나 "집"이 무엇인지 알고 있는 것처럼요—사람들은 이런 각 사물을 독특하게 인식하고 판단합니다. 이러한 판단은 각 개인이 갖는 경험, 생각, 감각, 감정, 인식, 그리고 자각을 기반으로 합니다. 여러 요인, 원인, 조건들이 함께 작용하여 무엇이 "좋고" "나쁜"지에 대한 우리의 관점에 영향을 미치지요. 이 모든 변수들을 고려하면, 우리 존재는 정신적 투영이나 꿈과 더 비슷합니다. 우리는 우리가 꿈속에 있다는 것을 알면 즐길 수 있습니다. 때로 꿈이 무서울 때도 있지만 무섭다고 생각하지 않는 한 실제로 꿈은 해를 끼칠 수 없다는 것을 알고 있습니다. 이러한 사고방식은 적잖이 해방적입니다. 왜냐하면 그것이 우리에게 왔다갔다 할 수 있는 통로 두 가지를 제공해 주기 때문이지요. 우리는 표면적으로 사물이 어떻게 보이는지와 더불어, 사물이 실제로 어떠한지에 대한 더 깊은 진

기쁨을 찾는 마음 훈련 가이드

실, 즉 상호 의존성을 인식할 수 있습니다. 어느 쪽이든, 우리의 인식은 마음이 만들어 낸 것입니다. 지혜로운 마음과 친절한 가슴으로 이로운 삶을 즐길 수 있게 여러분의 마음을 훈련하세요. 이를 통해 우리는 강인하고 행복하게 살 수 있습니다.

13장.   테이크아웃 수행법

문제에 직면하는 순간, 단순히 반응하지 말고 행동하세요. 기쁨을 선택하세요! 다음은 여러분이 기억하고 어디서든 활용할 수 있는 간단한 마음 훈련(mind training) 수행법입니다. 어려움에 직면할 때마다 사용하도록 하세요.

1. **건강한 동기를 만드세요.** 상호 의존성과 사무량심(자애, 연민, 더불어 기뻐함, 평등함)에 기반한 소망을 떠올리세요.

2. **강한 집중력 가지세요.** 마음을 집중시키기 위해 들숨과 날숨의 자연스러운 호흡을 잠시 관찰하세요.

3. **지혜로운 분석을 시도하세요.** 무엇이 문제이고 왜 그런지 조사하세요. "왜 하필 나지?"라고 묻고 있나요? 자기 집착이나 탐진치(GAS)가 문제의 원인인가요? 지금 문제를 해결하는 데 이 책에서 배운 것 중 무엇이 도움이 될 수 있

을지 상상해 보세요.

4. 자비로운 행동을 실천하세요. 문제에 대해 숙고하고 분석한 후, 마음 훈련 수행을 통해 배운 도움이 되는 해결책 중 하나를 사용하세요. 삶에서 우리에게는 충동적으로 반응하거나 또는 의식적으로 행동할 수 있는 두 개의 선택지가 주어집니다. 다른 누군가 때문에 실망하고 좌절감을 느낄 때, 우리에게는 선택지가 있습니다. 분노를 선택하거나, 자비로운 행동을 선택할 수 있지요. 그들의 고통을 생각하고, 자신의 손실을 감수하고 상대방에게 승리를 내어 준다고 상상해 보세요. 반응적으로 대하는 것을 자제하고, 대신 그들을 훌륭한 영적 스승으로 여기며, 이것이 열린 마음을 유지하려는 우리의 결심을 시험하는 것이라고 생각해 보세요. 어려움에 직면했을 때, 우리는 이기적으로 행동하고 문제를 외면하면서 더 깊은 무지에 빠질 수도 있지만, 자비로운 관점을 갖고 현명하게 행동해서 깨달음에 더 가까워질 수도 있습니다. 이기적인 본성을 지혜롭게 넘어서서 진정으로 다른 이들의 행복과 안녕을 위해 행동하는 법을 배울 때, 우리의 마음과 가슴은 기쁨에 열리게 됩니다.

"내가 품었던 온갖 열망은 내게 굴욕적인 비판과 고통만을 주었네.

그러나 자아의 사견(邪見)을 다스리는 가르침을 받고 나니,

죽음이 온다 해도 후회는 없으리."

一게셰 체카와(Geshe Chekawa)

기쁨을 찾는 마음 훈련 가이드 ─ 히말라야 스님의 유쾌한 조언

초판1쇄 펴냄 2025년 1월 2일

지은이 캉쎄르 린포체
옮긴이 임유진
펴낸이 유재건
펴낸곳 (주)그린비출판사
주소 서울시 마포구 와우산로 180, 4층
대표전화 02-702-2717 | **팩스** 02-703-0272
홈페이지 www.greenbee.co.kr
원고투고 및 문의 editor@greenbee.co.kr

편집 이진희, 구세주, 민승환, 성채현 | **디자인** 이은솔, 박예은
독자사업 류경희 | **경영관리** 이선희

이 책의 한국어판 저작권은 EYA Co.,Ltd를 통해
Wisdom Publications, Inc.와 독점계약한 (주)그린비출판사에 있습니다.
저작권법에 의하여 한국 내에서 보호를 받는 저작물이므로 무단전재와 무단복제를 금합니다.
책값은 뒤표지에 있습니다. 잘못 만들어진 책은 구입처에서 바꿔 드립니다.
ISBN 979-11-94513-03-2 03220

독자의 학문사변행學問思辨行을 돕는 든든한 가이드 _(주)그린비출판사